Rainer M. Schröder • Goldrausch in Kalifornien

DER AUTOR

Rainer M. Schröder, 1951 in Rostock geboren, hat vieles studiert (Operngesang, Jura, Theater-, Film- und Fernsehwissenschaft) und einige Jobs ausprobiert (Bauarbeiter, Drucker, Reporter, Theaterautor, Verlagslektor), bevor er sich für ein Leben als freier Autor entschied. 1980 ging er in die USA, bereiste das Land und kaufte sich in Virginia eine Farm. Dort lebte er als Autor und Hobbyfarmer. Aber immer wieder brach er zu neuen Abenteuerreisen auf. Er hat zahlreiche Jugendbücher, Romane, Sachbücher sowie Hörspiele und Reiseberichte veröffentlicht. Er lebt in Florida – oder ist gerade irgendwo unterwegs auf dem Globus.

Rainer M. Schröder

Goldrausch
in Kalifornien

Band 20103

Der Taschenbuchverlag
für Kinder und Jugendliche
von Bertelsmann

Von Rainer M. Schröder ist bei
OMNIBUS erschienen.

Im Zeichen des Falken (20212)
Auf der Spur des Falken (20230)
Im Banne des Falken (20176)
Im Tal des Falken (20187)
Abby Lynn – Verbannt ans Ende der Welt (20080)
Abby Lynn – Verschollen in der Wildnis (20346)
Sir Francis Drake – Pirat der Sieben Meere (20126)
Dschingis Khan – König der Steppe (20050)
Die Irrfahrten des David Cooper (20061)
Die wundersame Weltreise des Jonathan Blum (20312)

Umwelthinweis: Dieses Buch wurde auf chlorfrei gebleichtem Papier gedruckt.

Erstmals als OMNIBUS Taschenbuch Dezember 1998
Gesetzt nach den Regeln der Rechtschreibreform
© 1998 C. Bertelsmann Jugendbuch Verlag, München
in der Verlagsgruppe Bertelsmann GmbH
Dieses Buch erschien erstmals 1979 im
Wilhelm Heyne Verlag, München.
Umschlagbild: Michael Bramman
Umschlagkonzeption: Klaus Renner
NB · Herstellung: Stefan Hansen
Satz: Uhl + Massopust, Aalen
Druck: Presse-Druck Augsburg
ISBN 3-570-20103-1 · Printed in Germany

10 9 8 7 6 5 4 3 2 1

1

Gierig leckten die meterhohen Flammenzungen an den knochentrockenen Stämmen hoch und verwandelten die Baumkronen innerhalb von Sekunden in rot flackernde Feuerpilze. Die mehrere hundert Meter breite Flammenwand fraß sich durch die Wälder des weiten, fruchtbaren Sacramentotals im Norden Kaliforniens.

Der gewaltige Gluthauch, der dem lodernden Feuer vorauseilte, reichte aus, um die Farnmeere und Buschdickichte zwischen den Bäumen in Flammen aufgehen zu lassen. Die Feuersbrunst vernichtete alles Leben, das nicht schnell genug fliehen konnte.

Ein zufriedenes Lächeln lag auf dem Gesicht des hageren, großen Mannes, der von einem hoch gelegenen Hügel aus das Inferno aus Flammen und wabernden Rauchwolken beobachtete. Johann August Sutter war der Name des siebenunddreißigjährigen Mannes, der ruhig im Sattel seines prächtigen Hengstes *Wild Bill* saß. Die sehnigen Hände ruhten auf dem Sattelknauf. Mit hellen, wachsamen Augen verfolgte er den Weg des gigantischen Feuers, das er und seine Männer angezündet hatten.

Hufschlag erklang hinter ihm. Ein stämmiger Reiter mit kantigen Gesichtszügen und pechschwarzem Haar zügelte neben Sutter sein Pferd.

»In der Hölle kann es nicht schlimmer aussehen«, sagte Ted Sullivan lachend und tätschelte beruhigend

den Hals seines Rotfuchses. Der rote, zuckende Lichtschein des Feuers ängstigte das Tier.

»Aus dieser Flammenhölle wird das Paradies entste-
hen«, antwortete Johann Sutter mit fester, entschlossener Stimme. Er nahm seinen Blick nicht von der Feuersbrunst, die immer höher in den Himmel wuchs. Der
Wind, der aus Nordosten von den hohen Bergen der
Sierra Nevada wehte, frischte auf. Rauchwolken trieben
über den breiten Sacramentostrom, der das fruchtbare
Tal durchzog. »Aus der Asche werden blühende Felder
und Äcker wachsen!«

»Zuerst einmal hoffe ich, dass das Feuer an den Ufern
des Sacramento und des American River zum Stehen
kommt«, erwiderte Ted Sullivan trocken. Er war Anfang
dreißig und früher Lagerverwalter in Missouri gewesen,
bevor er sich vor einem Jahr Sutters Treck nach Kalifornien angeschlossen hatte.

»Es wird so kommen, wie ich es sage!«, versicherte Johann Sutter im Brustton der Überzeugung.

Ted Sullivan zog seinen Tabaksbeutel hervor und
drehte sich eine Zigarette. Das Zündholz riss er am Sattelknauf an. »Hat Tom übrigens das Fuhrwerk vor den
Flammen retten können?«, fragte er interessiert.

Johann Sutter stutzte und runzelte die Stirn. »Wieso
fragen Sie mich das, Ted? Er müsste doch schon längst
bei Ihnen oben im Lager angekommen sein!«

Ted Sullivan sah den hageren energiegeladenen Treckführer verwundert an. »Oben im Lager ist er nicht«, stieß
er mit heiserer Stimme hervor. »Wir dachten, Sie hätten
ihn sofort zum American River geschickt, damit er dort
die Nordflanke des Feuers beobachtet.«

Johann Sutter fluchte laut. »Zum Teufel, da haben wir
beide das Falsche gedacht. Ich habe ihn nicht mehr zu

Gesicht bekommen, seit er in die Senke hinuntergeritten ist.«

Ted Sullivan schluckte schwer. Entsetzen trat in seine grauen Augen, die unter buschigen schwarzen Brauen lagen. »Aber dann ... befindet er sich ja immer noch da unten!« Seine Stimme klang wie ein aufgeregtes Krächzen.

»Ja, das ist anzunehmen«, sagte Johann Sutter. Die Gedanken jagten sich hinter seiner sonnengebräunten, von tiefen Linien durchzogenen Stirn.

Tom war mit seinen zwanzig Jahren der Benjamin des Trecks. Thomas Wedding lautete sein vollständiger Name. Vor zwei Jahren war er aus Deutschland ausgewandert. Den Grund dafür kannte keiner. Und hier in Amerika fragte auch keiner danach. Für die Menschen, die den weiten, beschwerlichen Weg über den Atlantik zurückgelegt hatten, zählte nicht die Vergangenheit, sondern nur der Mensch und das, was er leistete. Fast jeder, der ins Land der unbegrenzten Möglichkeiten auswanderte, führte ein Geheimnis mit sich. Auch Johann Sutter.

»Wir müssen etwas unternehmen!«, rief der Treckführer und sein Blick glitt über die gewaltige Feuerwand nach Süden. Kurz bevor sie das Feuer entfacht hatten, war ein Fuhrwerk in einer Bodensenke mit zersplitterten Räderspeichen liegen geblieben. Tom Wedding, der handwerklich sehr geschickt war, war zurückgeblieben, um die Reparatur auszuführen. Ein Fuhrwerk in dieser Wildnis, fernab von der nächsten Siedlung, zu verlieren bedeutete einen großen Verlust.

»Es ist zu spät! Niemand kann ihm jetzt noch helfen, Mister Sutter. Das Feuer hat ihm den Weg abgeschnitten. Er ist verloren.«

»Wir müssen es zumindest versuchen!«, erwiderte Johann Sutter entschlossen. Tom Wedding war schon seit Beginn des langen, gefährlichen Trecks nach Kalifornien dabei. Er konnte ihn jetzt nicht seinem Schicksal dort in der Flammenhölle überlassen.

»Sie wissen, dass ich wahrlich kein Feigling bin!«, antwortete Ted Sullivan mit erregter Stimme. Hektische Flecken übersäten sein Gesicht. »Aber in das Flammenmeer hineinzureiten ist heller Wahnsinn!«

»Dann versuche ich es eben allein!« Johann Sutter gab seinem Hengst die Sporen und kümmerte sich nicht um die beschwörenden Worte von Ted Sullivan.

Wild Bill machte einen jähen Satz nach vorn und galoppierte den Hügel hinunter. Das Vertrauen des Pferdes zu seinem Reiter war grenzenlos. Im gestreckten Galopp jagten Pferd und Reiter auf das Feuer zu.

Je näher sie dem tosenden Inferno kamen, desto lauter wurde das Prasseln und Brausen. Mit ohrenbetäubendem Krachen stürzten mächtige Einsiedlereichen zu Boden. Glühende Holzstücke flogen gefährlich wie Pistolenkugeln durch die Luft, begleitet von einem Funkenregen. Das Ende der Welt konnte nicht anders sein.

Johann Sutter duckte sich im Sattel und trieb den Hengst an. Noch hatten die südlichen Ausläufer des Feuers die Bodensenke nicht erreicht. Aber das bedeutete nicht viel. Beißende Rauchwolken und glühend heiße Winde brachten den Tod genauso schnell wie die gierigen Flammen.

»Lauf!«, schrie Sutter seinem Hengst zu. »Lauf! Zeig, was in dir steckt!« Das Donnern der Hufe ging im Tosen des Feuers unter.

Die ersten Rauchschwaden erreichten sie. Johann Sutter zog das Halstuch vor Mund und Nase. Viel Schutz bot es jedoch nicht. Jetzt kam es vor allem darauf an, dass es blitzschnell ging.

Johann Sutter kniff die Augen zusammen, die unter der Raucheinwirkung sofort zu tränen begannen. Viel Zeit blieb ihm nicht. Funkenflug ging nieder. Tausend kleine Nadeln schienen Pferd und Reiter zu stechen.

Wild Bill scheute nun doch. Mit schrillem Wiehern stieg er vorn hoch. Sutter bekam ihn wieder unter Kontrolle. Die Rauchschwaden ließen alle Umrisse in einem nebligen Schleier zerfließen.

»Tom! Tom!«, brüllte Sutter. Die Luft war heiß wie Wüstenwind und brannte in den Lungen. Der Gluthauch machte das Atmen zur Qual.

»Tom!?… Wo bist du?«

Keine Antwort.

Sutter presste die Lippen zusammen, riss an den Zügeln und drang noch ein wenig tiefer vor. Er wusste jedoch, dass er in spätestens zehn, fünfzehn Sekunden seine Rettungsaktion abbrechen musste, wollte er nicht selbst den Tod finden. Der Wind hatte nämlich etwas gedreht und trieb das Feuer nach Süden.

Plötzlich entdeckte er einen dunklen Schatten links von sich. Er trieb *Wild Bill* darauf zu. Im nächsten Moment waren die Umrisse eines Mannes, der mit dem Gesicht zur Erde lag, zu erkennen. Es war Tom Wedding!

Eine wilde Freude durchfuhr Sutter, begleitet jedoch von der Angst, Tom könnte schon tot sein. Er brachte den Hengst zum Stehen und sprang aus dem Sattel. Mit der linken Hand hielt er die Zügel fest umklammert, damit *Wild Bill* nicht in panischer Angst davonjagte. Ohne Pferd hatten sie nicht den Hauch einer Chance, lebend aus dieser Flammenhölle herauszukommen.

Sutter beugte sich zu Tom Wedding hinunter, packte

ihn an der Schulter und drehte ihn mit einem Ruck auf den Rücken. Das Gesicht des jungen deutschen Auswanderers wirkte leblos. Eine blutige Schramme zog sich von der rechten Schläfe bis zum Wangenknochen hinunter. Rußpartikel hatten sich im blonden, von der Sonne gebleichten Haar festgesetzt. An der Stelle, wo die Schramme an seiner Schläfe begann, war der Haaransatz angesengt.

Sutter sah, das sich Weddings Brust hob und senkte. Er lebte also noch und war nur bewusstlos! Vermutlich war er vom Pferd gestürzt oder von einem brennenden Holzstück getroffen worden.

»Wedding!«, schrie Johann Sutter und versuchte das Prasseln des Feuers zu übertönen. Der Wind trieb das Flammenmeer immer näher heran. Die Hitze wurde unerträglich. »Kommen Sie zu sich! Wedding!«

Sutter wurde von einem heftigen Hustenkrampf geschüttelt. Die Augen brannten höllisch. Lange konnte er es nicht mehr aushalten. *Wild Bill* zerrte unruhig an den Zügeln und stampfte ängstlich mit den Hufen. Jeden Augenblick konnte er sich losreißen.

Um ihn schnell wieder zu sich zu bringen, schlug Sutter Wedding rechts und links ins Gesicht. Wedding schlug die Augen auf und krümmte sich sofort in einem Hustenanfall.

»Mister … Sutter …«, brachte Tom Wedding mühsam hervor und starrte den Treckführer ungläubig aus blutunterlaufenen Augen an.

»Wir müssen augenblicklich von hier verschwinden! Zum Teufel, kommen Sie endlich hoch, Wedding, sonst bleibt nur noch ein Häufchen Asche von uns übrig!«

Tom Wedding sah sich mit verständnislosem Blick um. In seinem Schädel dröhnte es. Mit Erschrecken sah er die atemberaubend hohe Feuerwand, die aus nördlicher Richtung auf sie zugerast kam. Nur ein paar lächerliche Meter trennten sie noch davon.

»Ich … ich kann nicht«, stöhnte Wedding verzweifelt.

»Verdammt, reißen Sie sich zusammen!«, fuhr Johann Sutter ihn grob an. Nur so vermochte er den jungen Deutschen von dem Schock zu befreien und seine letzten Reserven zu mobilisieren. »Benehmen Sie sich wie ein Mann, Wedding! Sollen die Strapazen und Gefahren der letzten Monate sinnlos gewesen sein? Wollen Sie jetzt, wo wir unser Ziel endlich erreicht haben, einfach aufgeben?«

Tom Wedding hustete, spuckte aus und stemmte sich mit schmerzverzerrtem Gesicht hoch. »Nein!«, keuchte er. Wilde Entschlossenheit funkelte in seinen klaren, blauen Augen.

Sutter packte ihn an der ledernen Fransenweste und zerrte ihn hoch. Er half ihm in den Sattel. Wedding sank kraftlos nach vorn und umklammerte den Hals von *Wild Bill*. Sutter schwang sich hinter Wedding auf den Rücken des Pferdes.

»Und jetzt zeig noch einmal, was in dir steckt, *Wild Bill*! Bring uns aus dieser Hölle hinaus!«, feuerte Johann Sutter den Hengst an und legte seine Arme schützend um den noch benommenen Tom. Im gleichen Augenblick erzitterte der Boden, als mehrere mächtige Eichen krachend einstürzten. Haarscharf sauste ein armdicker glühender Ast an Sutters Kopf vorbei.

Wild Bill schoss wie der Blitz davon. Sutter hatte Mühe, um nicht abgeworfen zu werden. Er presste seine Beine in die Flanken des Tieres. In der linken Hand hielt er noch immer die Zügel.

Der Hengst fand mit sicherem Instinkt den Weg aus

der Gefahrenzone heraus. Die Rauchschwaden lichteten sich und der Gluthauch des Feuers ließ spürbar nach.

Als Johann Sutter den klaren kalifornischen Nachmittagshimmel sah, löste sich die gewaltige innere Anspannung und ein befreiendes Lachen kam über seine pulvertrockenen Lippen. Rechts von ihm sah er den Sacramento als helles schimmerndes Band. Links oben in den Hügeln lag das provisorische Lager, das Sutter mit seinen Leuten aufgeschlagen hatte, solange das Feuer hier unten in der Talebene tobte.

»Wir haben es geschafft!«, rief Sutter außer sich vor Freude und lenkte *Wild Bill* nach links die Hügel hinauf. Das Tosen des Feuers wurde langsam leiser. Der Hufschlag des galoppierenden Pferdes klang wie Musik in Sutters Ohren. Der frische Wind tat gut. Er atmete tief ein und neue Kraft durchströmte ihn.

Auch Tom Wedding fühlte, wie der letzte Rest Benommenheit von ihm wich. Er richtete sich im Sattel auf und drehte sich mit einem verlegenen Grinsen um.

»Danke, Mister Sutter!«, rief er und hielt sich am Sattelhorn fest. »Sie haben mir das Leben gerettet.«

Sutter fuhr sich mit der Hand über das rußgeschwärzte Gesicht. »Machen Sie nicht so große Worte um eine Sache, die selbstverständlich ist«, murmelte er. »Ich habe Sie aus reinem Egoismus gerettet, denn Sie sind jung und tatkräftig. Und ich brauche wirklich jede Arbeitskraft, um dieses Tal in eine blühende Kolonie zu verwandeln.«

»Trotzdem danke«, erwiderte Tom Wedding und fühlte sich noch stärker mit diesem Mann verbunden, dessen eisernen Willen er bewunderte und der von einer manchmal unheimlichen Unruhe vorangetrieben wurde. Auf dem langen Treck von Missouri nach Kalifornien hatte Johann Sutter bewiesen, dass er Hindernisse nicht akzeptierte. Hindernisse, gleich welcher Art, waren dazu da, um überwunden zu werden.

»Was ist aus dem Fuhrwerk geworden?«, wechselte Sutter nun geschickt das Thema, während er auf das Trecklager zuritt, das fünfhundert Meter entfernt auf einer Hügelkuppe lag.

»Ich weiß es nicht«, antwortete Tom Wedding über die Schulter. »Irgendein glühendes Holzstück hat mich am Kopf getroffen und aus dem Sattel geschleudert. Noch nie in meinem Leben habe ich solch ein gewaltiges Feuer gesehen. Man könnte meinen, das ganze Tal stehe in Flammen. Hoffentlich macht es an den Ufern der beiden Flüsse auch Halt.«

Johann Sutter lachte selbstsicher. »Ted Sullivan hat dieselben Sorgen.«

»Sie nicht?«

»Nein, es besteht kein Grund dazu«, erklärte Sutter und ließ *Wild Bill* in eine ruhigere Gangart fallen. »Wir brauchen viel Land für unsere Farmen und Ranches. Und je mehr das Feuer an Wäldern und Dornendickichten niederbrennt, desto weniger Arbeit haben wir. Dieses Tal ist groß genug, um solch ein Feuer mit Leichtigkeit verkraften zu können. So, und jetzt genehmigen wir uns auf den Schreck einen Whisky.«

Das Lager tauchte vor ihnen auf. Ted Sullivan kam ihnen zusammen mit James Marshall entgegengeritten. James Marshall war ein Zimmermann aus New Jersey und gehörte der Glaubenssekte der Mormonen an.

»Sie sind ein Teufelskerl, Sutter!«, rief Ted Sullivan voller Bewunderung. »Ich hätte keinen Cent für Weddings Leben mehr gegeben. Für Ihres, nebenbei bemerkt, auch nicht.«

»Sie sehen, hier in Kalifornien ist alles möglich!«, erwiderte Johann Sutter spöttisch und glitt vom Pferd. »Dieses Tal wird noch Geschichte machen!«

Während Tom Wedding seinen Kopf in einen Kübel kalten Wassers eintauchte, blieb Sutter vor dem Lager stehen und blickte ins Tal hinunter ...

Vor fünf Jahren, man schrieb damals das Jahr 1834, hatte er seine Schweizer Heimat wie ein Verbrecher bei Nacht und Nebel verlassen müssen.

Ein bitterer Zug huschte über Sutters Gesicht. In den Augen der Bewohner von Aarau war er vermutlich auch ein Verbrecher. Denn hatte er den traditionsreichen Druckereibetrieb nicht in den Bankrott geführt? Über fünfzigtausend Franken hatte seine Schuld betragen – und betrug sie immer noch. Im letzten Augenblick hatte er sich damals der Verhaftung entziehen können. Er hatte seine Frau und seine zwei Kinder in der Schweiz einem ungewissen Schicksal überlassen müssen.

Johann August Sutter dachte nicht gern daran. Gewissensbisse quälten ihn, obgleich seine Frau ihn zu diesem Schritt ermutigt hatte. Nur hier in Amerika, dem Land der unbegrenzten Möglichkeiten, konnte er ein neues Vermögen schaffen. Eines Tages würde er seine Schulden auf Heller und Pfennig zurückzahlen und seine Familie nachkommen lassen. Es würden aber noch Jahre vergehen, bis es so weit wäre.

Über ein Jahr hatte er allein gebraucht, um vom Fort Independence nach Kalifornien zu kommen, das bis auf ein paar schäbige Küstensiedlungen und Missionsstationen noch unerforschtes und nur von kriegerischen Indianerstämmen bewohntes Land war. Die lange, entbehrungsreiche Reise hatte viele Todesopfer gefordert.

Das Schicksal trieb ihn und die wenigen Getreuen

wie Ted Sullivan und Tom Wedding, die trotz aller Strapazen und Gefahren bei ihm blieben, zuerst hoch in den Norden nach Vancouver und anschließend für mehrere Monate auf die im Pazifik liegenden Hawaii-Inseln.

Sutter und seine Leute verlebten eine paradiesische Zeit, verloren jedoch nie ihr Ziel aus den Augen. Sie wollten nach Kalifornien, das war ihre fixe Idee. Und niemand konnte sie davon abhalten.

Um das nötige Geld für die teure Expedition nach Kalifornien zusammenzubekommen, begann Johann Sutter auf Hawaii mit Kopra, Perlmutt und Schildpatt zu handeln – mit viel Erfolg. Sehr schnell wurde er zu einem vermögenden Mann, dem einfach alles gelang.

Doch anstatt sein Handelsunternehmen auf Hawaii weiter auszubauen und sich dort für immer niederzulassen, investierte er sein gesamtes Vermögen in die Ausrüstung für seine Kalifornienexpedition. Er kaufte nicht nur Werkzeuge, Munition, Lebensmittel und Waffen, sondern warb auch hundertfünfzig Eingeborene als Arbeiter an, die ihm beim Urbarmachen des Landes und beim Bestellen der Äcker und Felder helfen sollten.

Als er endlich an der Küste Kaliforniens landete, besaß er nicht eine Handbreit Boden. Deshalb suchte er den mexikanischen Gouverneur Juan Bautista Alvarado auf, der in dem kleinen, verschlafenen Hafenstädtchen Monterey mehr schlecht als recht residierte. Kalifornien gehörte zwar zu Mexiko, doch die Mexikaner hatten niemals den ernsthaften Versuch unternommen, das riesige Land zu kolonialisieren.

Gouverneur Alvarado wollte zuerst nicht recht glauben, dass es Johann Sutter mit seinem Vorhaben ernst war. »Sie riskieren nicht nur Ihr gesamtes Vermögen, Capitano Sutter. Sie setzen auch das Leben Ihrer Männer aufs Spiel. Wenn Sie tiefer ins Land vordringen, werden Sie vor den Indianern nicht mehr sicher sein.«

Johann Sutter, der sich dem Gouverneur als ehemaliger Hauptmann der eidgenössischen Armee vorgestellt hatte, ließ sich von seinem Plan nicht abbringen.

»Ich bin monatelang durch Indianerland gezogen«, erwiderte er selbstbewusst. »Ich werde mit den Indianern verhandeln, Frieden schließen und ihnen Arbeit auf meinen Farmen und Ranches geben. Es ist Platz für uns alle da.«

Juan Alvarado musterte den hoch gewachsenen, sehnigen Mann nachdenklich und lächelte schließlich. »Ich habe Sie gewarnt, Capitano. Aber vielleicht schaffen Sie es wirklich. Meinen Segen dafür haben Sie. Wie viel Land brauchen sie?«

Johann Sutter zögerte nicht eine Sekunde. »Fünfzigtausend Morgen!«, verlangte er.

Der Gouverneur zog überrascht die Augenbrauen hoch. »Fünfzigtausend? Das ist ja groß genug für ein Fürstentum, Capitano!«

Sutter hielt seinem Blick stand. »Mit Kleinigkeiten gebe ich mich gar nicht erst ab, Exzellenz. Wenn ich schon mein Vermögen und mein Leben riskiere, dann muss es sich auch lohnen!«

Der Gouverneur war von der eisernen Zielstrebigkeit und der Energie, die dieser Mann ausstrahlte, beeindruckt. Er überlegte nicht lange.

»Sie sollen Ihre fünfzigtausend Morgen bekommen, Capitano!«, sagte er und rief nach dem Schreiber.

In Monterey warb Sutter noch Handwerker an. Mit ihnen und der Landverschreibung über fünfzigtausend Morgen Land im Sacramentotal kehrte er nach San Francisco zurück, das im Jahre 1839 nur aus einem Dutzend baufälliger Hütten bestand.

Nun endlich konnte es losgehen. Sutters eindrucksvolle Karawane aus zwei Dutzend Weißen und hundertfünfzig Eingeborenen von Hawaii, dreißig schweren Fuhrwerken und fünfzig Pferden, Mauleseln, Kühen und Schafen machte sich auf den Weg ins weite, fruchtbare Sacramentotal.

Und dort, wo der aus den Bergen der Sierra Nevada kommende American River in den Sacramento fließt und die Landschaft terrassenförmig ansteigt, beschloss Sutter die erste Siedlung zu gründen.

Das Feuer sollte dafür Raum schaffen.

Sutter schreckte aus seinen Gedanken hoch, als Tom Wedding mit einem Glas Whisky zu ihm vor das Lager trat.

»Ihr Drink, Captain.«

Sutter nahm das Glas und hob es gegen das Feuer. »Auf Neuhelvetien!«, rief er, denn so hatte er seinen Landbesitz getauft.

»Und auf Sutters Fort!«, fügte Tom Wedding hinzu. Diesen Namen sollte die erste Siedlung hier am Zusammenfluss des Sacramento und des American River tragen.

»Sobald das Feuer erloschen ist, beginnen wir mit der Arbeit«, sagte Johann Sutter und konnte es gar nicht erwarten. Sein Lebenstraum ging hier in Erfüllung. Er ahnte jedoch nicht, dass er als schrecklicher Alptraum enden würde …

2

Das Feuer tobte die ganze Nacht. Der Flammenschein tauchte das Tal in ein unheimliches, rötliches Licht. Der Funkenflug schien Löcher in die samtene Schwärze des Nachthimmels zu brennen. Es war ein faszinierendes Schauspiel.

Kurz vor dem Morgengrauen drehte der Wind und trieb die Flammenwand auf die Flussufer zu. Im ersten Licht der Morgensonne bäumte sich die Feuersbrunst noch einmal an den Ufern auf, versuchte verzweifelt, über den Strom zu springen. Die kühlen Fluten jedoch stellten ein unüberwindliches Hindernis dar. Dampfwolken stiegen auf, als die Flammen im schlammigen Ufersand in sich zusammenfielen.

Die Feuerwoge hatte ganze Arbeit geleistet. Nur hier und da reckte sich der verkohlte Stamm einer Eiche oder eines Einsiedlerbaumes empor.

»An die Arbeit, Männer!«, rief Sutter, als die Sonne über den Bergspitzen der Sierra Nevada aufstieg.

Das provisorische Lager wurde abgebrochen und unten am Ufer des American River wieder aufgebaut. Tom Wedding und der Schreiner James Marshall zogen zusammen mit zwei Eingeborenen los, um Bäume zum Bau der ersten Blockhütten zu fällen.

Ted Sullivan überwachte indessen das Abladen der Fuhrwerke. Die Kisten und Säcke wurden zuerst einmal in Zelten untergebracht. Es würde noch einige Zeit dauern, bis die ersten Schuppen und Magazine standen.

Johann Sutter explodierte fast vor Energie. Unablässig ritt er mit *Wild Bill* von einer Arbeitskolonne zur anderen. Er gab Ratschläge und packte auch selbst mit an, wenn irgendwo Hilfe benötigt wurde.

Der erste Brunnen wurde gegraben. Die Standorte für die Schuppen, Hütten und Magazine legte Sutter fest. Er fertigte einen Plan von dieser Region an und plante genau, wo das Dorf für die Eingeborenen und wo die Gehege für die Schafe und Kühe liegen sollten. Er wollte nichts dem Zufall überlassen. Vor seinem geistigen Auge sah er schon ganz genau, wie das Tal in einem Jahr aussehen würde.

Die Luft war erfüllt vom Hämmern, Graben und Sägen der Männer. Die ersten Äcker wurden umgepflügt und Saat ausgestreut, kaum dass die Asche abgekühlt war.

Am frühen Nachmittag kehrten Tom Wedding und der Mormone James Marshall mit ihrer Arbeitskolonne aus den Wäldern zurück. Sie brachten zwei Dutzend Baumstämme mit, die zu Brettern und Balken zersägt werden sollten.

»Captain!«, rief Tom Wedding, als er Sutter auf seinem prächtigen Hengst durch das Lager reiten sah.

Sutter lenkte sein Pferd zu Tom Wedding. »Ich habe es schon gesehen, Tom. Sie haben hervorragende Arbeit geleistet. Wir machen Fortschritte.«

»Wir werden beobachtet, Captain!«, sagte der junge deutsche Auswanderer mit gedämpfter Stimme. Er wollte nicht, dass außer John Sutter jemand hörte, was er sagte.

Der Captain glitt aus dem Sattel und winkte einen Eingeborenen heran, dem er das Pferd übergab. Dann wandte er sich an Tom Wedding.

»Indianer?«, fragte er leise.

Wedding nickte. »Mindestens ein Dutzend«, berichtete er und hatte Mühe, seine Unruhe nicht allzu sichtbar werden zu lassen. »Drüben am Nordrand des Waldstückes lauern sie. Zwei der Indianer habe ich deutlich gesehen, als sie über eine kleine Lichtung huschten.«

»Waren sie bewaffnet?«, fragte Sutter knapp.

»Ja.«

Johann Sutter legte unwillkürlich die Hand auf den Revolver, den er an der rechten Hüfte im Holster trug. »Damit habe ich gerechnet, Tom.«

»Werden die Indianer angreifen?«, wollte Tom Wedding wissen. »Ich meine, immerhin sind wir ein ziemlich großer Trupp und zählen an die hundertachtzig Männer.«

»Die Männer aus Hawaii zählen nicht«, erwiderte Sutter sachlich. »Die meisten wissen überhaupt nicht, wie sie mit einem Gewehr umgehen sollen. Nein, wenn es zum Kampf kommt, werden sie keine große Hilfe sein.«

»Wir müssen etwas unternehmen, Captain!«, drängte Tom Wedding. »Die Männer müssen gewarnt werden!«

Sutter nickte. »Das wird auch geschehen. Sag Ted Sullivan und Cliff Bradley Bescheid. Sie sollen in mein Zelt kommen. Sie natürlich auch, Wedding. Wir besprechen dann alles Weitere.«

»In Ordnung.« Tom Wedding entfernte sich, um den beiden Männern Bescheid zu sagen.

Wenige Minuten später saßen die erfahrenen Westmänner in Sutters Zelt um einen Klapptisch, auf dem die Lageskizze lag, die Sutter am Morgen schon angefertigt hatte.

»Bin gar nicht so traurig darüber, dass die Wilden sich schon jetzt blicken lassen. Hoffentlich lassen sie sich mit dem Angriff nicht so viel Zeit. Je eher sie losschlagen, desto besser können wir sie davon überzeugen, dass es nichts bringt, sich mit uns anzulegen. Wir werden ihnen höllisch einheizen!«, meinte Cliff Bradley mit erregter Stimme und funkelnden Augen.

Cliff Bradleys Alter zu schätzen musste sogar einem erfahrenen Menschenkenner Kopfzerbrechen bereiten. Er konnte ebenso gut Ende dreißig wie auch Mitte fünfzig sein. Niemand wusste es. Bradley womöglich auch nicht. Ein dichter, rötlicher Bart überwucherte sein lederhäutiges Gesicht, das von zwei hellen, klaren Augen beherrscht wurde. Mund und Nase verschwanden fast im roten Bartgestrüpp.

Bradley war von kleiner, stämmiger Gestalt und kleidete sich wie ein kanadischer Trapper. Auf seinem runden Schädel saß ein speckiger, breitkrempiger Hut, von dem er sich niemals trennte. Bradley hatte der US-Armee jahrelang als Scout gedient und sich Sutters Treck angeschlossen, als dieser von Fort Independence aufgebrochen war.

Johann Sutter konnte ein Schmunzeln nicht unterdrücken. »Wir wissen, dass Sie ein rauer Bursche sind und so manche Indianerschlacht geschlagen haben«, sagte er. »Es geht mir jedoch nicht darum, den Rothäuten eine vernichtende Niederlage beizubringen.«

Cliff Bradley schob den Hut in den Nacken und musterte den Captain, wie die Männer Sutter in einer Mischung von Zuneigung und Respekt nannten, verblüfft. »Worum geht es Ihnen dann?«

»Ich möchte mich mit den Indianern arrangieren, Bradley«, erklärte Sutter. »Und das ist möglich, wenn der Hass auf uns sie nicht daran hindert, vernünftigen Argumenten gegenüber aufgeschlossen zu sein.«

Ted Sullivan nickte zustimmend. »Der Captain hat völlig Recht, Bradley. Wir können uns einen Krieg mit den Indianern nicht erlauben.«

Cliff Bradley sah grimmig in die Runde. »Alles schön und gut«, knurrte er. »Aber mit frommen Sprüchen werden wir sie nicht davon abhalten können, uns nach dem Skalp zu trachten. Greifen die Rothäute erst einmal an, bleibt wenig Zeit für ruhige Gespräche«, fügte er mit beißendem Spott hinzu.

»Wir werden den Angriff abschlagen, das ist selbstverständlich!«, sagte Johann Sutter nun mit einem leicht unwilligen Unterton in der Stimme. »Und wir werden ihnen auch den notwendigen Respekt einbläuen. Eines jedoch darf auf keinen Fall geschehen – ein Massaker nämlich!«

Cliff Bradley zuckte mit den Achseln. »Sie haben hier das Kommando, Captain«, brummte er.

Sutter sah ihn mit durchdringendem Blick an. »Sehr richtig«, bekräftigte er. »Ich wäre Ihnen sehr dankbar, wenn Sie das nie vergessen würden.« Sutter wusste nur zu gut, dass Bradley für Rothäute nur Verachtung übrig hatte.

Ein wütender Blick traf Sutter. »Ich werde Ihre Ermahnung nicht vergessen, Captain!«, sagte er eisig. Und Sutter wusste in diesem Moment, dass er sich Bradley zum Feind gemacht hatte.

Ted Sullivan versuchte zu vermitteln. Cliff Bradley jedoch erhob sich abrupt und verließ das Zelt mit den Worten: »Ich nehme an, Sie werden nachher noch zu den anderen sprechen. Dann erfahre ich ja auch, wie Sie vorgehen wollen.« Ohne eine Antwort abzuwarten, schlug er die Zeltplane zurück und entfernte sich.

»Für so empfindlich hätte ich ihn nicht gehalten«, sagte Tom Wedding verwundert.

»Das hätte er nicht tun dürfen«, meinte auch Ted Sullivan unangenehm berührt.

Captain Sutter wischte das Thema mit einer Bemerkung vom Tisch. »Lieber mache ich mir Bradley zum Feind, als dass ich jahrelang einen verlustreichen Kleinkrieg gegen die Indianer führe.« Damit war die Angelegenheit für ihn erledigt. Er erläuterte ihnen anhand einer Skizze, wie er sich die Verteidigung des Lagers dachte.

Zwanzig Minuten später war die Lagebesprechung beendet. »Lassen Sie Waffen und Munition ausgeben, Sullivan«, sagte Sutter und trat mit ihnen vor das Zelt. »Die Arbeit geht normal weiter.«

Die Nachricht, dass Rothäute um das Lager schlichen, machte schnell die Runde. Kaum jemand war ernstlich beunruhigt. Zumindest zeigte das niemand. Waffen und Munition wurden an die Leute ausgegeben.

Captain Sutter hielt eine kurze Rede und schickte dann alle wieder an die Arbeit. Er selbst schwang sich in den Sattel und ritt das Lager ab. Quer über dem Sattel lag seine schussbereite Doppelflinte.

Sutter beobachtete den nahen Waldrand und das Dornengestrüpp, das dem Feuer nicht zum Opfer gefallen war. Auf den ersten Blick war nichts Verdächtiges zu entdecken. Seinen scharfen Augen entging jedoch nicht, dass sich hier und da in den Büschen etwas regte. Einmal sah er sogar Metall aufblinken.

Die Indianer bereiteten ihm mehr Kopfzerbrechen als er zugab. Wenn er dieses Tal in ein blühendes Land verwandeln wollte, musste er in Frieden mit den Indianern leben. Doch zuerst würde es zu Blutvergießen kommen. Doch Sutter hoffte, bald Verhandlungen mit den Stämmen aufnehmen zu können. Für Männer wie Cliff Bradley, die nur einen toten Indianer für einen guten Indianer hielten, mochte das zwar eine lächerliche Illusion sein. Aber hatte man nicht schon über ihn gelächelt, als er von Fort Independence aufbrach, um Kalifornien mit Pflug und Saatschaufel friedlich zu erobern?

Die Stunden verrannen. Kein Indianer ließ sich blicken. Und trotzdem spürten alle Männer im Lager, dass sich etwas um sie herum zusammenbraute. Die Bedrohung konnten sie fast körperlich spüren.

Die Anspannung wuchs.

Wachen patrouillierten um das Lager.

Allmählich senkte sich die Sonne dem westlichen Horizont entgegen. Sutter ließ die Fuhrwerke zu einer Wagenburg rund um die Zelte aufstellen. Hinter den schweren Wagen konnten die Männer bei einem Angriff Schutz finden.

Der Glutball verschwand hinter den Bergzügen. Der Himmel schien zu glühen. Ein unheimliches Zwielicht legte sich über das Tal. Alle Gegenstände verloren ihre festen Konturen.

»Das ist die ideale Zeit für einen Angriff«, meinte Ted Sullivan mit sorgenerfüllter Stimme.

»Aufgeregt, Sullivan?«, fragte Sutter spöttisch.

Der ehemalige Lagerverwalter verzog das Gesicht zu einem schiefen Grinsen. »An dieses verfluchte Warten kann ich mich einfach nicht gewöhnen, Captain. Sollen die Rothäute bloß angreifen. Dann weiß ich wenigstens, was ich zu tun habe.«

»Das ist die Taktik der Indianer, Sullivan«, sagte Sutter und blickte über den Rand eines der schweren Fuhrwerke zum Wald hinüber, der die Schatten aufzusaugen schien und sich scheinbar in eine undurchdringliche schwarze Wand verwandelte. »Sie wollen uns zermürben und werden dann angreifen, wenn wir es gar nicht erwarten.«

Ted Sullivan spuckte einen Strahl Kautabaksaft aus. »Uns werden die Skalpjäger nicht überrumpeln, Captain. Ich passe schon auf, dass die Wachen die Augen aufhalten.«

»Halten Sie auch ein Auge auf Bradley«, riet Sutter ihm.

Ted Sullivan folgte dem Blick des Captains und sah den bärtigen Cliff Bradley vor einem der Zelte seine Waffen säubern. In aller Seelenruhe nahm er Gewehr und Revolver auseinander und prüfte alle Teile auf ihre Funktionstüchtigkeit.

»Himmel, der Scout hat wirklich Nerven«, brummte Sullivan mit einer Spur Bewunderung in der Stimme.

»Gerade das meine ich ja.«

Sullivan sah Sutter verständnislos an. »Tut mir Leid, Captain, aber da komme ich nicht mit.«

Johann Sutter deutete mit dem Kopf zu Bradley hinüber. »Bei allem, was man gegen ihn einwenden kann, ist und bleibt er nun mal ein erfahrener Armeescout, Sullivan. Schade nur, dass er nicht bereit ist, sich den neuen Umständen anzupassen. Wir sind nicht hier, um einen Feldzug gegen die Ureinwohner dieses Landes zu führen, sondern um Farmen und Ranches aufzubauen.« Ein träumerischer Ausdruck trat kurz auf Sutters Gesicht, im nächsten Augenblick jedoch blickten seine Augen wieder klar und nüchtern. »Was Bradley nun betrifft, so besitzt er den so genannten Indianerriecher, Sullivan. Wenn er mit einem Angriff der Rothäute rechnete, würde er jetzt kaum so gelassen vor seinem Zelt sitzen und jede Schraube einzeln prüfen. Deshalb sollen Sie ihn im Auge behalten.«

Ted Sullivans Gesicht hellte sich auf und er lachte leise. »Sie meinen also, Cliff Bradley ist so etwas wie ein Gefahrenbarometer?«

Sutter nickte ernst. »Wenn Bradley sich irgendwo hinter den Fuhrwerken eine günstige Schussposition sucht, dann können Sie sicher sein, dass der Angriff der Indianer nicht mehr lange auf sich warten lassen wird. Bradley sieht mehr als wir beide zusammen, doch er wird uns seine Beobachtungen nicht mitteilen. Sein gekränkter Stolz verbietet es ihm, uns zu warnen.«

»Sturer Hund!«, knurrte Sullivan.

»Wir werden schon auf der Hut sein.«

»Bradley wird von jetzt an nicht eine Sekunde mehr unbeobachtet bleiben«, versicherte Ted Sullivan. »Ich werde mich mit zwei Freunden abwechseln.«

»Tun Sie das, Sullivan, aber machen Sie sich nicht allzu viel Gedanken. Wir haben schon ganz andere Situationen gemeistert«, sagte Sutter aufmunternd.

Ted Sullivan nahm halb aus Spaß und halb aus Ernst Haltung an. »Jawohl, Captain!«

Johann Sutter setzte seine Runde durch das Lager fort. Er sprach mit jedem seiner Leute und stellte fest, dass die Stimmung trotz nervlicher Anspannung ausgezeichnet war. Auch Tom Wedding zeigte sich sehr zuversichtlich.

»Sie werden sich blutige Köpfe holen«, sagte er im Brustton der Überzeugung. »Diese Wagenburg können sie unmöglich stürmen, Captain.«

»Möglich ist alles«, dämpfte Sutter seine Siegesgewissheit. Er blickte nach Westen. Ein letztes, schwaches Glimmen am Himmel kündete die Nacht an. Und niemand wusste, ob die Indianer nicht auch bei völliger Dunkelheit angriffen. Im Schutze der Nacht konnten sie sich gefährlich nahe an das Lager heranschleichen.

»Nur eins stört mich«, sagte Tom Wedding und riss Sutter aus seinen Überlegungen.

»Und das wäre?«

»Dieses monotone Geplapper der Mormonen!«, gestand Tom Wedding mit ärgerlichem Tonfall.

James Marshall hatte sich mit drei weiteren Glaubensbrüdern in eines der Zelte zurückgezogen und murmelte nun inbrünstige Gebete. Sie hatten es abgelehnt, sich an der Verteidigung mit der Waffe zu beteiligen. Sie wollten die drohende Gefahr durch Gebete abwenden.

»Niemand kann sie zwingen, Wedding«, sagte Sutter verständnisvoll und lächelte. »Außerdem können Gebete wirklich nicht schaden.«

»Aber weshalb haben Sie diese Sektierer überhaupt mitgenommen?«, wollte der junge deutsche Auswanderer wissen.

»Weil sie ausgezeichnete Handwerker sind, Wedding. Und das wird bald mehr zählen als gute Schießkünste«, sagte Johann Sutter mit sanfter Zurechtweisung in der Stimme.

Tom Wedding errötete unwillkürlich. Zum Glück war es schon so dunkel, dass niemand es bemerken konnte. »Natürlich«, murmelte er verlegen und packte sein Gewehr fester.

»Dennoch bin ich froh, dass ich Leute wie Sie habe, Wedding, die nicht nur handwerklich geschickt sind, sondern auch noch mit einem Gewehr umzugehen wissen«, fügte Sutter hinzu.

Die Nacht brach herein. Stille senkte sich über das Lager. Die Tiere in den Gehegen unten am Fluss verhielten sich ruhig. Nur ab und zu war das Schnauben eines Pferdes zu hören.

Keiner vermochte in dieser Nacht ein Auge zuzutun. An Schlaf war nicht zu denken. Die Stunden verrannen zäh. Das Warten zehrte an den Nerven. Sogar Sutter hatte Mühe, seine Unruhe unter Kontrolle zu halten.

Die Mondsichel tauchte das Tal in ein diffuses, silbriges Licht. Wolkenfelder trieben wie milchige Schleier über den sternenübersäten Nachthimmel.

Nichts geschah.

Die Gefahr jedoch blieb greifbar nahe.

Die Müdigkeit kroch allmählich in die Körper der von den Strapazen des Tages erschöpften Männer. Manch einer glaubte, die Indianer trauten sich nicht anzugreifen oder aber hätten sich zurückgezogen. Die Aufmerksamkeit ließ nach, je näher der Morgen kam.

Als im Osten ein schwacher grauer Streifen die Schwärze der Nacht aufbrach, schlichen sich die Indianer ans Lager heran. Lautlos und gelenkig wie die Schlangen krochen sie vorwärts.

Immer näher kamen sie. Ihre scharfen Augen durchbohrten die Dunkelheit. Wie schwarze, versteinerte Büffel ragten die schweren Fuhrwerke vor ihnen aus dem Boden. Die Indianer witterten große Beute.

Plötzlich zerriss ein peitschender Gewehrschuss die trügerische Stille. Ein gellender Schrei vor dem Lager folgte. Einen Atemzug darauf brachen die angreifenden Indianer in ein fürchterliches Geheul aus. Mit ihrem markerschütternden Schlachtruf auf den Lippen stürmten sie nun auf die Wagenburg zu.

Die Hölle brach los.

»Die Indianer!«, schrie jemand mit sich überschlagender Stimme und feuerte seinen Revolver auf die heranstürmenden Schatten ab.

Grelle Mündungsblitze jagten den Indianern entgegen und brachten den Tod. Das Krachen der Gewehre und das dumpfe Wummern der Revolver erfüllten das Tal.

Johann Sutter rannte zur Südseite des Lagers, wo der Kampf am heftigsten tobte. Er ging direkt neben Cliff

Bradley in Stellung und legte seine Doppelflinte an. Mit einem donnernden Krachen entluden sich beide Läufe.

Pfeile sirrten durch die Luft und bohrten sich mit zitternden Schäften in das Holz der Fuhrwerke oder in den Boden. Ein Speer durchbrach die Seitenwand des Wagens und verfehlte Sutters Schulter nur um eine Handbreit.

Der Captain duckte sich und lud sein Gewehr hastig. »Der erste Schuss kam doch von Ihnen, nicht wahr, Bradley?«, fragte er wütend.

Der ehemalige Armeescout verzog das Gesicht zu einem verächtlichen Lächeln und schoss genau in dem Augenblick, als ein besonders mutiger Indianer zum Sprung ansetzte. Er wurde in der Luft tödlich getroffen und schlug mit einem hässlichen Geräusch vor den Kisten auf, hinter denen Cliff Bradley in Deckung gegangen war.

»Wer sonst hätte den Angriff auch bemerken sollen?«, beantwortete er Sutters Frage nun geringschätzig.

»Wenn Sie uns eher gewarnt hätten, hätten wir den Angriff schon aus größerer Entfernung abschlagen können!«, fuhr Sutter ihn wütend an.

»Zum Teufel mit den Rothäuten!«, schrie Bradley und schoss zur Bekräftigung seiner Worte.

»Wir sprechen uns noch«, murmelte Johann Sutter erbost und feuerte auf einen Trupp angreifender Bogenschützen. Er zielte auf die Beine.

Die geballte Feuerkraft der Weißen warf die Indianer zurück und fügte ihnen eine vernichtende Niederlage zu. An der Nord- und Ostflanke des Lagers zogen sich die Indianer schon zurück. Nur an der Südflanke tobte der Kampf noch. Da auf dieser Seite des Lagers viele verkohlte Stämme lagen, hinter denen die Indianer ausreichend Deckung fanden, sammelte sich hier der Rest der Krieger.

Ihr Anführer gab noch einmal das Zeichen für einen Angriff. Todesmutig stürmten drei Dutzend mit Streitäxten, Speeren und funkelnden Messern bewaffnete Krieger auf die Wagen zu. Es war ein Schrecken erregendes Bild.

Und das Unglaubliche geschah.

Einem halben Dutzend Indianern gelang es, den Schutzwall aus Fuhrwerken und Kistenstapeln zu überwinden.

»Nicht töten!«, schrie Sutter seinen Männern zu. »Setzt sie außer Gefecht, verwundet sie, aber bringt sie nicht um!«

Im gleichen Augenblick flog ein dunkler Schatten von links auf ihn zu. Zu Tode erschrocken wirbelte er mit der Doppelflinte in der Hand herum und wollte schießen.

Doch da hatte ihn der Indianer schon zu Boden gerissen. Das Gewehr wurde ihm aus der Hand geprellt. Sutter kämpfte um sein Leben. Ganz nahe über ihm war das verzerrte Gesicht des Kriegers, der eine schwere Streitaxt schwang. Im letzten Moment gelang es Sutter, sich zur Seite zu werfen. Und er entging dem wuchtigen Hieb. Dann spürte er eine sehnige Hand, die sich um seine Kehle legte und sie mit stählernem Griff zudrückte.

Nackte Mordlust flackerte in den Augen des Indianers. Wieder hob er die Streitaxt, um seinem Gegner den Schädel zu spalten. Johann Sutter rang nach Luft und bekam im letzten Moment das Handgelenk des Kriegers zu fassen. Es war ein letzter verzweifelter Versuch, den Tod abzuwenden.

Tom Wedding hatte sein Gewehr gerade abgefeuert, als

Sutter von dem todesmutigen Krieger zu Boden gerissen wurde. Wedding fuhr herum und sah, wie Sutter nur fünf Schritte von ihm entfernt um sein Leben kämpfte.

Wedding überlegte nicht lange. Zum Laden des Gewehrs war jetzt keine Zeit. Kurz entschlossen packte er das Gewehr am Lauf und schwang es wie eine Keule.

»So war das nicht geplant, Rothaut!«, stieß der junge Abenteurer hervor und schlug zu.

Der Indianer schrie auf und stürzte nach hinten. Trotz der Schmerzen, die er haben musste, sprang er sofort wieder federnd hoch. Er bückte sich nach dem Tomahawk, der ihm aus der Hand geschlagen worden war.

Tom Wedding fuhr dazwischen.

Der zweite Gewehrhieb schleuderte den Indianer bewusstlos in den Sand. Mit ausgebreiteten Armen blieb er liegen. Cliff Bradley, der den Kampf bis zu diesem Moment teilnahmslos und fast mit Schadenfreude beobachtet hatte, hob nun seinen Revolver. Er wollte dem bewusstlosen Indianer eine Kugel aus nächster Nähe in die Brust jagen.

Doch Johann Sutter war schneller. Er schlug dem Scout den Revolver aus der Hand.

»Nicht töten!«, schrie Sutter außer sich vor Wut. »Das ist ein Befehl!«

»Wir haben weder genügend Leute noch passende Unterbringungsmöglichkeiten für Gefangene!«, zischte Cliff Bradley und zitterte vor Wut.

»Wir werden auch keine Gefangenen machen!«, antwortete Captain Sutter mit schneidender Stimme.

Von den sechs Indianern, denen das Eindringen ins Innere der Wagenburg gelungen war, konnten jedoch nur drei überwältigt werden.

Die Krieger draußen indessen sahen ein, dass die Wagenburg nicht einzunehmen war. Sie zogen sich in die Wälder zurück. Das Krachen der Gewehre verstummte. Beißender Pulverrauch trieb durch das Lager.

»Jeder bleibt auf seinem Posten!«, befahl Captain Sutter mit fester Stimme. »Marshall, Sie stellen fest, wen es von uns erwischt hat.« Dann wandte er sich an Tom Wedding. »Sie sehen, es hat sich gelohnt, dass ich gestern mein Leben für Sie riskiert habe.«

Tom Wedding winkte verlegen ab. »Ach, ich war einfach nur in der Nähe und etwas schneller als die anderen.«

»Jemand anders stand noch näher bei mir als Sie«, sagte Captain Sutter laut und deutlich. Und die Umstehenden wussten, wer damit gemeint war.

Cliff Bradley murmelte einen unverständlichen Fluch und machte sich am Gewehr zu schaffen.

Ted Sullivan kam zu Sutter und Wedding herüber. »Was soll mit den Gefangenen geschehen?«, wollte er wissen.

»Wir werden Sie beschenken«, erklärte Sutter.

Tom Wedding lächelte, als hätte Sutter einen unverständlichen Witz gemacht. Auch Ted Sullivan starrte den Captain entgeistert an.

»Ja, wir werden sie beschenken«, wiederholte Sutter noch einmal. »Wir werden ihnen Kleidungsstücke, Perlen, ein paar Spiegel und jedem ein fabrikneues Bowiemesser schenken. Und dann lassen wir sie frei.«

Ted Sullivan schluckte schwer und fuhr sich durch das pechschwarze Haar. »Und mit den Bowiemessern schneiden die Burschen uns dann nächste Nacht die Kehlen durch.«

»Ich glaube nicht, dass sie das tun werden«, sagte Sutter überzeugt. »Sie haben in uns Feinde gesehen, denn wir sind in ihr Land eingedrungen, haben ein Feuer gelegt und mit dem Bau der ersten Siedlung begonnen. Kein Wunder, dass sie nach unserem Skalp trachten. Ich möchte ihnen nun begreiflich machen, dass wir mit friedlicher Absicht in dieses Tal gekommen und bereit sind, sie gerecht zu entschädigen. Ich bin sicher, dass sie das verstehen werden.«

Tom Wedding machte ein skeptisches Gesicht. »Wenn das nicht ein bisschen viel verlangt ist. Sie werden uns für Schwächlinge halten.«

Sutter schüttelte lächelnd den Kopf. »Das werde ich zu verhindern wissen. Wir werden den drei Überlebenden unsere Macht noch einmal demonstrieren, bevor wir sie freilassen.«

»Und wie?«, fragte Ted Sullivan.

Sutter sagte es ihm und der ehemalige Lagerverwalter verzog das Gesicht zu einem breiten Lachen. »Die Idee ist nicht schlecht«, gab er zu. »Da fällt mir übrigens ein, dass einer der Männer, die sich uns in San Francisco angeschlossen haben, ein paar Brocken des hiesigen Indianerdialekts versteht.«

»Ausgezeichnet! Schaffen Sie ihn her und bereiten Sie alles vor!« Captain Sutter ließ die drei gefesselten Indianer vor die Wagenburg führen, als Ted Sullivan mit seinen Vorbereitungen fertig war.

Die Gesichter der Indianer wirkten versteinert. Sie glaubten, zum Marterpfahl geführt zu werden. Todesverachtung stand in ihren Augen. Die Weißen würden ihnen nicht einen Schmerzenslaut entlocken.

In zehn Meter Entfernung stand eine Kiste und darauf ein großer Blechbehälter. Sutter trat nun mit seiner Doppelflinte vor, visierte das Ziel kurz an und jagte beide Ladungen aus den Läufen.

33

Die unzähligen Schrotkörner rissen den Blechbehälter von der Kiste und verwandelten ihn in ein Sieb. Tom Wedding holte den Behälter und stellte ihn den drei Indianern vor die Füße, damit sie sehen konnten, was die Waffen der weißen Männer anrichten konnten.

Der dürre Fallensteller Norman Webster, der den Indianerdialekt ein wenig beherrschte, unterstrich die vernichtende Kraft der Gewehre noch mit großen Worten und eindrucksvollen Gesten.

»Sehr beeindruckt scheinen sie aber noch nicht zu sein«, bemerkte Tom Wedding leise.

»Das wird sich gleich ändern«, erwiderte Sutter und ließ sich ein anderes Gewehr reichen. Er zielte auf eine kleine Kiste, die gut dreißig Meter entfernt stand und von einer Fackel beleuchtet wurde.

Der Fallensteller lenkte die Aufmerksamkeit der Indianer auf die kleine Kiste und nickte Sutter dann kaum merklich zu.

Der Captain legte das Gewehr an und drückte ab.

Eine gewaltige Explosion ließ die Erde erzittern. In der Kiste hatte sich Sprengstoff befunden, der nun mit weltuntergangsähnlichem Getöse in die Luft ging. Ein greller Blitz erhellte für einen Augenblick die Umgebung. Gleichzeitig schoss eine riesige Dreckfontäne aus dem Boden. Erdklumpen und kleine Steine prasselten auf die gefesselten Indianer und ihre Bewacher nieder, während die Berghänge den Explosionsdonner als mehrfaches Echo zurückwarfen.

Erschrocken wichen die Indianer zurück. Ihre Gesichter verloren den geringschätzigen Ausdruck. Fassungslos starrten sie zum tiefen Krater hinüber, den die geballte Ladung Sprengstoff in den Boden gerissen hatte.

Captain Sutter verkniff sich ein Lächeln und wandte sich mit betont ernster Mine an Norman Webster und die drei Indianer. Die Rothäute sahen ihn mit angstgeweiteten Augen an. Sie waren überzeugt, dass jemand, der die Erde zum Zittern bringen und Blitze erzeugen konnte, Manitou auf seiner Seite hatte und im Besitz einer mächtigen Medizin war.

»Machen Sie ihnen klar, dass wir nicht gekommen sind, um die tapferen Krieger aus ihren Jagdgründen zu vertreiben und zu töten«, sagte Sutter zu Norman Webster. »Wir wollen in Frieden mit ihnen leben. Lassen Sie aber auch keinen Zweifel, dass wir jede kriegerische Handlung mit unseren Feuerwaffen beantworten werden.«

Der Fallensteller redete nun auf die gefangenen Indianer ein. Er gab seiner Stimme einen feierlichen, beschwörenden Klang und erwies sich mit seinen Gesten und dem ausdrucksvollen Mienenspiel als begabter Schauspieler.

Einer der Indianer antwortete.

»Was sagt er?«, wollte Sutter sofort wissen.

Norman Webster leistete sich die Andeutung eines Lächelns. »Diese Demonstration ist ihnen ganz schön in die Knochen gefahren, Captain. Die Entscheidung, das Kriegsbeil zu begraben, kann jedoch nur der Stammesrat fällen. Und der muss ja erst erfahren, was ich den drei Rothäuten hier erklärt habe.«

»Sagen Sie ihnen, dass sie zu ihrem Stamm zurückkehren können«, sagte Johann Sutter zufrieden und drehte sich zu Ted Sullivan um. »Überreichen Sie unseren roten Freunden jetzt endlich die Geschenke.«

Die Indianer wussten überhaupt nicht, wie ihnen geschah. Ungläubig blickten sie von Ted Sullivan, der ihnen Stoffe, Ketten aus Glasperlen, kleine Spiegel und schließlich sogar das Bowiemesser reichte, zu Sutter.

Norman Webster hatte Mühe, ihnen klarzumachen, dass dies Geschenke und sie frei waren. Sie prüften die scharfe Schneide des Messers und zögerten einen Moment. Schließlich fanden sie ihre Fassung wieder. Ohne sich zu bedanken, drehten sie sich um und entfernten sich würdevoll und ohne Hast, als wären sie die Sieger. Augenblicke später verschwammen sie mit den letzten Schatten der Nacht am Waldrand.

Ted Sullivan stieß die Luft hörbar aus. »Einen Moment dachte ich, die Rothäute würden die Qualität der Bowiemesser gleich an uns testen«, sagte er und machte keinen Hehl daraus, dass er sich verdammt unwohl in seiner Haut gefühlt hatte.

Johann Sutter lachte befreit. Auch er war nicht ohne Zweifel gewesen. »Das Risiko ist der Versuch wert gewesen, Sullivan. Bald werden wir sehen, ob wir überzeugend genug waren.«

Die Männer kehrten in die Wagenburg zurück. James Marshall meldete Sutter, dass sie zum Glück keine Toten zu beklagen hatten. Zwei Eingeborene und ein Weißer waren von Pfeilen verletzt worden.

Der Tag brach an.

Cliff Bradley ging dem Captain aus dem Weg. Er scharte die Männer um sich, die Sutters Verhalten für lächerlich und höchst gefährlich hielten. Und das waren nicht wenige. Zu sehr war in jener Zeit noch die Meinung verbreitet, dass es ein legitimes Recht der Weißen sei, die Indianer aus ihrem Land zu vertreiben und sie wie lästiges Ungeziefer zu töten.

Zustimmung und Ablehnung hielten sich im Lager fast die Waage. Mit einem erneuten Angriff rechneten jedoch fast alle, auch die Befürworter der friedlichen Lösung. Deshalb patrouillierten auch weiterhin Wachen.

Sutter verzichtete an diesem Tag darauf, Arbeitskommandos in die Wälder zu schicken. Das Risiko war einfach zu groß. Erst wollte er wissen, wie die andere Seite sein Friedensangebot aufnahm.

So wurde dann am Ausbau des Lagers gearbeitet und die erste massive Blockhütte errichtet. Was auch kommen sollte, die Männer waren fest entschlossen, hier an der Mündung des American River in den Sacramento Wurzeln zu schlagen.

Captain Sutter war bereit, notfalls seinen Besitzanspruch mit brutaler Gewalt durchzusetzen. Er war kein Missionar. Sollte eine friedliche Lösung nicht möglich sein, würde er das Tal gewaltsam nehmen. Toleranz und Menschlichkeit fanden bei ihm da ihre Grenzen, wo sie sich seinen hoch gesteckten Zielen in den Weg stellten.

Die Sonne erreichte ihren höchsten Punkt am Himmel. Nichts geschah. Sutter blickte immer wieder voller Unruhe zum Wald hinüber. Ihn drängte es nach einer Entscheidung. Er wollte die Antwort der Indianer wissen, damit er für die Zukunft planen konnte. Niemand ließ sich jedoch blicken.

Es war der etwas kauzige Mormone James Marshall, der die Indianer am frühen Nachmittag zuerst entdeckte. Er ließ die Axt fallen und rief: »Indianer!«

Der Ruf alarmierte das Lager.

Die Männer ließen alles stehen und liegen. Sie griffen nach ihren Waffen und nahmen ihre Posten ein. Captain Sutter kam aus seinem Zelt gestürmt.

»Es sind drei Indianer!«, rief jemand. Die Aufregung legte sich sofort. Ein Angriff konnte das nicht sein. Die meisten Männer sicherten ihre Waffen wieder.

Johann Sutter ließ sich ein Fernrohr geben und erkannte einen von den drei Indianern, die aus dem Wald traten und fünfzig Meter vor der Wagenburg stehen blieben. Er gehörte zu den Freigelassenen. Allem Anschein nach begleitete er den Stammeshäuptling und den Medizinmann.

»Sie wollen verhandeln!«, rief Sutter triumphierend. Er blickte sich nach dem Fallensteller um. »Webster! Jetzt kommt Ihre große Stunde. Sie werden bei der Verhandlung dolmetschen.«

Norman Webster schien nicht besonders glücklich über diese Ehrung zu sein. Doch er fügte sich.

»Das kann eine Falle sein!«, warnte Ted Sullivan voller Misstrauen, als Sutter sich anschickte, der Indianerabordnung entgegenzugehen.

»Nein«, widersprach Sutter in der Gewissheit seines diplomatischen Sieges. »Sie sind gekommen, um Frieden zu schließen. Gehen wir, Webster!«

Tom Wedding bahnte sich nun einen Weg durch die Menge und bestand darauf, Sutter und Webster zu begleiten. »Was sollen die Rothäute denken, wenn Sie nur in Begleitung eines weißen Kriegers erscheinen, Captain. Wenn die Gegenseite zu dritt auftritt, dann tun wir das auch!« Seine Stimme ließ keinen Widerspruch zu.

Captain Sutter unternahm keinen Versuch, Wedding zurückzuhalten. Die spontane Reaktion des jungen, mutigen Mannes berührte ihn angenehm und stellte einen großen Vertrauensbeweis dar. Denn Ted Sullivan hatte nicht so ganz Unrecht. Die Verhandlung konnte sehr wohl auch ein blutiges Ende finden.

Es entsprach jedoch nicht Sutters Art, sich mit großen Worten zu bedanken. Er sah Tom Wedding an. Für das, was er zu sagen hatte, genügte ein kurzer Blick. Und Tom Wedding verstand ihn.

»Wir wollen die roten Stammesbrüder nicht länger warten lassen«, sagte Sutter fast vergnügt, als ginge es zu einem fröhlichen Gelage. Sie verließen das Lager und gingen der Indianerabordnung entgegen. Tom Wedding verbarg seine Aufregung hinter einer grimmigen Miene, während Norman Webster Mühe hatte, nicht allzu ängstlich dreinzublicken.

Mit gespannter Aufmerksamkeit und geflüsterten Kommentaren verfolgten die Männer im Lager das Geschehen. Manch einer rechnete insgeheim damit, dass Sutter und seine Begleiter im nächsten Moment von einem Pfeil zu Boden gerissen würden.

Doch nichts dergleichen geschah.

Cliff Bradleys Gesicht wurde noch finsterer, als er sah, wie die drei Indianer Sutter, Webster und Wedding mit Gesten des Friedens begrüßten. Er fluchte unterdrückt, als sich alle sechs ins Gras setzten und mit dem Palaver begannen.

»Donnerwetter, er hat Recht gehabt!«, rief Ted Sullivan begeistert. »Die Rothäute wollen wirklich verhandeln! Ich wette, es gelingt ihm, ihnen einen Frieden mit seinen Bedingungen aufzuschwatzen!« Er riss sich vor Freude den Hut vom Kopf und zerknüllte ihn.

Cliff Bradley war wohl der Einzige der Truppe, der sich nicht freute. »Sutter wird nicht ewig auf der Seite der Gewinner stehen!«, prophezeite er düster und schwor sich Rache. Irgendwann einmal würde er Sutter seine Rechnung präsentieren. Sein Tag würde kommen, daran hatte er nicht den geringsten Zweifel.

Dieser Tag gehörte jedoch Captain Sutter. Noch bevor die Sonne am westlichen Horizont versank, konnte er den Frieden besiegeln und damit einen großen Sieg für sich verbuchen.

3

Seit Sutter im Jahre 1834 in New York gelandet war und amerikanischen Boden betreten hatte, war ihm eigentlich alles gelungen, was er angepackt hatte. All seine früheren Erfolge verblassten jedoch neben der Leistung, die er mit seinen Leuten nun im Sacramentotal vollbrachte.

Sutters Aufstieg war ungeheuerlich.

Innerhalb von wenigen Monaten war das Tal nicht wieder zu erkennen. Dort, wo das Feuer getobt hatte, erstreckten sich Felder und Äcker. Rinder- und Schafherden weideten auf den saftig grünen Wiesen der Flussufer. Die Gehege für die Pferde waren im Handumdrehen errichtet und die Zucht konnte beginnen.

Am Zusammenfluss der beiden Flüsse wurden Erdwälle aufgeworfen. Dort entstand die erste Ranch. Das Holz für die Gebäude wurde in den riesigen, ausgedehnten Wäldern geschlagen. Hektische Betriebsamkeit erfüllte das Tal.

Captain Sutter kümmerte sich um das kleinste Detail und überwachte die Ausführung aller Projekte und es waren dutzende zur gleichen Zeit. Er war ständig unterwegs, half bei der Lösung von Problemen und griff auch selbst zur Schaufel, wenn Not am Mann war. Sein unermüdlicher Einsatz und eiserner Wille verschafften ihm bei seinen Leuten Anerkennung und fast uneingeschränkte Bewunderung.

Er nahm von dem Land Besitz wie niemand zuvor in der Geschichte des amerikanischen Kontinents. Er ließ Wege schlagen, Brücken errichten, Brunnen ausheben und Sümpfe trockenlegen. Kanalisationen wurden ausgehoben und erste Obstplantagen an den Hängen angelegt.

Bald schon umgab ein massiver Palisadenzaun die Farm. Zahllose Scheunen, Magazine und Faktoreien wurden gebaut. Die Gebäude reihten sich aneinander, ergaben den inneren Kern der Siedlung.

Sutters Fort nahm schnell Gestalt an. Eine mehr als fünf Meter hohe und ein Meter dicke Mauer aus soliden Lehmziegeln machte das Fort zu einem uneinnehmbaren Bollwerk. An jeder Ecke des Forts ragten drei Kanonen drohend über die Brüstung der Mauer, während allein sechs schwere Geschütze den Haupteingang sicherten. Diese gewaltige Festung beherbergte die Verwaltungsgebäude, eine Kapelle, mehrere Lagerhäuser, eine Schmiede, Ställe, eine Wirtschaft, ein Geschäft, in dem es alles zu kaufen gab, und Unterkünfte.

Noch immer kamen alle Vierteljahr jeweils fünfzig Eingeborene aus Hawaii. Sutter brauchte Arbeiter und die Insulaner erwiesen sich als tüchtig und zuverlässig. Sie lebten mit ihren Familien in eigenen kleinen Dörfern.

Sutters Erfolg lockte auch weiße Handwerker und Siedler aus den Ortschaften an der Küste an. Und er konnte jeden Mann gebrauchen. Er verpachtete ihnen Land.

Aber nicht nur Weiße und Eingeborene von Hawaii halfen beim Aufbau, auch Indianer meldeten sich bei Sutters Vorarbeitern und ließen sich registrieren.

Doch es gab auch Rückschläge. Es war Sutter nicht gelungen, mit allen Indianerstämmen Frieden zu schließen. Jahrelang musste er deshalb einen Kleinkrieg führen. Kaum ein Tag verging, an dem nicht Rinder von der Weide gestohlen oder Arbeiter hinterrücks ermordet wurden.

Sutter sah sich gezwungen, eine Miliz aufzustellen, um sich gegen die zahlreichen Überfälle zur Wehr zu setzen. Vergeltungsaktionen lehrten die Indianer, dass ihr Aufbegehren gegen die entstehenden Siedlungen sinnlos und selbstmörderisch war.

Innerhalb von zwei Jahren wurde Captain Sutter zu einem mächtigen und vermögenden Mann. Er konnte es sich sogar leisten, den Russen, die sich aus unerfindlichen Gründen aus Kalifornien zurückziehen wollten, ihre Handelsniederlassungen an der Küste in der Nähe von Fort Bodega für vierzigtausend Dollar abzukaufen. Damit erweiterte er seinen schon so riesigen privaten Grundbesitz um ein beträchtliches Stück fruchtbaren Küstenlandes.

Die wirtschaftlichen Erfolge der ersten Jahre übertrafen Sutters Erwartungen bei weitem. Seine Rinder- und Pferdezucht warf hohe Gewinne ab, mit denen er neue Projekte begann.

Sutter versorgte bald sämtliche Siedlungen an der Küste mit allen notwendigen Lebensmitteln. Er verkaufte Proviant an die Schiffe, die in Monterey und im langsam aufblühenden San Francisco landeten. Fast an allen lukrativen Geschäften war Sutter beteiligt.

Jetzt endlich konnte er es sich auch erlauben, seine Schulden in Höhe von fünfzigtausend Franken zu begleichen, die ihn im Jahre 1834 zur Flucht veranlasst hatten. Ansehen und Ehre waren damit in seiner Heimat wiederhergestellt und in naher Zukunft wollte er seine Familie zu sich holen.

Diese hektischen Jahre zwischen 1839 und 1848 waren jedoch nicht nur von atemberaubenden wirtschaftlichen Erfolgen geprägt, sondern auch von gefährlichen politischen Wirren. Sie verlangten Sutter allerhöchstes diplomatisches Fingerspitzengefühl ab.

Als Gouverneur Juan Alvarado Sutters Forderung nach fünfzigtausend Morgen Land erfüllte, befand sich Kalifornien an der Schwelle einer Revolution. In Mexiko hatte sich eine Gruppe mächtiger finanzstarker Politiker gebildet, deren erklärtes Ziel die totale Plünderung Kaliforniens war. *Compania Cosmopolitana* nannte sich diese Interessengruppe, die zweihundert Desperados anwarb, bis an die Zähne bewaffnete und nach Kalifornien einschiffte. Im Auftrag der *Compania Cosmopolitana* sollten diese skrupellosen Männer die blühende Provinz ausplündern.

Kaum jedoch waren die staatlich anerkannten Plünderer in See gestochen, wurde die Regierung in Mexiko gestürzt und die *Compania Cosmopolitana* entmachtet. Der neue Präsident Santa Anna entsandte sofort einen Eilboten auf dem Landweg zu Gouverneur Juan Alvarado.

Der Bote brachte dem Gouverneur der bedrohten Provinz den strikten Befehl, die Landung der Plünderer unter allen Umständen zu verhindern. Juan Alvarado mobilisierte seine Truppen. Und in der Bucht von San Diego kam es zu einer erbitterten Schlacht zwischen den regierungstreuen Truppen und den Desperados. Ein Großteil der zweihundert Plünderer wurde in der Schlacht getötet.

Einer zahlenmäßig recht kleinen, dafür aber sehr schlagkräftigen Gruppe jedoch gelang die Flucht. Sie versetzte das Land mit ihrem Terror bald in Angst und

Schrecken. Lichtscheues Gesindel schloss sich ihr an. Plündernd und mordend zogen sie durch die Provinz.

Sutter war geschickt genug, sich aus den Machtkämpfen herauszuhalten und für keine der Parteien offen Stellung zu nehmen. Es gelang ihm, das Vertrauen beider Seiten zu gewinnen und seinen Besitz vor den Revolutionären zu schützen.

Obwohl er mexikanischer Staatsbürger geworden war, als Gouverneur Alvarado ihm das Land am Sacramento verschrieben hatte, betätigte er sich heimlich als Informant der amerikanischen Regierung.

Regelmäßig schickte er Boten mit ausführlichen Berichten über die wirtschaftliche und innenpolitische Lage Kaliforniens nach Washington. Er unterbreitete dem Kongress sogar einen Plan, wie Kalifornien von US-Truppen am besten zu erobern sei. Es entsprach ganz Sutters Art und Selbstverständnis, dass er die Hälfte des eroberten Landes dabei für sich beanspruchen wollte.

Die Vereinigten Staaten zeigten sich auch nicht abgeneigt. Sie befanden sich zu diesem Zeitpunkt gerade im Stadium der gewaltsamen Expansion. Die Staatenunion hatte eben erst Krieg mit Mexiko geführt und sich Texas einverleibt. Nun suchten die USA nach einem passenden Vorwand, um den Mexikanern auch noch Kalifornien abnehmen zu können.

Eine lächerlich unbedeutende Auseinandersetzung zwischen einigen Amerikanern, die sich in Kalifornien als Siedler niedergelassen hatten, und Mexikanern lieferte der amerikanischen Regierung den gewünschten Grund, um Mexiko im Jahre 1846 erneut den Krieg zu erklären.

Das von wirtschaftlichen Katastrophen und unzähligen Revolutionen geschwächte Mexiko hatte von Anfang an keine Chance, den Krieg gegen den übermächtigen Gegner zu gewinnen. Im Jahre 1847 eroberten US-Truppen Kalifornien.

Und Sutter gehörte wieder einmal zu den Gewinnern. Seine ausgedehnten Ländereien, von vielen auch nur Sutterland genannt, standen Ende des Jahres 1847 in voller Blüte. Bananen-, Orangen- und Zitronenplantagen so weit das Auge reichte. Die Weinreben, die er per Schiff aus Europa hatte kommen lassen, zogen sich meilenweit an den Berghängen hoch.

Sutter hatte den Höhepunkt seiner Macht erreicht. Er hatte den größten Landsitz Amerikas. Das war am Vorabend des Goldrausches ...

4

Am Abend des 28. Januar 1848 kehrte John Sutter, wie er sich inzwischen nannte, von einem Inspektionsritt nach Sutterville zurück.

Sutter war bester Stimmung. Ein kühler Wind wehte von den Bergen und im Nordosten ballten sich dunkle Wolken zusammen, die sich Sutterville als drohend schwarze Wand näherten. Es war mit einem schweren Unwetter zu rechnen.

Die Doppelposten am Eingang des Forts grüßten militärisch, als Sutter durch das Tor ritt. Er erwiderte den Gruß. Für Uniformen und militärische Formen hatte er viel übrig.

Innerhalb der Festungsmauern herrschte hektisches Leben und Treiben. Vor dem General-Store wurden zwei Kastenwagen beladen, aus der Bäckerei drang der würzige Geruch frischen Brotes und in der Schmiede wurde auch noch gearbeitet. John Ness hämmerte auf ein rot glühendes Stück Eisen ein. Seine nackte Brust glänzte vor Schweiß.

»Machen Sie denn nie Feierabend?«, rief Sutter ihm zu und freute sich über die Betriebsamkeit.

»Das Gleiche könnte ich Sie fragen, Captain!«, rief der Schmied zurück, ohne dabei aus dem Schlagrhythmus zu kommen. Funken tanzten über den Amboss. »Außerdem braucht Hank Mills die Beschläge dringend. Er will noch heute Abend zu seiner Ranch zurück.«

»Da soll er sich bloß beeilen«, erwiderte Sutter. »Das Gewitter kann jeden Augenblick losbrechen.«

»Da sagen Sie etwas, Captain. Der Januar ist der schlimmste Monat im Jahr!«

John Sutter nickte ihm zu und glitt vor dem Verwaltungstrakt, in dem er zugleich auch seine privaten Räume hatte, aus dem Sattel. Ein Stallknecht kam über den Platz geeilt und nahm ihm das Pferd ab.

Der Himmel hatte sich noch mehr verdüstert und eine schiefergraue Farbe angenommen. Von einer Sekunde auf die andere begann es zu regnen. Die Männer vor dem General-Store fluchten lauthals und beeilten sich, dass sie die Planen über die Wagen bekamen. Es goss wie aus Eimern. Und innerhalb weniger Augenblicke war der Platz inmitten des Forts in ein riesiges Schlammloch verwandelt.

Sutter trat schnell in das Kontor und schloss die Tür hinter sich. Tom Wedding saß hinter einem der Schreibtische und addierte Zahlen im warmen Lichtschein zweier Kerosinlampen.

»Inspektionsritt beendet, John?«, fragte Tom Wedding aufgekratzt und legte den Bleistift weg. Er freute sich,

Sutter wieder zu sehen. Immerhin war der Captain drei Tage unterwegs gewesen, um an einigen Stellen nach dem Rechten zu sehen. »Du scheinst zufrieden mit dem Ergebnis deines Rittes zu sein.«

John Sutter lachte und knöpfte den grauen Tuchmantel auf. »Das bin ich auch, Tom. Es steht alles zum Besten. Ich bin wirklich sehr zufrieden. Natürlich lässt sich noch einiges verbessern und ich habe da schon einige Ideen, die wir mal in aller Ruhe durchsprechen müssen.«

Während des vergangenen, knappen Jahrzehntes war Tom Wedding mehr und mehr zu John Sutters rechter Hand geworden. Wedding hatte sich sehr schnell in alle Fachgebiete eingearbeitet und Sutter mit ausgereiften Vorschlägen überrascht. Nachdem Wedding verschiedene andere wichtige Posten innegehabt hatte, war er schließlich Sutters persönlicher Sekretär und Verwalter der Ländereien geworden.

Neue Projekte und Ideen besprach Sutter immer zuerst mit Tom Wedding, dessen fachmännischen Rat er schätzte. Sein Verwalter gehörte zu den wenigen Menschen, die sich auch durch persönliche Gefühle der Sympathie nicht davon abhalten ließen, Kritik zu äußern, wo sie notwendig war. Und das schätzte Sutter besonders an ihm.

Tom Wedding dämpfte Sutters Tatendrang auch gleich. »Wir sollten alle weiteren Projekte erst einmal zurückstellen. Oder möchtest du, dass wir die Arbeit an der Hockfarm drosseln?«

»Selbstverständlich nicht!«, rief Sutter entrüstet. Die Hockfarm war sein ganz persönliches Projekt. Sie sollte ein besonderes Prachtstück werden und ihm sozusagen später als Musterfarm und Ruhesitz dienen. Sie lag in einem ruhigen Seitental.

»Das habe ich mir gedacht«, sagte Tom Wedding mit einem versteckten Lächeln. Die Jahre in der Wildnis waren nicht spurlos an ihm vorbeigegangen. Sein Gesicht hatte alle übermütig-jugendlichen Züge verloren und strahlte nun Reife und Erfahrung aus. Wedding hatte es verstanden, sich überall Respekt zu verschaffen.

Sutter stellte sich vor das prasselnde Kaminfeuer und rieb sich die kalten Hände. »In Ordnung, wir reden später darüber. Jetzt erzähl mir erst, was in meiner Abwesenheit vorgefallen ist.«

Tom Wedding lehnte sich im Stuhl zurück und zuckte mit den Achseln. »Es läuft alles nach Plan. Die Arbeiten an der Kornmühle in Natoma gehen gut voran. Es sieht so aus, als lieferten sich die Männer mit den Mormonen oben in Coloma ein Wettrennen. Jeder will seine Mühle als Erster in Betrieb nehmen.«

John Sutter lachte belustigt. »Mir soll es recht sein. Wenn ich wetten müsste, würde ich aber auf James Marshall als Sieger tippen.«

James Marshall war mit einigen seiner Glaubensbrüder und zwanzig weiteren Arbeitern ins fünfzig Meilen entfernte Colomatal gezogen, um dort eine Sägemühle zu errichten, die dringend benötigt wurde.

Sutter war es ganz recht gewesen, dass James Marshall sich in die Abgeschiedenheit des Colomatales zurückgezogen hatte. Sein fanatisches Sektierertum und seine manchmal fast beängstigende Neigung zum Spiritistischen hatten ihn nicht sehr beliebt unter den anderen Arbeitern gemacht. Oben in den Bergen von Coloma konnte er mit seinen Glaubensbrüdern ungestört seine spiritistischen Sitzungen abhalten und zugleich sehr nützliche Arbeit leisten. Als Zimmermann war der arbeitseifrige Mormone ausgezeichnet.

»Es heißt, dass sich Cliff Bradley dort in der Gegend herumtreiben soll«, sagte Tom Wedding nun und musterte Sutter prüfend.

Sutters Gesicht verfinsterte sich. Cliff Bradley hatte sich schon wenige Wochen nach dem ersten Indianerüberfall von Sutters Truppe getrennt und sich selbstständig gemacht. Er versuchte sich als Farmer, scheiterte und zog seitdem als Jäger durch die Wälder.

»Ich habe gehört, dass er wieder Schmähreden gegen dich führt«, fügte Tom Wedding hinzu. »Wir sollten ihm allmählich das Maul stopfen, John. Ich verstehe nicht, dass du ihn all die Jahre auf deinem Boden geduldet hast. Er hasst dich. Und daraus macht er keinen Hehl.«

Sutter starrte ins Feuer. »Es würde zu Blutvergießen kommen, wenn ich ihn von meinem Land vertreiben ließe. Darauf wartet er doch nur«, stieß er grimmig hervor. »Aber den Gefallen werde ich ihm nicht tun, Tom. Soll der Hass ihn von innen allmählich auffressen.«

»Irgendwann wirst du es vielleicht bereuen, nichts gegen ihn unternommen zu haben.«

»Wenn ich ihn heute vertreibe, ist er morgen wieder da. Ich kann nicht überall Zäune ziehen und Posten aufstellen«, erwiderte Sutter ungewohnt heftig. »Vergessen wir das Thema besser. Es führt zu nichts. Hast du keine erfreulicheren Nachrichten?«

Tom Wedding wollte noch etwas zum Thema Bradley sagen, doch er schluckte seine Bemerkung hinunter. »Doch, ich habe noch eine erfreuliche Nachricht. Sie ist sogar außerordentlich erfreulich.«

Gespannt sah Sutter ihn an. »Nun? Ich höre.«

»Ich habe heute das Ergebnis der Herdenzählung erhalten!«

»Und?«, fragte Sutter drängend.

49

Tom Wedding nahm ein eng beschriebenes Blatt vom Schreibtisch und las vor: »Auf den Weiden grasen zwölftausend Rinder, zehntausend Schafe, zweitausend Pferde, und tausend Schweine zählt die Mastzucht. Die nächste Ernte wird zudem grob überschlagen an die vierzigtausend Scheffel Weizen bringen. Na, was sagst du jetzt? Ist das keine angenehme Nachricht?«

»Wir haben noch ausreichend Land für eine doppelt so starke Herde und für weitere vierzigtausend Scheffel Weizen«, erwiderte John Sutter scheinbar ungerührt.

Tom Wedding blickte ihn verblüfft an. »Nun mach aber mal einen Punkt!«, empörte er sich. »Diese Zahlen sind sensationell und das weißt du. All die anderen Produkte, die wir hier erzeugen, sind in dieser Aufstellung noch nicht einmal enthalten. Die Obstplantagen und die Weinberge, die Gerbereien und Sägewerke. Zum Teufel, diese Zahlen beweisen, dass du der reichste Mann Amerikas bist. Und wie lautet deine Antwort darauf? ›Wir haben noch ausreichend Land für eine doppelt so starke Herde und für weitere vierzigtausend Scheffel Weizen.‹ Himmelherrgott, ich hätte nicht schlecht Lust, mich mit dir draußen im Schlamm zu prügeln! Wirst du denn nie zufrieden sein?!«

Sutter brach in schallendes Gelächter aus und legte seinem Vertrauten beruhigend eine Hand auf die Schulter. »Ich habe diesen Zornesausbruch provoziert. Verzeih mir, Tom. Du bist nun mal mein Gewissen.« Er wurde ernst. »Du hast völlig Recht, es sind sensationelle Zahlen. Und ich bin meinem Schicksal dankbar. Dieses Jahr wird das Geld zum ersten Mal richtig in die Kassen fließen, Tom. Und wir werden nicht alles gleich wieder ausgeben müssen wie bisher.«

Die beiden Männer besprachen vor dem offenen Feuer

noch einige wichtige Fragen. Dann zog sich John Sutter in das Nebenzimmer zurück, das als Bibliothek und Arbeitsraum eingerichtet war. Er ging seine persönliche Post durch und fand einen Brief seines Beauftragten in der Schweiz vor. Der Anwalt bestätigte den Eingang des Kreditbriefes und teilte ihm mit, dass er alles Nötige veranlasst habe. In knapp neun Monaten, sofern nichts Unvorhergesehenes dazwischenträte, könne er, John Sutter, seine Familie in die Arme schließen. Eine Passage auf dem Viermaster *Provence* sei schon gebucht.

Sutter ließ den Brief sinken. »Mein Gott, endlich ist es so weit«, murmelte er und seine Gedanken wanderten zu seiner Frau Annette, die er vor fast fünfzehn Jahren zum letzten Mal gesehen hatte. Und seine Kinder …

Gewissensbisse stiegen in ihm auf. Schon vor fünf Jahren hätte er sie nachkommen lassen können. Sein manchmal fast krankhafter Drang nach Perfektion hatte es jedoch nicht zugelassen. Vor Jahren hatte sich noch alles im Aufbau befunden.

Jetzt aber war er wer, war er *der* Sutter! Jeder Mann in Kalifornien, und nicht nur dort, kannte seinen Namen. Städte trugen seinen Namen.

»Ich werde sie mit einem Triumphzug empfangen!«, murmelte er. Er würde Annette sein Reich zu Füßen legen. Was waren jetzt noch neun Monate …

5

Der Wind peitschte die Regenschauer über die Zufahrtsstraße zum Fort. Die Posten am Tor schlugen die Kragen ihrer Uniformmäntel höher und versuchten sich so gut es ging vor den vom Himmel stürzenden Wasserfluten zu schützen. Obwohl es noch gar nicht so spät war, konnten die Männer keine zwanzig Schritte weit sehen.

»Hoffentlich kommt bald die Ablösung«, brummte einer der Soldaten und vergrub die Hände tief in den Manteltaschen. Dass eine wachsame und rund um die Uhr einsatzbereite Miliz für Sutterville und alle anderen Siedlungen eine notwendige Einrichtung war, hatte ein tragischer und zugleich alarmierender Vorfall vor knapp einer Woche bewiesen.

Damals gelang es einem todesmutigen Indianer jener Stämme, die trotz aller Anstrengungen Captain Sutters, sie zum Frieden zu bewegen, ihren Kampf gegen die weißen Siedler fortsetzten, sich in das Fort zu schleichen. Er sollte den verhassten Häuptling der weißen Männer töten – John Sutter. Bevor er jedoch in den Wohnbereich des Captains eindringen konnte, wurde der Indianer von drei Zechern entdeckt, die bis spät in die Nacht in Sam Brannans Kneipe, die innerhalb der Festungsmauern lag, dem Branntwein ausgiebig zugesprochen hatten. Nur so war es zu erklären, dass der Indianer zwei von den Männern töten konnte, bevor er selbst niedergestreckt wurde. Seit diesem Zwischenfall waren die Posten am Tor und auf den Mauern verstärkt worden.

Gewitterdonner rollte über Sutterville hinweg. Es goss in Strömen. Die Milizsoldaten waren bald bis auf die Haut durchnässt. Sie gingen mit eingezogenen Köpfen vor dem Tor auf und ab, um sich so warm zu halten.

Plötzlich blieb einer der Männer stehen und lauschte in die Nacht.

»Da kommt jemand!«, rief er und packte sein Gewehr fester.

Die Soldaten spähten die Straße hinunter. Der Hufschlag eines galoppierenden Pferdes war jetzt deutlich zu hören. Er wurde immer lauter. Ein Reiter wurde als verschwommene Silhouette in der Dunkelheit sichtbar. Einem schwarzen Schatten gleich jagte das Pferd durch die Regenschleier auf das Fort zu. Der Reiter hatte sich weit nach vorn über den Hals des Tieres gebeugt.

Den Soldaten kam der Reiter unheimlich vor. Sie entsicherten ihre Gewehre und blockierten den Zugang zum Fort. Ein gewaltiger Donnerschlag übertönte für einen Augenblick das Prasseln des Regens.

»Halt!«, schrie einer der Soldaten.

Der in einen dunklen Regenumhang gekleidete Reiter zerrte an den Zügeln und brachte die schwarze Stute vor den Posten zum Stehen. Er richtete sich im Sattel auf. Der Wind peitschte ihm den Regen ins Gesicht.

»Macht Platz!«, fuhr er die Milizsoldaten mit rauer Stimme an. »Ich habe es eilig. Geht aus dem Weg, zum Teufel!«

»Erst die Parole, Mister!«

Der Mann auf der schwarzen Stute schüttelte unwillig den Kopf. »Ich kenne die Parole nicht, kann sie gar nicht kennen. Ich komme aus Coloma und muss sofort zu Captain Sutter. Gebt endlich den Weg frei!«

Ein greller Blitz erhellte die pechschwarze Finsternis für einen kurzen Augenblick und beleuchtete das regenüberströmte Gesicht des Reiters. Der wild wuchernde schwarze Bart und die funkelnden Augen des Fremden erschreckten die Soldaten. Ohne Nennung der Parole wollten sie ihn nicht ins Fort lassen.

»Was geht hier vor?«, fragte plötzlich eine scharfe Stimme im Rücken der Soldaten.

Ted Sullivan stand im Tor. Festes Ölzeug schützte ihn

vor den Fluten, die vom Himmel stürzten. Sullivans Geschick, mit Menschen umzugehen, hatte John Sutter vor Jahren veranlasst, ihn mit der Aufstellung und Ausbildung der Miliz zu betrauen. Ted Sullivan führte das Kommando über die Truppen und hatte sich nur Captain Sutter gegenüber zu verantworten.

»Der Mann kennt die Parole nicht!«, meldete nun einer der Soldaten hastig. »Er gibt vor, aus Coloma zu kommen und unbedingt mit Captain Sutter sprechen zu müssen.«

Ted Sullivan trat ein paar Schritte in den Regen hinaus. Mit zitternden Flanken und mit Schaum vor dem Maul stand das Pferd vor ihm. Kein Zweifel, Pferd und Reiter hatten einen langen Ritt hinter sich.

Sullivan wollte gerade nach dem Namen fragen, als ein Blitz über die dunklen Wolkenfelder zuckte.

»Mister Marshall!«, rief Sullivan verwundert, als er den Zimmermann erkannte. »Mein Gott, was machen Sie denn hier?«

James Marshall machte eine ungeduldige Handbewegung. »Ich muss mit dem Captain sprechen. Kann ich jetzt endlich durch?«, fragte er aufgebracht.

»Natürlich. Lasst ihn durch, Männer!«, befahl Ted Sullivan und sprang fluchend zur Seite, als James Marshall seinem Tier die Sporen gab und an ihm vorbeijagte. Die Hufe schleuderten Schlamm hoch und klatschten in die Pfützen.

»Der tut ja so, als wäre der Teufel hinter ihm her«, murmelte Ted Sullivan beunruhigt und rannte durch den Regen in den Innenhof des Forts.

James Marshall schwang sich vor dem Verwaltungstrakt aus dem Sattel. Er pochte gegen die schwere Bohlentür. Tom Wedding öffnete ihm. Als er die finstere Gestalt erblickte, erschrak er unwillkürlich. Er brauchte einen Moment, um den Zimmermann zu erkennen.

Tom Wedding war genauso überrascht wie Ted Sullivan. »Um Himmels willen, was treibt Sie denn bei diesem fürchterlichen Wetter hierher?«, fragte er und trat zur Seite.

»Ist der Captain da?«, fragte James Marshall atemlos und überhörte die Frage des Verwalters.

Tom Wedding zögerte. Er spürte die Unruhe, die von James Marshall ausging. Einen Augenblick befürchtete er, der Sektierer könnte unter dem Einfluss einer religiösen Vision stehen, wie es schon mehrmals vorgekommen war. Tom Wedding wollte dem Zimmermann erst einmal auf den Zahn fühlen, bevor er ihn zu Sutter durchließ.

»Der Captain ist erst vor einer Stunde von einem mehrtägigen Inspektionsritt zurückgekommen. Er geht in seinem Arbeitszimmer wichtige Post durch. Wenn es nicht wirklich äußerst dringend ist, sollten Sie vielleicht noch eine halbe Stunde warten. Wärmen Sie sich erst mal auf. Sie sind ja völlig durchnässt, Mister Marshall.« Tom Wedding wusste, dass ein Brief aus der Schweiz unter der Post war und Sutter über eine Störung kaum erfreut sein würde.

James Marshall ließ sich nicht aufhalten. »Ich muss ihn sofort sprechen!«, beharrte er.

»Worum handelt es sich denn?«

»Die Nachricht ist nur für den Captain bestimmt!«, murmelte James Marshall abweisend und funkelte ihn drohend an. Ohne eine Erlaubnis abzuwarten, stürmte er an Tom Wedding vorbei und riss die Zwischentür auf, die in Sutters geräumiges Arbeitszimmer führte.

Verwirrt fuhr Captain Sutter hoch, als die Tür aufgerissen wurde und er James Marshall hereinstürmen sah. Der regenschwere Umhang klatschte dabei gegen den Türrahmen und hinterließ einen feuchten Fleck. Sutter spürte sofort, dass sehr Wichtiges vorgefallen sein musste. Coloma lag immerhin fünfzig Meilen von Sutterville entfernt. Einen gut achtzehnstündigen Ritt unternahm niemand wegen einer Kleinigkeit. Andererseits war der Mormone für seine Eigenwilligkeit bekannt.

»Ich weiß wirklich nicht, ob ich mich über Ihr Kommen freuen soll oder nicht, Mister Marshall«, sagte Sutter zögernd, als er sich von der Überraschung erholt hatte. »Sie sehen nicht so aus, als würden Sie gute Nachrichten bringen.«

James Marshall sah wahrlich nicht wie ein Glücksbote aus. Das nasse Haar hing ihm in Strähnen in die Stirn. Aus seinem dichten Bart tropfte das Wasser. Das schmale, abgehärmte Gesicht wirkte ungeheuer angespannt. Die graue Haut schien jeden Augenblick über den Wangenknochen reißen zu können. Und ein merkwürdiger, fremder Schimmer lag in seinen Augen, die unruhig hin und her wanderten.

Tom Wedding stand hinter ihm und zuckte stumm mit den Achseln, als John Sutter ihn fragend ansah. Die ganze Situation hatte etwas Unheimliches an sich.

»Ich muss Sie sprechen!«, stieß James Marshall nun hervor. »Allein!«

»Okay, ich verschwinde schon«, meinte Tom Wedding und schloss die Tür hinter sich.

»Was ist passiert?«, wollte John Sutter nun wissen. Unruhe erfasste ihn. »Haben Sie Schwierigkeiten mit den Indianern, Marshall? Hat es einen Überfall gegeben?«

»Nein«, antwortete der Zimmermann mit heiserer

Stimme und blickte sich wie ein gehetztes Tier um. Der Regen trommelte gegen das Fenster.

»Klappt irgendetwas mit der Arbeit nicht?« Sutters Stimme bekam einen ungeduldigen Klang. Das merkwürdige Verhalten des Zimmermanns, der oben in den Bergen den Aufbau der Sägemühle leitete, bedurfte einer Erklärung. Aber James Marshall machte den Mund nicht auf. »Zum Teufel, so reden Sie doch!«

»Sind wir allein?«, fragte der Zimmermann nun flüsternd.

Sutter runzelte die Stirn. »Natürlich sind wir allein. Oder sehen Sie noch jemanden außer uns im Zimmer?«

»Niemand darf uns belauschen!«

»Wir sind ganz unter uns, Marshall. Und nun reden Sie schon. Sie machen es ja verdammt spannend.«

James Marshall fuhr sich mit der Hand über den nassen Bart und leckte sich nervös über die Lippen. Seine Augen hatten einen fiebrigen Glanz.

»Wir sind hier nicht sicher genug«, stieß er plötzlich hervor.

»Reden Sie keinen Unsinn!«, erwiderte John Sutter unwillig. Allmählich wurde ihm das merkwürdige Gehabe zu viel. Der Zimmermann schien nicht mehr ganz klar im Kopf zu sein.

Tom Wedding steckte plötzlich den Kopf zur Tür herein. »Entschuldigt, könnte ich schnell mal das Kontobuch haben? Ich muss noch eine Eintragung vornehmen.«

James Marshalls Gesicht verzerrte sich. »Sagte ich es nicht? Wir sind hier nicht sicher!« Seine Stimme zitterte.

Tom Wedding blickte Sutter verständnislos an. »Ist etwas nicht in Ordnung?«, fragte er.

»Nein, nein«, sagte Sutter hastig und fühlte sich von

Marshalls Unruhe angesteckt. »Lass uns jetzt bitte allein. Das mit dem Kontobuch hat Zeit bis später.«

»Entschuldigung«, murmelte Tom Wedding betroffen. »Wusste nicht, dass es so wichtig ist.«

John Sutter drehte kurz entschlossen den Schlüssel im Schloss um. Doch damit war James Marshall noch immer nicht zufrieden. Er hatte Angst, sie könnten belauscht werden. Sutters Geduld wurde auf eine harte Probe gestellt. Er schluckte seinen Ärger hinunter und führte Marshall schließlich ins Obergeschoss. Auch dort schloss Sutter die Tür hinter sich ab. James Marshall vergewisserte sich noch, dass sich niemand in den Nebenzimmern aufhielt.

»Jetzt sind Sie hoffentlich zufrieden!«, sagte John Sutter grimmig. »Außer meinem Vertrauten Tom Wedding befindet sich niemand sonst im Haus. Wir sind also ganz unter uns. Oder möchten Sie, dass wir aufs Dach hinaussteigen?«

James Marshall trat ganz nahe auf ihn zu. Er schluckte krampfhaft. Der Adamsapfel tanzte hektisch auf und ab. »Sie müssen mir Ihr Ehrenwort geben, dass Sie keinem verraten, was ich Ihnen gleich zeige!«, verlangte er.

»Mein Gott, machen Sie es nicht so spannend!« Sutter wurde jetzt unwillig und zeigte es auch.

»Zuerst Ihr Ehrenwort!«

Sutter seufzte. »Also gut, mein Ehrenwort!«

Ein gequältes Lächeln huschte über das Gesicht des Mormonen. »Gut, sehr gut«, murmelte er und schlug den regennassen Umhang zurück. Aus der Innentasche seines zerknitterten, feuchten Predigerrocks kramte er einen kleinen Beutel aus Sackleinen hervor. Seine Faust hielt den Beutel fest umklammert. Noch einmal wanderte sein Blick gehetzt durch den Raum. Er zögerte einen Augenblick. Dann taumelte er zum Tisch hin, der in der Mitte des Kontorraumes stand.

»Wir brauchen Licht«, krächzte er.

Die merkwürdige Erregung hatte jetzt auch Sutter gepackt. Er vergaß seinen Ärger und zündete eine Kerosinlampe an. Er stellte sie auf den Tisch. »Was haben Sie da?«, fragte er und ertappte sich dabei, dass er seine Stimme genauso verschwörerisch dämpfte wie der Mormone.

James Marshall gab keine Antwort. Mit zittrigen Händen zerrte er an den beiden Schnüren, die den Beutel zusammenhielten. Vorsichtig kippte er den Inhalt auf die glatt gehobelte Tischplatte.

»Da!«, raunte er nur.

Stumm blickte John Sutter auf die zehn, zwölf schmutzig gelben Körner. Als er den gelblichen Schimmer der kleinen Steinchen bemerkte, stieg ein Verdacht in ihm auf.

Schweigend nahm James Marshall eines der Körner vom Tisch, reinigte es hastig vom Schmutz und reichte es dem Captain mit der Miene eines Gequälten.

Das Korn war fast so groß wie eine Erbse. Sutter nahm es und rollte es in seiner Handfläche. Es fühlte sich für seine Größe schwer an. Und das wiederum bestätigte seinen Verdacht. Doch noch wagte er ihn nicht auszusprechen. Er blickte den Zimemrmann scharf an.

»Wo haben Sie das her?«, fragte er heiser.

»Aus dem Mühlbach, den wir in Coloma angelegt haben«, sprudelte es nun aus James Marshall hervor, als hätte Sutters Frage einen Damm niedergerissen. Das Glitzern in seinen Augen verstärkte sich. »Die Steinchen liegen auf dem Grund des Baches, Captain. Überall! Man braucht sich nur danach zu bücken.«

Sutter bekam vor Aufregung einen ganz trockenen Mund. Ein Kloß setzte sich in seiner Kehle fest. Sutter räusperte sich und nahm das gelblich schimmernde Korn zwischen Zeigefinger und Daumen. Vorsichtig biss er darauf. Es gab dem Druck seiner Zähne nach. Im Lichtschein der Kerosinlampe konnte man den Abdruck genau erkennen.

»Es … es ist Metall«, sagte Sutter nun und starrte auf das verformte Korn.

»Ja, Gold vermutlich!«, stieß James Marshall hervor.

Nun war es endlich heraus.

Gold!

Sutter weigerte sich, die Behauptung einfach zu akzeptieren. »Ob es wirklich Gold ist, muss erst noch bewiesen werden«, erwiderte er.

»Deshalb bin ich hier. Die Leute oben in Coloma haben mich ausgelacht, als ich ihnen sagte, dass es Gold ist, was da auf dem Grund des Baches liegt«, sagte er erregt. »Aber ich bin sicher, dass es Gold ist. Nun will ich von Ihnen die letzte Gewissheit, Captain.«

Sutter vermochte sich der Erregung des Augenblickes nicht zu entziehen. »Kommen Sie, wir werden es feststellen. Gehen wir hinunter in mein Arbeitszimmer. In der Encyclopaedia Americana befindet sich ein langer Artikel über Gold und wie man es vom Katzengold unterscheidet.«

»Warten Sie!« Hastig sammelte James Marshall die Körner ein, verschnürte den Beutel und ließ ihn unter seinem Umhang verschwinden.

Sutter bemerkte erst jetzt die Wasserlache, die sich um James Marshall gebildet hatte. Der Mormone musste nass bis auf die Haut sein.

»Sie müssen sich trockene Sachen anziehen. Sie holen sich sonst den Tod!«, meinte Sutter.

James Marshall schüttelte heftig den Kopf. »Das ist jetzt nicht wichtig«, wehte er ab. »Gehen wir besser hinunter. Ich muss Gewissheit haben!«

»Sie müssen es wissen, Marshall«, sagte Sutter achselzuckend. »Sie werden es auszubaden haben, wenn Sie sich eine Lungenentzündung einhandeln.«

Der Mormone lachte mit einem Anflug von Hysterie. »Lungenentzündung? Mein Gott, ich schwitze, Captain. Mir ist noch nie so warm gewesen wie heute. Ich verglühe. Verstehen Sie das denn nicht?«

John Sutter sah den fiebrigen Glanz in den Augen des Zimmermanns und ein eiskalter Schauer lief ihm den Rücken hinunter. Marshall war kurz davor durchzudrehen.

Wortlos drehte sich Sutter um, schloss die Tür auf und stieg die Treppe hinunter. James Marshall blieb ihm dicht auf den Fersen, als befürchtete er, Sutter könnte ihm entwischen und die sensationelle Nachricht vom Goldfund irgendjemandem zuflüstern.

Sie begaben sich in Sutters Arbeitszimmer. In der Encyclopaedia Americana fanden sie einen langen Artikel über Gold und seine Eigenschaften. Sie interessierte jedoch nur der Absatz, der die Methoden beschrieb, wie man Gold von anderen Metallen unterscheiden konnte.

James Marshall beugte sich mit ihm über das Buch. Wassertropfen fielen auf das Papier. Sutter störte sich nicht daran. Auch er stand unter einer erregten Spannung.

»Da!«, rief Marshall und tippte auf die Stelle, wo beschrieben wurde, dass Gold ein sehr weiches Metall ist. »Ein Goldnugget habe ich oben in Coloma schon mit dem Hammer ganz platt gehauen. Das ist nur mit Gold möglich.«

»Ein Beweis ist das aber noch nicht«, knurrte John Sutter ungehalten. »Wir werden den Salpetersäuretest machen. Dann haben wir Gewissheit.« Er klappte das dicke Buch zu und stellte es ins Regal zurück.

»Wo gehen Sie hin?«, fragte James Marshall misstrauisch, als Sutter Anstalten machte, das Zimmer zu verlassen.

»Salpetersäure holen!«, knurrte Sutter. »Noch habe ich nicht in jedem Zimmer einen Eimer davon herumstehen. Oder Sie vielleicht?«

»Ich komme mit!«, beschloss der Zimmermann.

»Sie sind herzlich eingeladen«, murmelte John Sutter, nahm eine Kerosinlampe vom Tisch und ging mit ihm in den Keller hinunter. Die Lampe warf einen flackernden Schein auf die rauen Wände aus luftgetrockneten Ziegeln. Kisten und Säcke stapelten sich im Gang. Gerätschaften lagerten in den Räumen. Aus einem massiven Eichenschrank entnahm Sutter ein hohes Gefäß, dessen Etikett verriet, dass es Salpetersäure enthielt.

»Ich brauche jetzt ein paar von den … Körnern«, sagte Sutter und hoffte, dass seiner Stimme die Aufregung nicht anzumerken war.

»Ein Nugget genügt!«, widersprach James Marshall und öffnete seinen Beutel aus Sackleinen.

Sutter goss die Salpetersäure in eine Glasschale.

»Wenn sich das Zeug auflöst, ist es nichts wert«, sagte der Captain hart und nahm das gelbliche, erbsengroße Korn und hielt es über die Schale.

»Und wenn es sich nicht auflöst, handelt es sich um Gold!«, fügte James Marshall hinzu.

Sutter nickte und ließ das Korn in die Säureflüssigkeit fallen. Fast hoffte er, das Korn würde sich auflösen. Dann brauchte er sich weiter keine Gedanken zu machen.

Doch nichts geschah.

Das gelbliche Metallkügelchen ruhte auf dem Grund der Schale. Die Säure löste nur die Dreckreste. Jetzt gab es keinen Zweifel mehr. Bei diesen gelblichen Körnern handelte es sich um erbsengroße Goldnuggets!

Marshall starrte mit weit aufgerissenen Augen auf die Glasschale mit der Salpetersäure und dem Nugget. Sein erregtes Atmen war deutlich zu vernehmen. Sein angespannter Gesichtsausdruck wich nun ganz langsam einem triumphierenden Lachen.

»Es ist Gold!«, stieß er schließlich keuchend hervor. »Großer Gott, es ist wirklich Gold!«

»Ja, reines Barrengold!«, bestätigte Sutter. Er fühlte sich einen winzigen Moment schwindlig, als ahnte er schon, was diese Entdeckung nach sich ziehen würde. Er riss sich zusammen und kippte die Säure vorsichtig in das Gefäß zurück. »Lassen Sie mir das Goldkorn hier?«

James Marshall lachte schallend, dass ihm die Tränen über das Gesicht liefen. Seine helle, schrille Stimme füllte das Kellergewölbe und erzeugte bei Sutter eine Gänsehaut. Der Zimmermann lachte wie ein Wahnsinniger.

»Behalten Sie es nur, Captain!«, rief er und fuhr sich immer wieder mit dem Handrücken über die Stirn, als ob ihm zu heiß sei. »Von diesen Goldnuggets gibt es genug in Coloma. Zu tausenden liegen die Körner herum! Überall können Sie sie aufheben. Verstehen Sie? Das Gold liegt zu Ihren Füßen im Bach. Sie brauchen sich nur zu bücken, um reich zu werden! Steinreich!«

»Ich bin reich!«, sagte Captain Sutter und stoppte den Redeschwall des Zimmermanns. »Außerdem übertreiben Sie jetzt. Ich habe noch nie gehört, dass die Goldkörner so zahlreich herumliegen wie Sandkörner am Strand.«

James Marshall wurde von einer Sekunde auf die andere ernst. »Es ist aber so, Captain!«, versicherte er mit eindringlicher Stimme. »Ich habe es mit meinen eigenen Augen gesehen! Überall schimmert es im Bach golden. Ausgelacht haben sie mich, als ich sagte, es könnte Gold sein. Sie haben mich einen Dummkopf genannt, Captain! Die Arbeiter halten mich für einen Narren. Dabei habe ich Recht. Es ist Gold! Pures Gold!« Der Zimmermann erregte sich so sehr, dass ihm seine Stimme den Dienst versagte.

»Ich werde überprüfen, ob Ihr Bericht der Wahrheit entspricht«, sagte John Sutter betont nüchtern. Er weigerte sich einfach zu glauben, dass das Goldvorkommen in Coloma so reichhaltig sein sollte. James Marshall war nämlich ganz der Typ, der ein paar zufällig entdeckte Nuggets zu einer gewaltigen Goldader aufbauschte.

»Wir werden alle reich sein!«, krächzte der Zimmermann und kicherte. »Niemand wird mich in Zukunft für einen Dummkopf halten. Ich habe das Gold entdeckt!«

»Das bestreitet keiner«, sagte Captain Sutter und spürte die Müdigkeit in sich aufsteigen. Er hatte einen langen, anstrengenden Tag hinter sich. Die Erregung des ersten Augenblicks war verflogen. Die paar Nuggets, die James Marshall in dem Beutel aus Sackleinen mit sich trug, beunruhigten ihn zwar. Sie reichten jedoch nicht aus, um sofort irgendwelche Maßnahmen zu ergreifen. Zuerst wollte er sich einen eigenen Eindruck verschaffen. Das aber hatte noch ein, zwei Tage Zeit.

»Sie müssen unbedingt nach Coloma kommen, Captain!«, drang James Marshall in ihn. »Sie müssen es mit eigenen Augen sehen! Alles Gold! Mein Gott, ich muss zurück!«

Sutter runzelte die Stirn. »Sie wollen doch wohl nicht bei diesem Unwetter den Rückweg antreten!«

»Ich muss zurück!«, stieß der Mormone hervor.

»Das ist heller Wahnsinn!«

»Ich kenne die Strecke auswendig, Captain«, beruhigte ihn der Zimmermann. »Mich hält hier nichts, verstehen Sie das denn nicht? Warum kommen Sie nicht gleich mit? Wenn wir scharf reiten, können wir morgen kurz vor Einbruch der Dunkelheit in Coloma sein.«

Sutter schüttelte unwillig den Kopf. »Nun bleiben Sie vernünftig, Marshall. Sie tun ja gerade so, als zöge sich eine meterdicke Goldader durch das Tal. Sie haben ein paar Nuggets gefunden …«

James Marshall unterbracch ihn mit einem geringschätzigen Auflachen. »Ein paar Nuggets? Na, Sie werden schon selbst sehen. Ich reite jetzt. Und niemand wird mich daran hindern!«, sagte er drohend. Er schloss den regendurchtränkten Umhang und hastete die steile Kellertreppe hoch.

»Denken Sie daran, dass ich Sie mit den Männern nach Coloma geschickt habe, damit Sie dort eine Sägemühle errichten!«, erinnerte Captain Sutter den Mormonen an seinen Auftrag.

James Marshalls Mundwinkel zuckten nervös. »Und vergessen Sie das Ehrenwort nicht, das Sie mir gegeben haben«, sagte er leise. »Wenn Sie nicht auf den Kopf gefallen sind, lassen Sie sich so schnell wie möglich bei uns oben in den Bergen blicken. Sonst garantiere ich für nichts!« Mit diesen drohenden, unheilvollen Worten stürmte er durch das Kontor, wo Tom Wedding noch immer über den Rechnungsbüchern saß, und stürzte in den Regen hinaus.

John Sutter folgte ihm mit verkniffenem Gesicht bis zur Tür. Der Wind schleuderte ihm einen Wasserschleier entgegen. Sutter fröstelte, als er sah, wie James Marshall Wind und Wetter ignorierte und sich in den klatschnassen Sattel schwang. Er riss die schwarze Stute herum und preschte über den Hof, den die Regenfluten in einen großen, schlammigen Tümpel verwandelt hatten. Reiter und Pferd verschmolzen zu einer düsteren, Furcht erregenden Einheit. Die Posten am Tor sprangen entsetzt zur Seite, als James Marshall das Pferd zum fliegenden Galopp antrieb. Wie ein schwarzer Blitz jagte es durch das Tor und war im nächsten Augenblick in der Schwärze der Nacht untergetaucht.

Regungslos stand John Sutter in der weit geöffneten Tür. Der Regen klatschte ihm wieder ins Gesicht. Er fühlte sich wie benommen. Ihm war, als würde er langsam aus einem Alptraum erwachen.

»Ist der Mormonenprediger endgültig verrückt geworden?«

Sutter schreckte zusammen und drehte sich um. Tom Wedding war zu ihm an die Tür getreten. »Was? Ach so, nein, verrückt scheint er noch nicht zu sein«, antwortete Sutter verwirrt und schloss die Tür.

Tom Wedding verzog das Gesicht. »Auf mich machte er zumindest den Eindruck, als würde nicht mehr viel fehlen, John. Sein Verhalten ist manchmal eine Zumutung. Man könnte meinen, es mit einem Teufelsaustreiber zu tun zu haben. Sag mal, was wollte er überhaupt?«

John Sutter zögerte einen Moment. Er verspürte das Verlangen, die ganze Angelegenheit einmal in aller Ruhe mit Tom zu besprechen. Aber er hatte dem Zimmermann sein Ehrenwort gegeben. Wie verschroben James Marshall auch immer sein mochte, ein Wortbruch ließ sich nicht rechtfertigen.

»Ich ... ich kann darüber nicht reden«, sagte Sutter schließlich ausweichend.

Tom Wedding blickte verwundert. In den letzten Jahren hatte Captain Sutter nie ein Geheimnis vor ihm gehabt. Alle geschäftlichen und politischen Aktionen hatte er mit ihm besprochen. Deshalb ging es ihm nun sehr nahe, dass Sutter ihn von etwas ausschloss. Er akzeptierte diese Entscheidung jedoch und drang nicht weiter in ihn.

»Entschuldige, ich wollte nicht neugierig sein«, sagte er und ging zu seinem Schreibtisch zurück.

Sutter spürte die innere Betroffenheit seines Vertrauten und Freundes.

»Es ist nicht so, wie du jetzt vielleicht denkst«, sagte er hastig. »Ich möchte schon gern mit dir darüber reden, Tom. Ich darf es aber nicht. Ich habe Marshall mein Ehrenwort gegeben, dass ich darüber schweige. Das bindet mich.«

Toms Gesicht hellte sich wieder auf. Dass John Sutter ein Mann von Prinzipien war, hatte er während des letzten Jahrzehntes zur Genüge feststellen können. Ehrlichkeit und Gerechtigkeit waren die beiden Eigenschaften, die neben politischem Geschick und unbeugsamem Willen Sutters Erfolg erst möglich gemacht hatten. Seine Arbeiter und Pächter wussten, dass Sutter zu seinem Wort stand und ein ausgeprägtes Gerechtigkeitsfühl hatte.

»Merkwürdig«, sagte Tom Wedding nachdenklich und fragte sich, welche Nachricht James Marshall wohl

gebracht haben mochte, die so wichtig war, dass Sutter
zu schweigen versprochen hatte.

»Merkwürdig ist genau das richtige Wort, Tom«, sagte
Sutter bedrückt und begab sich in seine Privaträume.
Ruhelos wälzte er sich in dieser Nacht im Bett umher.
Der Schlaf wollte sich einfach nicht einstellen. Der Ge-
danke an das Gold ließ ihm keine Ruhe.

Er starrte zur Decke hoch und dachte daran, was die
Indianer sich über das gelbe Metall erzählten, nach dem
die weißen Männer so verrückt waren. Sie waren der
Überzeugung, dass das Gold einem bösen, missgünsti-
gen Dämon gehöre, der in einem versteckten Bergsee mit
goldenen Ufern lebe. Und niemand dürfe es wagen, diesen Dämon zu reizen.

Gold war für die Indianer eine schlechte Medizin und
gleichbedeutend mit Unglück – und Tod.

6

Schweißgebadet erwachte John Sutter am nächsten
Morgen. Er fühlte sich wie gerädert. Und zum ersten Mal
verfluchte er das Gold ...

Das schwere Unwetter hatte sich über Nacht aufgelöst.
Es regnete jedoch noch immer. Der Himmel war von
einem trüben Grau und nicht dazu angetan, Sutters
Stimmung zu heben. Er musste sich zwingen, nicht Opfer seiner düsteren Gedanken zu werden, die sich ihm
unablässig aufdrängten. Die Ahnung von etwas Unheil-
vollem, Furchtbarem wollte ihn einfach nicht verlassen.
Und das machte ihn wütend.

»Zum Teufel, ich werde mich doch nicht von dem hysterischen Geschwafel eines versponnenen Sektenpredigers verrückt machen lassen!«, rief er sich selbst zur Ordnung und beschloss aus Trotz, nicht sofort nach Coloma aufzubrechen.

Nachdem er diesen Entschluss gefasst hatte, ging es ihm besser. Während seiner Abwesenheit hatten sich genügend wirklich wichtige Dinge angesammelt, die dringend erledigt werden mussten. Und diese Arbeit lenkte Sutter von den Gedanken an den Goldfund in Coloma ab.

Zusammen mit Tom Wedding plante er den Standort für eine neue Gerberei. Und es gab viel zu bedenken. Wedding erwähnte den merkwürdigen Besuch des Zimmermanns mit keinem Wort mehr. Er tat, als sei nichts geschehen.

Die nächsten drei Tage waren bis zur letzten Minute mit Arbeit ausgefüllt. Vierzig kräftige Männer und Frauen aus Hawaii trafen in Sutterville ein. Sutter war stolz und froh, die Eingeborenen von den Hawaii-Inseln nach Kalifornien gebracht zu haben. Mehrere Hunderte lebten in sechs Dörfern. Und bessere Arbeiter konnte sich Sutter gar nicht vorstellen.

Am zweiten Tag tauchte eine fünfköpfige Delegation aus San Francisco bei Sutter auf. Sie waren gekommen, um mit dem mächtigsten Mann des Landes über die politische Zukunft von Kalifornien zu reden.

Die Vereinigten Staaten hatten Kalifornien zwar gewaltsam in ihren Herrschaftsbereich gebracht. Es gehörte jedoch noch nicht als eigenständiger Staat mit einem verfassungsgebenden Parlament zur Union. Dies voranzutreiben, war nun das erklärte Ziel der Männer aus San Francisco. John Sutter unterstützte ihre Bestrebungen und genoss es, dass man zu ihm kam, um sich über Ziele und Methoden einig zu werden.

Am dritten Tag jedoch ließ sich der Gedanke an den Goldfund nicht länger unterdrücken. Sutter merkte, dass es ihm schwer fiel, sich auf etwas zu konzentrieren. Er ertappte sich auch dabei, dass er immer wieder das Goldkorn aus der Schatulle nahm und es in seiner Handfläche rollte.

Der Ritt nach Coloma ließ sich einfach nicht länger aufschieben. Die Zeit war reif. Er musste sich selbst davon überzeugen, was an der Geschichte vom Gold übersäten Bach dran war.

»Morgen reite ich nach Coloma hinauf«, teilte Sutter am Nachmittag Tom Wedding mit und bemühte sich, seiner Stimme einen normalen, fast gleichgültigen Ton zu geben. Nichts sollte auf eine Besonderheit hinweisen.

Tom Wedding wusste aber sofort, worum es ging. »Es hängt mit James Marshalls nächtlichem Besuch zusammen, nicht wahr?«, fragte er und kannte schon die Antwort.

»Ja«, bestätigte Sutter.

»Soll ich dich begleiten?«, erkundigte sich Tom Wedding.

»Das ist nicht nötig«, wehrte Sutter ein wenig zu hastig ab. »Ich nehme zwei Eingeborene mit. Du wirst hier dringend gebraucht, Tom.«

Tom Wedding stellte keine weiteren Fragen. Sutter wollte allein nach Coloma reiten. Diese Entscheidung musste er akzeptieren. Aber das machte die Angelegenheit noch mysteriöser. Was war oben in den Bergen passiert? Brennend gern hätte Tom darauf eine Antwort erhalten. Aber er beherrschte sich. Sutter würde mit ihm schon darüber reden, wenn er es für richtig hielt. Es gab keinen Grund, an Sutters Vertrauen zu zweifeln.

Kurz vor Aufgang der Sonne brach John Sutter in Begleitung zweier Eingeborener nach Coloma auf. Die beiden jungen, kräftigen Burschen lebten erst ein gutes halbes Jahr im Sacramentotal. Deshalb hatte Sutter sie für diese Mission ausgewählt. Sie konnten reiten und mit der Waffe umgehen, das alles hatte ihnen Ted Sullivan beigebracht. Von Gold verstanden sie jedoch überhaupt nichts. Für sie war das nur nutzloses, gelbliches Gestein, für das sie keine Verwendung hatten. Die Naivität der Insulaner passte gut in Sutters Konzept der Geheimhaltung. Was auch immer in Coloma auf ihn wartete, die Eingeborenen würden davon kaum etwas erfahren, zumal sie die englische Sprache nur sehr mäßig beherrschten.

Als Grund für den immerhin recht mühsamen Ritt hoch in die Berge gab er an, sich einmal persönlich von den Fortschritten der Arbeit an der Sägemühle überzeugen zu wollen. Niemand kam auf den Gedanken, dies zu bezweifeln.

Nur Tom Wedding ahnte, dass dies alles vorgeschoben und eine Täuschung war. Es braute sich etwas zusammen. Das spürte er ganz deutlich. Und es war ein verteufelt unangenehmes Gefühl, nur etwas zu ahnen, aber nicht zu wissen, was wirklich los war.

Tom Wedding begleitete den Captain noch bis zum Tor. Die ersten Sonnenstrahlen vergoldeten die Bergspitzen. Es versprach ein trockener, freundlicher Tag zu werden.

»Ich hoffe, du kommst mit guten Nachrichten zurück«, sagte er und wünschte ihm einen guten Ritt.

»Das hoffe ich auch«, erwiderte John Sutter mit zuversichtlichem Lächeln, nickte ihm zu und ritt an. Die beiden Insulaner folgten ihm. Sie führten noch ein Packpferd mit sich, doch ihre Ausrüstung war leicht. Sutter wollte schnell vorankommen.

Sie ritten den American River im Licht der Morgensonne stromaufwärts und schlugen ein scharfes Tempo an. Ihr Weg führte sie an der Kornmühle und der kleinen Siedlung Leidesdorff vorbei.

Das Wetter blieb den ganzen Tag über klar und beständig. Sie kamen gut voran. Am Spätnachmittag erreichten sie die Stelle, wo sich der American River in einen nördlichen und einen südlichen Seitenarm teilte. John Sutter folgte mit seinen beiden zuverlässigen Begleitern dem südlichen Wasserlauf, South Fork genannt.

Sutter nutzte auch noch den letzten Lichtschimmer. Je näher er Coloma kam, desto stärker wurde seine Unruhe.

Erst als sie kaum noch die Hand vor den Augen sehen konnten und das Weiterreiten zu gefährlich geworden war, gab Captain Sutter das Zeichen zum Halten. Nahe des Ufers schlugen sie ihr Nachtlager auf. Ein kleines Feuer wurde entfacht und eine schnelle Mahlzeit zubereitet. Sutter aß schweigend und starrte in die flackernden Flammen. Was würde ihn morgen im Mormonencamp erwarten? Was war, wenn die Goldvorkommen wirklich so reichhaltig waren, wie James Marshall berichtet hatte? Welche Veränderungen würde das Gold mit sich bringen!

Tausende beunruhigende Fragen bedrängten ihn und ließen ihm keine Ruhe. Während seine Begleiter schnell in einen tiefen, ruhigen Schlaf fielen, lag John Sutter noch lange wach. Seine Blicke verloren sich im sternenübersäten Nachthimmel. Das Feuer fiel in sich zusammen und graue Asche legte sich über die Glut.

Der kommende Morgen weckte die Männer mit schneidender Kälte. Nach dem kargen Frühstück aus trockenem Brot und starkem, bitterem Kaffee ging es weiter. Der Weg schlängelte sich durch eine hügelige, waldreiche Gegend, die langsam anstieg. Sutter gönnte sich und seinen Begleitern kaum eine Rast. Er musste noch vor Einbruch der Dunkelheit Coloma erreichen.

John Sutter trieb sein Pferd zu rasender Eile an. Ganz bewusst hatte er die drei besten und ausdauerndsten Tiere für diesen wichtigen Ritt ausgesucht. Die Sorgfalt machte sich jetzt bezahlt. Trotz des scharfen Tempos zeigten die Tiere noch keine Anzeichen von Ermüdung.

Die Sonne, der an diesem Februartag noch die wärmende Kraft fehlte, stand hoch am Himmel, als die Reitergruppe sich dem abgelegenen Tal näherte, wo James Marshall mit seinen Leuten den Bau der Sägemühle vorantrieb.

Sie überquerten einen reißenden Bach auf einer Brücke aus unbehauenen Baumstämmen und ritten durch dichte, ausgedehnte Kiefernwälder, die der Grund für die Standortwahl der Sägemühle gewesen waren. Hier in Coloma gab es genügend Wasser, um eine Mühle betreiben zu können, und zudem das benötigte Kiefernholz in mehr als ausreichender Menge direkt vor der Tür.

Am frühen Nachmittag verhielt John Sutter sein Pferd auf einer Hügelkuppe. Links von ihm, also im Nordwesten des Tales, lag das Camp mit den Zelten und primitiven Blockhütten und die schon halb fertig gestellte Sägemühle. Der Fluss glitzerte verheißungsvoll.

Ein angespannter Ausdruck trat auf Sutters Gesicht. Jetzt würde sich zeigen, ob seine Unruhe begründet war. Er hob die Hand und ritt den Hang hinunter.

Captain Sutter hatte Coloma erreicht. Ein kleines, unbedeutendes Tal in einer Gegend, die noch zur Wildnis zählte und von der es keine Karten gab.

Terence Jenkins bemerkte die drei Reiter und das Packpferd zuerst. Jenkins war sechsundzwanzig, von stämmiger robuster Gestalt und nicht auf den Kopf gefallen.
Sein grobflächiges, nicht sehr ansprechendes Gesicht
trug stets ein unverbindliches Lächeln. Freundlichkeit
macht sich bezahlt, auch wenn sie nicht ehrlich gemeint
ist. Das hatte Terence Jenkins schnell bei Sam Brannan
gelernt, dem der Store in Sutters Fort gehörte. Dort hatte
Terence Jenkins zuerst gearbeitet und den Beruf des
Händlers gelernt. Als James Marshall in die Berge nach
Coloma gezogen war, hatte sich Terence Jenkins dem
Zug der zwanzig Arbeiter angeschlossen und zusammen
mit Ben Wright einen Store eröffnet. Ben Wright hielt
sechzig Prozent an dem Geschäft. Doch Terence Jenkins
war entschlossen, seinen Partner irgendwann auszuboo-
ten. Sein Gefühl sagte ihm nämlich, dass hier oben Geld
zu verdienen war.

Terence Jenkins wollte gerade eine Konservenkiste
aus dem Lager holen, als sein Blick auf die Reitergruppe
fiel, die sich dem Camp auf dem ausgefahrenen Weg
näherte.

»Ich will verflucht sein, wenn das nicht Old Cap ist!«,
stieß er überrascht hervor. John Sutter, der jetzt Mitte
vierzig war, trug bei seinen Leuten den Spitznamen »Old
Cap«, der Zuneigung und Respekt ausdrückte.

Terence Jenkins vergaß die Konserven sofort. Er rannte am Flussufer entlang und erreichte ein paar Minuten
später die Sägemühle. Drei Mormonen hämmerten im
Inneren des Baues.

»Mister Marshall!«, rief Terence Jenkins. »Mister Marshall!« Er hastete die Rampe hoch, die in die Mühle
führte. Fast wäre er mit dem Zimmermann zusammen-
geprallt.

»Was gibt es, Jenkins?«, fragte James Marshall mit hochgezogenen Augenbrauen. Er hielt einen schweren Hammer in der Hand. Lange Nägel beulten die rechte Tasche seiner Jacke aus, die an vielen Stellen schon schadhaft war.

»Old Cap kommt!«

»Sind Sie sicher?«

»Ich habe drei Reiter und ein Packpferd entdeckt. Das kann nur Sutter sein. Sie haben doch gesagt, dass er versprochen hätte, bald zu kommen.«

»Hat er auch.«

»Dann wird er es sein«, sagte Terence Jenkins überzeugt.

»Der Captain muss einen guten Eindruck bekommen. Die Leute sollen aufhören, nach Gold zu suchen. Wir müssen uns mit dem Captain einigen«, sagte James Marshall eindringlich.

»Ich weiß nicht, ob das nötig ist«, erwiderte Terence Jenkins gedehnt. »Was kann er uns schon anhaben?«

James Marshall funkelte ihn an. »Zum Teufel, der Captain ist noch immer unser Boss. Er ist der mächtigste Mann im Umkreis von hundertfünfzig Meilen. Vermutlich ist er sogar noch mächtiger als Colonel Mason, der Militärgouverneur in Monterey. Vergessen Sie nicht, dass Sutter über eine schlagkräftige Miliz verfügt. Wir müssen uns also mit ihm arrangieren.«

»In Ordnung«, brummte Terence Jenkins und behielt seine wahren Gedanken für sich.

James Marshall und Terence Jenkins sorgten rasch dafür, dass alles zum Empfang des Captains vorbereitet wurde. Einige Männer hatten nämlich ihre gewöhnliche Arbeit niedergelegt und mit dem Goldwaschen begonnen, als James Marshall vor etwas mehr als drei Tagen mit der Nachricht, die gelblichen Körner seien pures Barrengold, nach Coloma zurückgekehrt war.

Von einem Goldrausch konnte jedoch noch nicht die Rede sein. In Coloma lebten Anfang des Jahres 1848 knapp dreißig Personen. Ein Drittel bestand aus arbeitswilligen Eingeborenen, die gar nicht begriffen, weshalb der eine oder andere Weiße im Mühlbach buddelte. Die sieben Mormonen, die unter der festen Führung des Sektierers James Marshall standen, fühlten sich zudem Captain Sutter moralisch verpflichtet. Er hatte ihnen eine neue Existenz ermöglicht und das war in jener Zeit, wo die Mormonen aus vielen Staaten vertrieben wurden und unter Verfolgung zu leiden hatten, keine Selbstverständlichkeit. Deshalb arbeiteten sie weiter an der Sägemühle und nutzten nur ihre spärlich bemessene Freizeit, um nach ein wenig Gold zu suchen.

Bei den zwölf Amerikanern, die mit den Mormonen in Coloma lebten, verhielt es sich nicht anders. Nur drei von ihnen hatten die Arbeit ganz niedergelegt und sich ausschließlich der Goldsuche verschrieben. Die meisten betrieben das Goldwaschen nur ein paar Stunden am Tag. Falls das Vorkommen schnell erschöpft sein sollte, wollten sie weiterhin für Sutter arbeiten. Deshalb mussten sie alles vermeiden, um nicht den Unwillen des als gerecht, aber auch unnachgiebig bekannten Captains zu erregen.

Die Nachricht, dass John Sutter im Anmarsch war, machte in Windeseile die Runde durch das Lager. Wer gerade im Bach nach Gold gesucht hatte, beeilte sich, dass er die Waschpfanne verschwinden ließ und an seinen Arbeitsplatz kam.

James Marshall rannte indessen zu Henry Bigler, der in einer winzigen Blockhütte nahe der Mühle lebte. Bigler bewahrte einen Beutel mit einer Hand voll Goldnuggets auf. James Marshall und seine Glaubensbrüder sowie Bigler und einige andere hatten die Goldkörner aus dem Mühlbach geholt und zusammengelegt.

»Sutter kommt!«, rief James Marshall aufgeregt.

Henry Bigler, der an einem Gerät zum Waschen des Goldes werkelte, stellte die Arbeit sofort ein und holte den Beutel aus dem Versteck. Er trat vor die Tür.

»Wurde auch Zeit«, grinste er breit und zwinkerte Marshall zu. »Old Cap wird sich bestimmt freuen. Anschließend werden wir uns an seinem Aguardiente schadlos halten.« Sutter war für seine Großzügigkeit bekannt. Bei seinen Inspektionsritten führte er stets mehrere Korbflaschen mit selbst gebranntem Brandy mit sich, der den Namen Aguardiente trug.

»Beeil dich!«, erwiderte James Marshall nur.

Henry Bigler lief am Mühlbach entlang und warf die Goldnuggets nacheinander ins Wasser. John Sutter sollte nachher ohne Mühe diese Körner finden. Die Männer von Coloma hofften, Sutter damit eine Freude zu bereiten …

Das Hämmern der Zimmerleute wirkte beruhigend auf John Sutter, als er sich dem Lager näherte. Die Männer schienen noch nicht vom Goldfieber gepackt zu sein. Das war ein gutes Zeichen.

Der kahlköpfige Ben Wright trat aus dem Store, als er den Hufschlag der Pferde hörte. Sein rosiges Gesicht strahlte vor Freude.

»Captain Sutter!«, rief er überschwänglich.

»Sind Sie nicht beim Goldwaschen?«, fragte John Sutter scherzhaft und hatte plötzlich das trügerische Gefühl, alles unter Kontrolle halten zu können.

Ben Wright schoss das Blut ins Gesicht. Er fühlte sich

irgendwie ertappt, denn er gehörte zu denjenigen, die fast täglich Gold aus dem Fluss wuschen. Die Arbeit im Store erledigte Terence Jenkins.

»Ach, das hält sich in Grenzen, Captain. Die Leute hier wollen ja versorgt werden«, antwortete er hastig und verbarg seine Verlegenheit hinter einem Redeschwall. »Der lange Ritt wird Sie ermüdet haben, Captain. Jenkins wird sich gleich um die Pferde kümmern. Was darf ich Ihnen als Erfrischung servieren? Groß ist die Auswahl ja leider nicht.«

Ben Wright war froh, als James Marshall in Begleitung mehrerer Glaubensbrüder die staubige Straße hochgeeilt kam. Sein schwarzer Predigerrock flatterte.

John Sutter genoss das Gefühl der Zuneigung, die ihm von allen Seiten entgegenschlug. Er war schon lange nicht mehr in Coloima gewesen und machte keinen Hehl daraus, dass er von den Fortschritten sehr angetan war. Die erste Korbflasche Aguardiente wurde schon in Ben Wrights Store entkorkt.

Immer mehr Leute strömten in den geräumigen Schuppen, an dessen Wänden tiefe Regale standen, die sich bis zur Decke hochzogen. Hier konnte man alles kaufen, was man zum Leben in dem abgeschiedenen Tal benötigte.

Die Männer bestürmten Sutter mit Fragen. Sie wollten wissen, welche Neuigkeiten es gab. Viele von ihnen lebten schon seit mehreren Monaten hier, deshalb war ihr Wissensdurst groß. Und bereitwillig berichtete Sutter ihnen, was sich unten am Sacramento tat. Er erwähnte auch die Bestrebungen der einflussreichen Geschäftsleute in San Francisco, Kalifornien, zu einem gleichberechtigten Staat der Union zu machen.

Niemand jedoch erwähnte das Gold, obwohl die meisten an kaum etwas anderes denken konnten. Es war, als hätten sie Angst, dieses brisante Thema anzuschneiden. Die hektische Geschwätzigkeit und die eine Nuance zu laute Heiterkeit übertünchten die wahren Gedanken der Männer.

Es war Captain Sutter, der schließlich das heiße Thema anschnitt. Er leerte sein Glas Aguardiente und wandte sich James Marshall zu.

»Und welche Neuigkeiten gibt es hier?«, fragte er. Jeder wusste, was gemeint war.

Der Mormone wischte sich mit dem Handrücken über den Mund. Er lächelte unsicher. »Neuigkeiten?«, fragte er gedehnt, um Zeit zum Überlegen zu haben.

»Jemand hat mir vor ein paar Tagen erzählt, dass es hier Gold geben soll«, sagte Captain Sutter mit sanftem Spott in der Stimme.

»Zum Teufel, es gibt eine Menge davon!«, rief jemand in der Menge.

Plötzlich sprach alles durcheinander. John Sutter hatte mit seiner Frage eine Lawine ins Rollen gebracht. Ben Wright redete auf den Captain ein und war bereit, eine Wette einzugehen, dass die umliegenden Flüsse und Täler voller Goldnuggets und Goldstaub waren.

John Sutter musste schließlich lauthals um Ruhe bitten. »Ich will keine Geschichten hören, Gentlemen!«, sagte er mit harter Stimme. »Ich bin gekommen, um mich mit meinen eigenen Augen zu überzeugen.«

»Sie werden Coloma nicht ohne ein paar selbst gefundene Nuggets verlassen!«, rief Henry Bigler.

»Kommen Sie, gehen wir zum Mühlbach«, schlug James Marshall vor. »Dort können Sie die Probe aufs Exempel machen. Ben Wright hat wirklich Recht. Hier steckt überall Gold in der Erde. Man braucht nur ein wenig im Boden zu buddeln.«

»Das will ich sehen«, knurrte John Sutter und trat aus dem Store. Die starke Unruhe, die ihn während des Rittes erfüllt hatte, kehrte nun wieder zurück. Er spürte die unbändige Erregung der Männer, die sich offensichtlich nur aus Respekt vor ihm beherrschten. Sutter ahnte dunkel, dass das ruhige, arbeitsame Bild, das er bei seiner Ankunft vom Camp erhalten hatte, nicht ganz der Wahrheit entsprach. Das Goldfieber war wohl schon viel weiter fortgeschritten, als sie ihn glauben machen wollten.

Die Männer folgten dem Captain, hielten sich bis auf Ben Wright und James Marshall jedoch einen Schritt hinter ihm. Terence Jenkins beobachtete, wie Ben Wright gestenreich von seinem ersten Goldfund unterhalb des Mühlbaches erzählte. Jenkins hatte für seinen Partner nur kalte Verachtung übrig. Ben Wright befand sich schon im Bann des Goldes. Er vermochte kaum noch an etwas anderes zu denken und vernachlässigte den Store. Er kümmerte sich kaum noch um Bestand und Verkauf. Das überließ er alles seinem jungen Partner Terence Jenkins, dem das nur recht war.

Die Männer mit Sutter, Wright und Marshall an der Spitze kamen an den ersten Blockhütten und Zelten vorbei. Plötzlich drangen ihnen aufgeregte Kinderstimmen entgegen. Ein Junge in kurzen Hosen und einem viel zu weiten Pullover stürmte plötzlich zwischen zwei Schuppen hervor.

»Gold!«, schrie der Junge aufgeregt. »Ich habe Gold gefunden. Ma, wo bist du?« Als er die Männer sah, blieb er abrupt stehen.

»Das ist doch Dave!«, rief Ben Wright. Dave war einer von Mrs. Wimmers Söhnen. Jenny Wimmer, eine kräftige, rechthaberische Frau, arbeitete als Köchin im Lager. Manch einer der Männer verwünschte sie oft genug,

80

denn ihre besserwisserische Art ging den meisten auf die Nerven.

Ein schrecklicher Verdacht packte James Marshall. Er wurde schlagartig bleich. »He, Dave! Komm doch mal her!«, rief er mit heiserer Stimme.

Der Junge kam näher. Die geballte rechte Hand versteckte er hinter seinem Rücken. Auf seinem Gesicht lag ein glückliches Lächeln.

»Hallo, Dave«, begrüßte John Sutter den Jungen. »Hast du wirklich Gold gefunden?«

Dave Wimmer nickte heftig. »Ich habe die Körner ganz allein aus dem Bach geholt, Sir!«, verkündete er sichtlich stolz. »Greg wollte sie mir wegnehmen und da bin ich gerannt.«

Henry Bigler stieß einen unterdrückten Fluch aus. »Diese verdammte Wimmerbrut!«, stieß er zwischen zusammengepressten Zähnen hervor. Sein Gesicht wurde von ohnmächtiger Wut gezeichnet. Da hatte jeder von ihnen ein paar Goldkörner aus dem eigenen Beutel geopfert, um Old Cap die Suche zu erleichtern, und dann passierte dies!

»Lässt du mich mal sehen?«, bat Sutter und beugte sich zu Dave hinunter.

»Natürlich, Sir!« Er holte die Hand hinter dem Rücken hervor und öffnete sie.

Fassungslos starrte John Sutter auf den kleinen Haufen Goldkörner in der Hand des Jungen. Im ersten Moment wusste er nicht, was er sagen sollte. Grob überschlagen besaß die Ausbeute des Jungen einen Wert von vielleicht fünfzehn bis zwanzig Dollar. Das war ein kleines Vermögen. Mancher Arbeiter verdiente nicht einmal die Hälfte davon als Monatslohn.

»Wie lange hast du dafür gebraucht?«, wollte Sutter

nun wissen. Seiner Stimme war die Aufregung anzu-
hören.

Dave zuckte mit den Achseln. »Nicht lange, Sir. So
eine Stunde vielleicht. Ich weiß es nicht.«

James Marshall funkelte Dave wütend an. Eine
Stunde. Das passte ganz genau. Während sie mit Sutter
im Store über Politik gesprochen hatten, war Dave in
den Mühlbach gestiegen und hatte die vorher hineinge-
worfenen Nuggets herausgeholt. Es war zum Heulen.

John Sutter richtete sich auf und atmete tief durch. Er
gab sich keine Mühe, seine Überraschung zu verbergen.
»Mein Gott, das hätte ich nicht erwartet.«

James Marshall überlegte hastig. »Im Mühlbach werden wir so leicht nichts mehr finden, Captain. Zumindest an der Oberfläche nicht. Was die andern nicht
schon herausgeholt haben, hält Dave in seiner Hand.« Er
zwang sich zu einem Lächeln.

»Das macht nichts«, versicherte Sutter. »Wenn die Gegend hier wirklich goldhaltig ist, lassen sich auch Gold-
flocken aus dem Sand waschen.«

»Sollen wir eine Waschpfanne besorgen?«, erkundigte
sich Ben Wright eifrig.

Sutter zog die Augenbrauen hoch. »Gibt es denn so
etwas schon in Coloma?«, fragte er und musterte den
Storebesitzer scharf.

»Ein, zwei wird es schon geben«, sagte Ben Wright verlegen und wich Sutters Blick aus. Es stimmte nicht ganz,
was er sagte. So gut wie jeder besaß eine Waschpfanne.

Der Captain nickte. »Gut, besorgen Sie eine.«

Ben Wright war froh, dass er sich entfernen konnte.
Sutter beschleunigte seine Schritte nun. Dann lag der
Mühlbach vor ihm. Nicht ganz zwei Meter breit verlief
er fast schnurgerade von Ost nach West.

James Marshall verfluchte den Wimmersohn, der fast alle Goldkörner aus dem Bach geholt hatte. Zum Glück hatte er jedoch einige übersehen.

Sutter sah plötzlich etwas glitzern und ging bis zu den Knien ins kühle Wasser. Im nächsten Moment hielt er ein Nugget in der Hand. Ein erregendes Gefühl durchflutete ihn. Zum ersten Mal in seinem Leben hatte er selbst Gold gefunden. Doch dieses Gefühl wich schnell einer grenzenlosen Bestürzung, als er sich bewusst wurde, dass James Marshalls Geschichte vom reichhaltigen Goldvorkommen fast schon eine bodenlose Untertreibung war. Wo Goldnuggets in Erbsengröße zu finden waren, ohne dass man sich sonderlich anzustrengen brauchte, da steckten vermutlich gewaltige Mengen dieses kostbaren Metalls im Boden.

Ben Wright kam mit der Waschpfanne zum Mühlbach. »Wissen Sie, wie man damit umgeht?«, fragte der Storebesitzer.

»Sie können es bestimmt besser«, erwiderte Sutter trocken. »Zeigen Sie es mir!«

Ben Wright hielt eine einfache, hochrandige Schüssel in der Hand. »Das ist ganz einfach, Captain«, erklärte er. »Man füllt den Boden der Schüssel mit vier, fünf Zentimeter Sand und stellt sich in niedriges, langsam fließendes Wasser. Am besten hier am Uferrand. Dann hält man die Schüssel schräg ins Wasser. Dabei muss man darauf Acht geben, dass der Schüsselrand nur ganz knapp vom Wasser überflutet wird. Nun versetzt man die Schüssel in kreisende Bewegungen. Die leichten Sandteile werden dabei über den Rand wieder in den Fluss gespült. Und nur die schweren Teile bleiben zurück. Aus den schwarzen magnetischen Sandteilen kann man dann zum Schluss leicht die Goldkörner herauspicken.«

»Sie machen das schon sehr gut«, sagte Captain Sutter und ließ offen, ob er das anerkennend oder aber vorwurfsvoll meinte.

Ben Wright wurde hochrot und bekam nur ein einfältiges »Oh, es geht« hervor.

Schweigend sah Sutter zu, wie Ben Wright den Sand wusch. Es blieben wirklich einige gelb blinkende Goldpartikel auf dem Schüsselboden zurück.

»Erschreckend einfach«, murmelte Sutter.

»Die Erde steckt voller Gold!«, versicherte Ben Wright, der Sutters Äußerung falsch deutete. »Man braucht wirklich nur solch eine primitive Schüssel. Wir können alle steinreich werden! Es gibt für jeden genug!«

Captain Sutter sah plötzlich sehr müde aus. Er wusste jetzt, dass Coloma seine Pläne und laufenden Projekte durchkreuzen würde. Wer würde noch für zehn, zwölf Dollar im Monat harte Arbeit verrichten wollen, wenn er die gleiche Summe oder sogar das Doppelte ohne viel Anstrengung an einem Tag in Gold aus dem Fluss waschen konnte. Er sah diese Gefahr ganz klar und deutlich. Doch er war kein Mann, der diese Entwicklung tatenlos hinnehmen würde. Noch bestand die Möglichkeit, die Situation unter Kontrolle zu halten. Noch galt sein Wort etwas. Und diese Chance wollte er nicht ungenutzt verstreichen lassen.

Sutter wandte sich zu James Marshall. »Wir müssen alle zusammen besprechen, was geschehen soll.«

Der Mormone nickte schweigend. In seinen Augen stand wieder dieser fiebrige Glanz, der den Captain schon vor vier Tagen so verwirrt hatte.

»Befinden sich alle Männer, die hier in Coloma leben, im Lager?«, wollte Sutter wissen.

»Ja, es ist heute niemand auf Jagd.«

»Gut, dann trommeln Sie alle zusammen. Wir treffen uns alle vor der Mühle.«

»Auch die Frauen und Kinder?«, wollte James Marshall wissen. Außer Jenny Wimmer lebten noch zwei weitere Frauen im Tal. Mexikanerinnen.

»Alle«, bestimmte der Captain und ließ ihn stehen.

Zehn Minuten später hatten sich die Bewohner des Lagers vor der halb fertig gestellten Mühle versammelt. Ihre Gesichter verrieten gespannte Aufmerksamkeit. Hier und da konnte Sutter auch so etwas wie Trotz erkennen. Manche Männer schienen sagen zu wollen: »Ganz egal, was du uns jetzt erzählst, das Gold lassen wir uns nicht nehmen. Von keinem. Auch nicht von einem Captain Sutter!«

Captain Sutter hatte ein feines Gespür für die zwiespältigen Gefühle der Männer, die zwischen tief eingewurzeltem Pflicht- und Treuegefühl und der Aussicht, schnell zu einem atemberaubenden Vermögen zu gelangen, hin- und hergerissen wurden.

Er stellte sich breitbeinig auf die Rampe und stützte sich auf seinen Spazierstock. Sein Blick glitt über die Gesichter der Versammelten. »Ich kann mir verteufelt gut vorstellen, wie es in euch aussieht«, begann er wohlwollend. »Bestimmt möchtet ihr die Arbeit auf der Stelle hinschmeißen und nur noch Gold aus dem Sand waschen.«

»Genauso ist es!«, rief ein stämmiger Arbeiter in der zweiten Reihe. »Ich sehe nicht ein, weshalb ich mich weiter abschuften soll. Ich hab mein ganzes Leben lang gearbeitet. Ich werde meine Chance wahrnehmen!«

»Halt dein Maul, Trexler!«, fuhr James Marshall ihn wütend an. »Du scheinst ein höllisch schlechtes Gedächtnis zu haben. Noch vor einem Jahr bist du dem Captain um den Hals gefallen, als er dir Arbeit gab.«

Ringo Trexler spuckte aus. »Na und? Das war vor einem Jahr, Marshall!«

John Sutter winkte lässig ab. Er wusste jetzt, wie er die Männer auf seine Seite bekommen konnte, und ergriff wieder das Wort. »Schon gut, Marshall. Lassen Sie ihn nur. Ich kann ihn verstehen. Vermutlich denkt nicht nur er so. Ich wette, dass jeder von euch schon eine Waschschüssel besitzt.«

Die Männer murmelten etwas Unverständliches und wichen bis auf Ringo Trexler seinem Blick aus. Sie fühlten sich alle ertappt.

»Verdammt noch mal, und wenn es so ist, Captain!«, erregte sich der bullige Trexler und machte seiner Verärgerung Luft. »Niemand kann uns verdenken, dass wir uns das Gold nehmen, das hier herumliegt. Wir wären auch reichlich blöde, wenn wir es nicht täten, Captain. Denn wenn wir es nicht tun, dann tun es andere!«

John Sutters Spazierstock ruckte hoch. »Und genau das ist der wunde Punkt, Männer!«, sagte der Captain mit schneidender Stimme und deutete mit dem Stock auf Ringo Trexler, als wollte er ihn erstechen. »Wenn ihr die Arbeit hinschmeißt und euch nur noch der Goldsuche verschreibt, vermag ich nichts dagegen zu unternehmen. Ihr seid nicht meine Sklaven, deshalb kann ich keinen gegen seinen Willen zu etwas zwingen. Und das habe ich auch noch nie in meinem Leben getan.«

»Das ist aber nett von Ihnen, Captain«, sagte Ringo Trexler spöttisch und blickte sich Beifall heischend um. Einige Männer quittierten seine Bemerkungen mit zaghaftem Gelächter.

John Sutter ging auf den provozierenden Einwurf nicht ein. »Ihr müsst euch aber darüber im Klaren sein, dass Coloma dann in aller Munde sein wird. Die Leute werden aus allen Himmelsrichtungen hier in dieses Tal strömen. Das Gold wird Abenteurer und Gesindel anlocken wie ein Feuer die Motten. Und was das bedeutet, könnt ihr euch an den zehn Fingern abzählen!«

»Wir würden das aber gern aus Ihrem Mund hören, Captain«, bat James Marshall und bedachte Ringo Trexler mit einem geringschätzigen Blick. »Es gibt nämlich einige unter uns, denen fällt das Denken manchmal verdammt schwer.« Das herzhafte Gelächter, das die unbehagliche Atmosphäre ein wenig entspannte, bewies, dass Ringo Trexler mit seinem provokativen Kurs gegen Sutter allein stand.

Der Captain konnte sich ein Lächeln nicht verkneifen. »Nun, das will ich gern tun, Gentlemen«, fuhr er fort. »Solange hier oben in Coloma alles seinen normalen Gang nimmt und die Sägemühle errichtet wird, wird kaum jemand auf den Gedanken kommen, dass in diesem Tal etwas zu holen sei. Das bedeutet, dass ihr weiter unter euch bleibt. Ihr werdet nicht mit hunderten von anderen Goldsuchern euch um die besten Claims streiten müssen. In aller Ruhe könnt ihr aus dem Boden das Gold holen. Ihr braucht auch keine Angst zu haben, nachts von Desperados, denen ein Leben nicht viel gilt, ausgeraubt und womöglich heimtückisch ermordet zu werden!«

Nachdenkliches Schweigen folgte Sutters Worten. Sogar Ringo Trexler hielt seinen Mund und kratzte sich mit mürrischem Gesichtsausdruck hinter dem rechten Ohr. Für ihn war das ein Zeichen, dass er angestrengt nachdachte, aber keine großen Fortschritte machte.

James Marshall begriff sofort, worauf der Captain hinauswollte. »Wenn wir die Sägemühle errichten und auch weiterhin unsere Arbeit tun, werden Sie dafür sorgen, dass niemand vom Goldvorkommen erfährt. Wollten Sie das sagen, Captain?«, fragte er sehr direkt.

John Sutter lächelte kaum merklich. »Ja.«

»Und wie wollen Sie das machen?«, wollte Ben Wright wissen, dem der Gedanke, die goldhaltige Erde mit anderen Diggern teilen zu müssen, beinahe körperliche Qualen bereitete.

»Das sollten Sie mir überlassen!«, antwortete Sutter mit harter, befehlsgewohnter Stimme. »Niemand wird davon erfahren, wenn ihr das Geheimnis für euch behaltet und weiter eure Arbeit tut.«

Sutters Worte überzeugten die meisten Männer. Keiner von ihnen wollte Fremde in Coloma haben. Noch wusste ja niemand, wie ergiebig das Goldvorkommen war. Und wenn sich hunderte von Golddiggern im Tal herumtrieben, blieben für jeden vielleicht nur ein paar lächerliche Nuggets. Dieses Risiko wollte keiner eingehen. Es war deshalb besser, in den sauren Apfel zu beißen und die Arbeit an der Sägemühle fortzusetzen.

»Es wird aber erheblich länger dauern als erwartet, bis die Mühle in Betrieb genommen werden kann. Ist das Teil des Abkommens, Captain?«, fragte Henry Bigler gerissen.

John Sutter war sich völlig im Klaren darüber, dass er von den Männern nicht mehr denselben Arbeitseinsatz verlangen konnte wie vor der Entdeckung des Goldes. Sie wollten genügend Zeit für die Goldsuche haben. Das hatte Henry Bigler mit seiner Frage deutlich zum Ausdruck gebracht. Ein Kompromiss war in dieser Situation die einzige Möglichkeit, ein Chaos zu verhindern.

Sutter war dazu bereit. »Die Verzögerung ist Teil unseres Abkommens«, bestätigte er nun. »Sofern die Mühle noch vor Sommerbeginn fertig gestellt wird, bin ich mit der Regelung einverstanden.«

»Ich finde, das ist ein mehr als akzeptabler Vorschlag!«, rief James Marshall.

»Ich verlange jedoch, dass mein Vorschlag einstimmig angenommen wird!«, fügte der Captain nun hinzu. »Es muss gewährleistet sein, dass wir alle an einem Strang ziehen. Überlegt es euch also gut. Wenn bekannt wird, dass hier oben Gold zu finden ist, wird schlagartig eine Invasion von hunderten von Goldgräbern einsetzen!«

Die Männer hatten die Vor- und Nachteile dieses Kompromisses schon rasch abgewogen. Die Vorteile übertrafen bei weitem die Nachteile. Deshalb brauchten sie nicht lange zu beratschlagen. Als Captain Sutter ein paar Minuten später die Frage stellte, wer für den Kompromiss stimmte, hoben sie alle die Hände.

Sutter nickte zufrieden. »Ich hoffe nur, ihr haltet euch auch an die hiermit vereinbarte Regelung!«, sagte er mahnend und ließ seinen beschwörenden Blick über die Gesichter der Männer gleiten.

Terence Jenkins hatte zwar auch für den Kompromiss gestimmt, doch er dachte gar nicht daran, sich an die Vereinbarung zu halten. Captain Sutter hatte ihn auf eine blendende Idee gebracht, die mehr wert war als eine Schüssel voll puren Goldes. Terence Jenkins gehörte zu den wenigen kühlen Rechnern, die nicht im Traum daran dachten, in der Erde nach Gold zu buddeln. Ihm schwebte eine völlig andere Methode vor, um schnell reich zu werden. Dass er sein Ehrenwort brechen musste, um sein Ziel zu erreichen, bereitete ihm nicht eine Sekunde lang Kopfzerbrechen. Hier in Coloma bot sich ihm die einmalige Chance, innerhalb von kurzer Zeit steinreich zu werden. Diese Gelegenheit würde er am

Schopfe packen. Er war auch bereit, notfalls über Leichen zu gehen ...

7

Die Katastrophe war mit diesem Übereinkommen über völlige Geheimhaltung längst nicht gebannt. John Sutter machte sich da keine Illusionen. Er kannte die Schwächen der menschlichen Natur. Auf das Wort der Arbeiter in Coloma konnte er sich allein nicht verlassen. Es mussten noch weitere Maßnahmen getroffen werden.

»Ich muss mit Tom sprechen«, murmelte der Captain, als er im morgendlichen Dämmerlicht das Tal verließ.

War der Ritt nach Coloma schon anstrengend gewesen, so wurde die Rückkehr zum Fort zu einer erschöpfenden Strapaze. Jetzt, wo John Sutter sich mit eigenen Augen davon überzeugt hatte, dass das Goldvorkommen erschreckend groß war, quälte ihn eine noch stärkere Unrast als vor Antritt des Inspektionsrittes. Er verfügte über genügend Phantasie, um sich vorzustellen, was geschehen würde, wenn der Goldfund bekannt wurde.

Ohne Rücksicht auf sich, seine Begleiter und die Pferde zu nehmen, hetzte er nach Sutterville zurück. Er verzichtete sogar darauf, ein Nachtlager aufzuschlagen. Er kam in den Nachtstunden zwar nicht halb so schnell voran wie am Tag, doch wichtig war für Sutter nur, dass er mit jedem Schritt Sutterville näher kam.

Die beiden jungen Burschen aus Hawaii, die ihn auf diesem Ritt begleiteten, verstanden seine Hast nicht. Niemand verfolgte sie. Und in Coloma war ihnen auch nichts Besonderes aufgefallen, was eine derartig wahnwitzige Eile gerechtfertigt hätte. Sie äußerten ihre Verwunderung jedoch mit keinem Wort, denn Captain Sutter war ihr Herr. Er würde schon einen Grund haben, dass er sie so antrieb.

John Sutter war schlau genug, immer dann sein Tempo zu mäßigen, wenn Siedlungen in Sicht kamen. Es hätte die Neugier der Leute angestachelt, wenn er im fliegenden Galopp vorbeigejagt wäre. Und er musste alles tun, um jegliche Aufmerksamkeit zu vermeiden.

Endlich tauchte Sutterville mit dem mächtigen Fort vor ihm auf. Ein großer Rosengarten umgab das Bollwerk am American River. Die Adobemauern schimmerten im Licht der Morgensonne in einem warmen, hellen Braunton. Hinter den Festungsmauern patrouillierten Wachtposten.

Voller Stolz überblickte er das Tal, das sich innerhalb eines knappen Jahrzehntes in blühendes Land verwandelt hatte – das Herz Kaliforniens. Die Siedlungen dehnten sich immer weiter aus. Der wirtschaftliche Reichtum dieses Tales lockte von Jahr zu Jahr mehr Farmer und Arbeiter an, die von Sutter Land pachteten und die erfolgreiche Kultivierung des fruchtbaren Bodens vorantrieben.

Der Gedanke an das Gold mischte sich als bitterer Wermutstropfen in seine Überlegungen und brachte ihn in die von düsteren Schatten verdunkelte Wirklichkeit zurück.

Die Posten grüßten respektvoll, als Captain Sutter durch das Tor ins Fort ritt. Der lange, anstrengende Ritt hatte ihn erschöpft. Die vielen Stunden im Sattel ließen ihn jetzt jeden Knochen einzeln fühlen.

Tom Wedding erschrak, als er Sutter vor dem Verwaltungstrakt aus dem Sattel steigen sah. Der Captain schien um Jahre gealtert zu sein. Ein verkniffener, gequälter Ausdruck lag auf seinem Gesicht.

Tom ließ ihn herein. »Du musst wie ein Wahnsinniger geritten sein, wenn du wirklich in Coloma gewesen bist«, sagte er beunruhigt, nachdem sie sich begrüßt hatten.

»Ich war in Coloma«, erwiderte Sutter und sank erschöpft in einen Sessel. Er fuhr sich mit der Hand über die Augen.

Tom Wedding holte die Flasche Brandy und zwei Gläser aus dem Nebenzimmer. Er goss ein und reichte Sutter ein Glas. »Du siehst aus, als könntest du einen Schluck Aguardiente gut gebrauchen.«

Sutter lachte kurz auf. »Verdammt, ich könnte eine ganze Flasche gebrauchen«, knurrte er. »Nur hilft das auch nicht weiter.« Er trank das Glas mit einem Zug aus.

Schweigend goss Tom Wedding nach. Dann stopfte er sich in aller Ruhe eine Pfeife und musterte Sutter. »Bist du noch immer an dein Ehrenwort gebunden?«, fragte er schließlich.

John Sutter schüttelte den Kopf. »Nein, jetzt nicht mehr«, sagte er müde.

»Willst du darüber sprechen?«

»Ich muss, Tom«, erwiderte Sutter.

»Man muss kein Hellseher sein, um zu sehen, dass du schlechte Nachrichten aus Coloma mitbringst«, sagte Tom Wedding und riss ein Streichholz an. Blauer Tabakrauch stieg zur niedrigen Decke hoch. »Ich kann mir nur nicht vorstellen, was in Coloma passiert ist, dass du so niedergeschlagen bist!«

John Sutter verzog das Gesicht zu einem bitteren Lächeln. »Du wirst es gleich verstehen, Tom.« Er holte einen Tabaksbeutel hervor, in den er die Nuggets und die feinen Goldpartikel getan hatte, die er in Coloma aus dem Mühlbach geholt hatte. Er öffnete die Kordel und schüttete den Inhalt neben die Flasche Aguardiente.

»Das ist der Grund«, sagte Sutter.

Tom Wedding nahm die Pfeife aus dem Mund und beugte sich mit gefurchter Stirn vor. Einen Augenblick begriff er nicht, was da vor ihm lag. Dann aber veränderte sich sein Gesichtsausdruck schlagartig. Verblüfft starrte er auf die gelblichen Körner.

»Gold?«, fragte er leise und beinahe atemlos.

Sutter nickte knapp. »Gottverdammtes reines Barrengold!«, bestätigte er grimmig. »Ich habe mich nur zu bücken brauchen, um es aufzuheben.«

»Nein!«, stieß Tom Wedding unwillkürlich hervor. »Das kann nicht sein. Du übertreibst jetzt!«

»Ich wünschte, du hättest Recht und nicht ich«, erwiderte John Sutter. »Aber ich übertreibe wirklich nicht, Tom. Coloma ist eine wahre Goldgrube.«

»Und du bist sicher, dass …«, setzte Tom an.

Sutter unterbrach ihn. »Es ist Gold, daran gibt es nicht den geringsten Zweifel. Es ist sogar besonders reines Gold. Barrengold. Ich habe es genau geprüft.«

Mit gemischten Gefühlen betrachtete Tom Wedding das kleine Häufchen Gold. »Deshalb war James Marshall so ungeheuer verstört«, murmelte er und nahm ein besonders großes Goldkorn in die Hand. Es wog schwer. »Hat er die Nuggets entdeckt?«

»Ja«, antwortete Sutter und genehmigte sich noch einen Aguardiente. »Seine Glaubensbrüder wollten zuerst nicht wahrhaben, dass es Gold sein sollte. Die Körner lagen auf dem Grund des Mühlbaches und steckten im Schlamm. Das erschien ihnen zu einfach. Doch nun wissen sie, dass Marshall mit seiner Vermutung Recht hatte. Verdammtes Gold!«

Tom Wedding schwieg einen Moment. Hinter seiner Stirn arbeitete es. Er konnte sich sehr gut vorstellen, wie Sutter sich jetzt fühlte. Bevor er etwas sagen konnte, sprang Sutter plötzlich aus dem Sessel hoch.

»Weißt du, was das bedeutet?«, stieß er erregt hervor. Sein Gesicht war gerötet und das lag nicht nur am selbst gebrannten Aguardiente. »Gold in Coloma ist schlimmer als zweihundert Indianer auf dem Kriegspfad!«

»Die Männer werden keine Lust mehr zur Arbeit haben«, stimmte Tom ihm zu. »Und dabei brauchen wir die Sägemühle verdammt dringend.«

Sutter machte eine wegwischende Handbewegung. »Auf die Sägemühle kann ich notfalls verzichten, Tom«, sagte er knurrig. »Diesen Verlust könnte ich mit der linken Hand verkraften. Nein, das bedrückt mich nicht. Ich denke viel weiter. Noch wissen nur wir beide davon, dass die Männer in Coloma Gold gefunden haben. Aber wie lange werden wir das Geheimnis hüten können? Irgendwann einmal werden Marshalls Leute nach Sutterville kommen. Mit Beuteln voller Gold! Und was passiert dann?« Seine Stimme wurde immer erregter. »Hunderte werden dann in die Berge ziehen. Die Arbeiter werden von heute auf morgen alles stehen und liegen lassen und nach Gold suchen. Wer soll die Felder bestellen und die Herden hüten? Ich kann den Leuten nicht den zehnfachen Lohn zahlen, um sie bei der Stange zu halten.«

»Noch ist es nicht so weit«, sagte Tom Wedding und merkte, dass seine Worte nur ein äußerst schwacher Trost waren.

Sutter schien Toms Einwurf gar nicht gehört zu haben. »Aber das ist bloß der Anfang«, fuhr er mit heiserer Stimme fort und ging mit schweren Stiefelschritten unruhig auf und ab. »Das Gold wird nicht nur meine Arbeiter von den Feldern und aus den Werkstätten holen, sondern auch eine Unzahl von Abenteurern und Verbrechern anlocken. Und dieses Gesindel wird sich einen Dreck darum kümmern, dass wir zehn Jahre harter Arbeit in dieses Tal investiert haben, um es zu dem zu machen, was es jetzt ist. Sie werden quer durch die Felder marschieren, den Weizen niedertrampeln und stehlen, was nicht niet- und nagelfest ist. Es wird ein schrecklicher Alptraum sein und uns um Jahre zurückwerfen! Und dieses verfluchte Gold wird daran schuld sein!«

»Du solltest nicht so pessimistisch in die Zukunft sehen«, sagte Tom Wedding nun beruhigend, obwohl er Sutter im Stillen Recht gab. Genauso würde es werden, wenn keine Gegenmaßnahmen getroffen wurden. »Erzähle mir erst einmal, wie es in Coloma aussieht und was du hast erreichen können.«

John Sutters Gesicht hellte sich auf. Ein Schmunzeln umspielte seine Mundwinkel. Er setzte sich wieder und bedachte seinen Vertrauten mit einem dankbaren Blick. »Einen besseren Mann als dich hätte ich gar nicht finden können«, sagte er fast vergnügt und ließ das Gold wieder im Tabaksbeutel verschwinden. »Für dich zählt nur die Gegenwart, die jetzigen Probleme. Du stehst mit beiden Beinen fest auf dem Boden, während ich mich immer mit der Zukunft beschäftige, was manchmal ein Fehler ist.«

»Ich möchte dir nicht widersprechen«, erwiderte Tom Wedding zuerst und setzte seine Pfeife wieder in Brand. »Und jetzt möchte ich deinen Bericht hören.«

Sutter gab ihm einen ausführlichen und detaillierten Bericht. Er ließ nichts aus und begann mit der Schilderung von James Marshalls Besuch.

Aufmerksam hörte Tom Wedding ihm zu. Nicht einmal unterbrach er Sutter.

»Ja, das war es«, schloss John Sutter schließlich seine Ausführungen.

»Aber das klingt doch gar nicht so schlecht!«, rief Tom Wedding fast begeistert. »Du hast das Versprechen der Leute, dass sie sowohl weiter an der Fertigstellung der Mühle arbeiten als auch den Goldfund verschweigen. Niemand von ihnen wird so dumm sein, die Gans, die goldene Eier legt, zu schlachten. Und das würden sie, wenn sie ihr Geheimnis ausplauderten.«

»Aber das allein reicht nicht«, gab Sutter zu bedenken.

»Wie wäre es, wenn wir den Zugang zum Tal einfach versperrten«, schlug Wedding spontan vor. »Es gibt doch da eine Stelle, wo der Weg nur ein paar Meter breit ist und zu beiden Seiten die Felswände fast steil aufragen. Ein Zug Milizsoldaten könnte den Engpass versperren. Nicht eine Maus käme dann noch durch. Weder aus dem Tal heraus noch hinein.«

Der Gedanke gefiel Sutter. »Möglich ist das schon. Solch eine Stelle existiert wirklich. Nur bräuchten wir für diese Aufgabe Männer, auf die wir uns hundertprozentig verlassen können.«

»Die Eingeborenen von Hawaii wissen nichts mit Gold anzufangen«, sagte Wedding mit einem breiten, zuversichtlichen Grinsen. »Das Gold würde sie nicht in Versuchung führen. Außerdem sind sie mehr als loyal, John. Sie verehren dich und das weißt du.«

»Eine Eingeborenentruppe«, murmelte Sutter und schüttelte den Kopf. »Darauf hätte ich auch kommen können. Ich habe auf meinen Inspektionsritt aus dem gleichen Grund ja auch zwei Eingeborene mitgenommen. Das könnte wirklich klappen, Tom.«

»Das setzt aber voraus, dass wir Ted Sullivan einweihen«, meinte Wedding. »Er ist der Chef der Miliz und wird wissen wollen, wozu wir einen Zug Soldaten benötigen. Aber ich glaube nicht, dass Ted ein Sicherheitsrisiko ist. Er wird uns voll unterstützen. Dieses Tal ist auch sein Lebenswerk.«

Sutter war der gleichen Meinung. Für Ted Sullivan würde er die Hand ins Feuer legen. »Zum Teufel, du hast Recht. Auf diese Weise können wir die Situation vielleicht doch noch in den Griff bekommen!« Zuversicht und Kraft durchströmten ihn.

»Sicher können wir das!«, bekräftigte Tom Wedding. »Wir dürfen nur keine Zeit verlieren. Am besten hole ich Ted hierher, damit er noch heute mit den Soldaten nach Coloma aufbrechen kann. Jede Stunde Verzögerung kann entscheidend sein!« Damit eilte er hinaus.

Wenig später saß Ted Sullivan im Arbeitszimmer des Captains. Dorthin hatten sich die drei wichtigsten und einflussreichsten Männer vom Sacramento zu ihrer Krisenbesprechung zurückgezogen.

Im ersten Moment fiel es dem hageren Chef der Miliz mit dem pechschwarzen Haar und den buschigen Augenbrauen schwer zu glauben, was der Captain berichtete. Sein Gesicht drückte Unglauben aus. Er fand seine Fassung jedoch erstaunlich schnell wieder. Ein doppelter Brandy half ihm dabei.

»Keine Frage!«, lautete seine Antwort, ohne zu zögern, als Captain Sutter seinen Bericht beendet hatte. »Gegen diese verdammte Goldgefahr muss etwas unternommen werden! Unverzüglich!« Aufrecht, als hätte er soeben einen Ladestock verschluckt, saß er Sutter gegenüber. Die langen Jahre als Ausbilder und Chef der Miliz hatten bei Sullivan deutliche Spuren hinterlassen. Er hatte sich eine kurze, knappe Redeweise angewöhnt, seinen Humor und seine Liebenswürdigkeit jedoch bewahrt.

Genau wie den Verwalter Tom Wedding lockte ihn das Gold nicht. Zu sehr fühlte er sich Sutter und dem Land, das sich unter seinen Augen in ein Paradies verwandelt hatte, verpflichtet.

Zudem hatte er schon erheblich mehr erreicht, als er jemals zu erträumen gewagt hätte. Vor knapp zwölf Jahren war er einer von vielen schäbigen Lagervorstehern gewesen, ohne Zukunftsaussichten. Dann war Sutter gekommen und hatte ihn auf seinen langen Treck nach Kalifornien mitgenommen, wo er nun als Befehlshaber der schlagkräftigen Miliz eine hohe Stellung einnahm.

Geld und Reichtum faszinierten Ted Sullivan nicht. Er kam mit dem großzügig bemessenen Gehalt, das Sutter ihm zahlte, glänzend aus. Er stellte keine großen Ansprüche. Wichtig war ihm nur seine Aufgabe, für die Sicherheit der Siedler zu sorgen. Und darin fand er seine persönliche Befriedigung.

Ohne Einschränkungen erklärte er sich bereit, Captain Sutter bei seiner Aktion mit allen Kräften zu unterstützen. Er hatte auch sofort einige praktische Vorschläge bei der Hand.

»Wir müssen immer damit rechnen, dass die Blockade bekannt wird. Für diesen Fall müssen wir eine glaubwürdige Erklärung bereithalten«, sagte Ted Sullivan vorausschauend. »Schlage vor, wir setzen das Gerücht in Umlauf, in Coloma sei eine lebensgefährliche Epidemie ausgebrochen.«

Sutter war begeistert. »Sehr gut!«, lobte er.

Ted Sullivan schmunzelte vergnügt. »Das wird auch den Neugierigsten und Dümmsten davon abhalten, den Leuten im Tal einen Besuch abzustatten.«

»Wir können die Isolierung jedoch nicht über unbegrenzte Zeit aufrechterhalten«, gab Tom Wedding zu bedenken. »Irgendwann werden die Männer aus Coloma herauswollen. Spätestens dann wird das Täuschungsmanöver bekannt werden.«

»Das müssen wir eben riskieren«, erwiderte Ted Sullivan achselzuckend. »Bis dahin vergehen aber Monate. Uns bleibt also Zeit genug, um die Gegend systematisch abriegeln zu können. Die Gefahr, von goldgierigen Diggern überrannt zu werden, besteht dann nicht mehr.« Er wandte sich Sutter zu. »Der Militärgouverneur in Monterey sollte auf jeden Fall davon unterrichtet werden, Captain. Wir brauchen reguläre Truppen, wenn die Nachricht vom Goldfund durchsickert. Nur so lässt sich ein Chaos vermeiden.«

Captain Sutter nickte zustimmend. »Reguläre amerikanische Truppen in den Bergen zu wissen würde mich schon beruhigen«, sagte er. »Aber bevor wir Colonel Mason über alles informieren, gibt es noch ein weiteres schwerwiegendes Problem zu lösen.«

Sullivan und Wedding sahen ihn fragend an.

John Sutter lachte kurz auf. »Es klingt fast wie ein Witz, aber Coloma ist eigentlich Niemandsland. Es gehört keinem. Höchstens den Indianern, die dort leben. Deshalb kann ich keine Truppen anfordern.«

»Das Tal gehört nicht zu dem Besitz, der dir von den Mexikanern zuerkannt wurde?«, fragte Tom Wedding überrascht. Für ihn war es ganz selbstverständlich gewesen, dass das abgelegene Tal Teil der Landverschreibung war. Der ehemalige mexikanische Gouverneur hatte Sutters Besitz nämlich mehrmals erweitert.

»Die Landverschreibungen schließen Coloma nicht mit ein«, gestand John Sutter. »Kurz vor Ausbruch des

Krieges hatte ich darum gebeten, es in die Urkunden mit einzutragen. Es war nur eine Formalität, denn die mündliche Zusage besaß ich schon. In den Wirren des Krieges ist es aber nicht mehr dazu gekommen. Deshalb ist mein Vorgehen jetzt fast ungesetzlich. Ich habe kein Recht, Coloma von der Außenwelt abzuschneiden und jedem den Zugang zu verwehren.«

Tom Wedding machte eine unwillige Handbewegung und ließ Sutters Einwand nicht gelten. »Das ist doch Unsinn! Natürlich gehört Coloma zu deinen Besitztümern. Du sagst ja selbst, dass es sich damals nur um eine Formalität handelte. Du hast das Recht auf deiner Seite. Das Tal ist in den offiziellen Karten noch nicht einmal eingetragen. Wer außer dir könnte also einen Anspruch auf Coloma haben?«

»Zuerst einmal die Indianer in der Gegend«, antwortete John Sutter sachlich. »Die Mexikaner haben sich zwar stets einen Dreck um die Rechte der Eingeborenen gekümmert, aber offiziell gehört es ihnen. Die amerikanische Gesetzgebung hat in vielen Urteilen das Recht der Indianer auf ihr Land bestätigt.«

Tom Wedding verzog das Gesicht. »Und sie dann zum Verkauf gezwungen oder zwangsenteignet, John! Wir wollen den Dingen doch klar entgegensehen. Coloma befindet sich quasi schon in deinem Besitz. Dort stehen Blockhütten, eine große Mühle wird errichtet und fast drei Dutzend Weiße besiedeln das Tal. Das Tal gehört den Indianern schon längst nicht mehr.«

»Dieser Zustand ist dennoch eine zu unsichere Grundlage für eine Aktion, wie wir sie planen«, erwiderte Sutter.

»Dann kaufen Sie das Land den Rothäuten doch einfach ab!«, schlug Ted Sullivan vor. »Wie Wedding schon sagte, es gehört ihnen praktisch schon längst nicht mehr. Für einen anständigen Preis werden Sie eine Besitzurkunde von den Rothäuten bekommen. Damit können Sie Truppen anfordern, um Ihren Besitz schützen zu lassen.«

»Die Verhandlungen gehen bestimmt schnell über die Bühne«, fügte nun Tom Wedding noch hinzu. »Mit den Indianern in Coloma leben wir ja in Frieden. Sie werden keine Schwierigkeiten machen.«

»Hoffen wir es«, murmelte Captain Sutter.

»Ich schlage vor, wir brechen noch heute auf, sperren den Zugang zum Tal und suchen den Häuptling auf. Ich werde den Dolmetscher machen, Captain«, bot sich Ted Sullivan an, der die Sprache der einheimischen Indianer im Laufe der Jahre erlernt hatte.

Captain Sutters Schultern strafften sich. »Ja, versuchen wir es, Gentlemen!«, sagte er mit fester, entschlossener Stimme. Er war bereit, Himmel und Hölle in Bewegung zu setzen, um die drohende Katastrophe abzuwenden. »Wie lange brauchen Sie für die Vorbereitungen, Sullivan?«

»In einer Stunde können wir aufbrechen. Ich halte es jedoch für klüger, wenn wir die erste Strecke getrennt reiten. Am besten folgen Sie mir eine halbe Stunde, nachdem ich mit meinen Männern das Fort verlassen habe.« Ein verschmitztes Lächeln breitete sich auf Sullivans Gesicht aus. »Sonst könnte jemand auf den absurden Gedanken kommen, wir hätten irgendetwas Besonderes vor!«

Die Männer lachten belustigt. Das Gefühl, sich bedingungslos auf den anderen verlassen zu können, gab ihnen die Kraft, mit neuem Optimismus in die Zukunft zu blicken.

Ted Sullivan und Tom Wedding verließen das Arbeitszimmer, um alle Vorbereitungen zu treffen. Tom Wedding hatte sich entschlossen, den Captain zu begleiten. Deshalb musste er seinem Stellvertreter Instruktionen für die Zeit ihrer Abwesenheit geben.

John Sutter blieb allein im Zimmer zurück. Er war froh, dass er jetzt aktiv etwas unternehmen konnte. Ihre Chancen standen nicht schlecht.

Hätte Captain Sutter gewusst, was sich zur gleichen Zeit in Coloma abspielte, so wäre kaum noch etwas von seiner Zuversicht übrig geblieben ...

8

Mal sehen, ob ich unseren eintönigen Speisezettel nicht mit einem saftigen Stück Wild beleben kann!«, sagte Henry Bigler am Morgen desselben Tages, an dem John Sutter Ted Sullivan und Tom Wedding ins Vertrauen zog, zu James Marshall und schulterte sein Gewehr.

Der Mormonenführer hatte nicht den geringsten Anlass, an seinen Worten zu zweifeln. Henry Bigler war ein passabler Schütze. Schon vor dem Goldfund war er regelmäßig losgezogen, um Wild zu schießen.

»Viel Glück!«, wünschte James Marshall nur.

»Das kann ich gebrauchen«, sagte Henry Bigler und verkniff sich ein Grinsen. Ohne Hast verließ er das Lager und verschwand in einem dichten Kiefernwald im Westen des Tales.

Henry Bigler dachte jedoch nicht im Traum daran, auf die Jagd zu gehen. Falls ihm etwas über den Weg laufen sollte, das Pulver und Blei wert war, würde er das Gewehr schon in die Hand nehmen. Auf die Pirsch gehen würde er jedoch nicht. Er suchte nämlich ganz etwas anderes.

Gold!

In einem Dornengebüsch hatte er schon vor zwei Tagen eine kurze Schaufel und eine Waschschüssel versteckt. Für seinen Geschmack war die Zeit, die ihnen zum Goldsuchen aufgrund der Vereinbarung mit Old Cap zustand, viel zu knapp bemesen. Da er jedoch schlecht die Arbeit verweigern und unter den Augen der anderen Gold waschen konnte, hatte er sich entschlossen, häufiger auf die Jagd zu gehen. Er war nämlich sicher, dass es auch in den umliegenden Seitentälern eine Menge Gold gab.

Henry Bigler holte Waschschüssel und Schaufel aus seinem Versteck und lachte hämisch. Sollten diese Trottel in Coloma sich ruhig an die Vereinbarung mit Sutter halten und die Sägemühle bauen. Ihm konnte es nur recht sein. Auch er hielt nichts davon, mit anderen Goldsuchern die Nuggets, die in der Erde steckten, zu teilen. Ja, er war noch nicht einmal bereit, sie mit seinen Glaubensbrüdern zu teilen.

Das Goldfieber hatte ihn unwiderruflich gepackt und hielt ihn fest im Griff. Jedes Goldkorn, das ein anderer fand, weckte seinen Neid und seine Missgunst. All sein Denken kreiste Tag und Nacht ausschließlich um das wertvolle, gelbe Metall. Er wollte schnell reich werden, sehr reich. Jedes Mittel war ihm dazu recht.

»Gold! Gold! Gold!« Nur dieser eine Gedanken erfüllte ihn und bestimmte sein Handeln.

Henry Bigler marschierte eine gute halbe Meile flussabwärts. Immer wieder blieb er stehen, blickte sich um und lauschte angestrengt. Vielleicht war er nicht der Einzige, der zu der Überzeugung gelangt war, dass es noch woanders Gold, viel Gold geben müsse? Die Gier nach Gold hatte ihn misstrauisch gemacht.

Er fand schließlich einen geeigneten und Erfolg versprechenden Platz. An der Stelle, wo der südliche Wasserlauf des American River eine scharfe Biegung nach Norden machte, beschloss Bigler, sein Glück zu versuchen. Hier war er weit genug vom Lager entfernt.

Er lehnte sein Gewehr gegen einen morschen Baumstamm, der nahe am Wasser langsam vermoderte. Mit der kurzstieligen Schaufel wühlte er den lockeren Ufersand auf und stellte sich dann mit der Waschschüssel ins flache Wasser.

Nun füllte er Sand in die Schüssel und hielt sie schräg in den Fluss. Er versetzte die Schüssel in kreisende Bewegungen. Gespannt beobachtete er, wie der feine Sand über den Rand der Schüssel gespült wurde.

Nach einigen Minuten hatte er die erste Schüssel Sand gewaschen. Henry Biglers hoch geschraubte Erwartungen erfüllten sich jedoch nicht. Im Gegenteil. Nicht ein einziges, winziges Goldkorn befand sich unter den schweren Sandkörnern auf dem Boden der Schüssel.

»Es kann nicht immer alles beim ersten Anlauf klappen!«, beruhigte sich Bigler und kippte den wertlosen Inhalt der Schüssel in den Fluss.

Er unternahm einen neuen Versuch, der jedoch auch kein Gold brachte. Auch die dritte, vierte und fünfte Schüssel blieb unergiebig.

Henry Bigler fluchte enttäuscht und wollte schon aufgeben. Da schimmerte plötzlich etwas Gelbliches in der Schüssel. Im nächsten Moment hielt er ein großes Goldkorn zwischen den Fingern.

»Ich habe es doch gewusst!«, stieß er mit vor Erregung heiserer Stimme hervor. »Hier ist Gold ... massenweise Gold. Mein Gott, ich werde bald Millionär sein!«

Von diesem Zeitpunkt an holte Henry Bigler mit jeder Schüssel Gold aus dem Fluss. Mal richtige Nuggets, mal feinen Staub und Flocken. Er vergaß alles um sich herum. Sein Rücken schmerzte bald wegen der gebückten Haltung, die er einnehmen musste. Aber das kümmerte ihn nicht. Er sah nur die gelblichen Körner, die im Bodensatz der Schüssel glitzerten. Er hatte ein reichhaltiges Goldfeld entdeckt! Henry Bigler arbeitete wie ein Besessener. Die Stunden vergingen.

Plötzlich zuckte er zusammen. Ein Geräusch riss ihn aus seinem rauschähnlichen Zustand. Er ließ die Schüssel sinken und drehte sich um. Ein kalter Schauer lief ihm den Rücken hinunter. Er fühlte sich beobachtet und das war ein äußerst unangenehmes Gefühl.

»Ist da wer?«, rief er mit zaghafter Stimme. Hastig griff er zu seinem Gewehr und entsicherte es. Sein Blick glitt über den Waldsaum, der bis dicht an das Flussufer reichte. Wilde Büsche verwehrten die Sicht.

Nichts regte sich. Die Stille war unheimlich.

Henry Biglers Nerven waren auf das Äußerste angespannt. Er hielt das Gewehr so fest umklammert, dass die Knöchel seiner Hände weiß hervortraten. Feine Schweißperlen bildeten sich auf seiner Stirn.

»Zum Teufel, ist da jemand?«, rief Bigler noch einmal in den Wald.

Er erhielt keine Antwort. Vorsichtig trat er auf den Waldrand zu. Der Zeigefinger lag am Abzug. Seine Brust hob und senkte sich in schnellem Rhythmus. Er musste Gewissheit haben, ob er wirklich beobachtet wurde oder er es sich nur eingebildet hatte.

Mit dem Gewehrlauf schob er die Zweige der Sträucher beiseite. Seine Blicke gingen unruhig hin und her. Angst stieg in ihm auf. Er spürte ganz deutlich, dass er nicht allein in diesem Waldstück war. Und das Bewusstsein, in höchster Gefahr zu schweben, trieb ihm kalten Schweiß aus allen Poren. Gehetzt blickte er sich um, ohne dass er jedoch irgendetwas Verdächtiges entdecken konnte.

Mehrere Minuten verharrte er zwischen den ersten Bäumen und horchte in den Wald. Doch kein Zweig knackte und nichts raschelte. Es blieb ruhig. Nur das Rauschen des Flusses drang an sein Ohr.

Allmählich entspannte sich Henry Bigler. Er wischte sich den Schweiß von der Stirn. Seine überreizten Nerven schienen ihm einen Streich gespielt zu haben. Kein Wunder bei dem, was auf dem Spiel stand!

Henry Bigler ließ das Gewehr sinken und drehte sich um. Von einer Sekunde auf die andere spürte er etwas Kaltes in seinem Nacken.

»Keine Bewegung, wenn du nicht willst, dass ich dir das Hirn aus dem Schädel blase!«, zischt eine Stimme drohend.

Henry Bigler erstarrte. Der Gewehrlauf in seinem Genick lähmte ihn. Mit weit aufgerissenen Augen stand er wie zu einer Statue versteinert da. Er wollte schreien, doch kein Laut kam über seine Lippen.

»Lass die Flinte fallen!«, verlangte die dunkle Stimme in seinem Rücken.

Henry Bigler ließ das Gewehr zu Boden gleiten. »Was ... was hat das zu bedeuten?«, stieß er stammelnd und krächzend hervor.

»Wer wird denn gleich so ängstlich sein, Bigler«, sagte der Mann hinter ihm belustigt. »Jetzt entspann dich wieder, haha!«

Der Druck im Genick verschwand so plötzlich, wie er gekommen war. Henry Bigler drehte sich langsam um.

Cliff Bradley stand vor ihm, der ehemalige Armeescout, der sich vor fast zehn Jahren mit John Sutter überworfen hatte und seitdem einen privaten Kleinkrieg gegen den mächtigen Kolonisator führte. Er war bisher jedoch schlau genug gewesen, nur böse Gerüchte über Sutter in Umlauf zu bringen und Schmähreden zu führen. Und jeder wusste, dass er Rinder und Pferde von Sutters Weiden stahl. Niemand konnte ihm jedoch etwas nachweisen.

Bradley hatte erstaunlicherweise überall Leute, die ihm gern die Tür öffneten. Manch einer sympathisierte sogar mit ihm, denn Sutter war ein mächtiger, einflussreicher Mann geworden. Die ungeheure Leistung, die er vollbracht hatte, fand nicht nur Anerkennung, sondern brachte ihm auch viel Neid ein.

»Bradley!«, stieß Henry Bigler erleichtert hervor und lächelte verzerrt. »Mein Gott, du hast mich zu Tode erschreckt! Wenn du das noch mal tust ...« Er wollte sich nach seiner Flinte bücken.

Cliff Bradley rammte ihm blitzschnell den Gewehrlauf vor die Brust. »Was ist dann?«, fragte er mit scharfer Stimme. Er trug eine Felljacke und sah mit seinem dichten, roten Vollbart zum Fürchten aus.

»Bist du verrückt geworden?«, keuchte Henry Bigler erschrocken. »Nimm gefälligst das Gewehr weg, Bradley! Du benimmst dich ja so, als wären wir Feinde. Und dabei hast du so manchmal in unserem Lager Whisky und ein Dach über dem Kopf bekommen.«

Cliff Bradley grinste breit und spuckte aus. »Spar dir dein seichtes Mormonengequatsche, Bigler!«, fuhr er ihn grob an. »Ich habe dich lange genug beobachtet, um zu wissen, was du da gemacht hast!«

Erschrecken trat in Biglers Augen. »Was ... was redest du da?«, keuchte er und schluckte heftig.

Cliff Bradley zog die Augenbrauen grimmig zusammen. »Du versuchst es besser gar nicht erst, Bigler. Als Lügner taugst du nicht viel. Und jetzt vorwärts, Mann. Ich will doch mal sehen, was du da aus dem Flusssand gewaschen hast. Ich habe so einen ganz bestimmten Verdacht. Na los, setz dich schon in Bewegung. Oder soll ich ein bisschen nachhelfen?«, drohte er.

»Du bist verrückt!«, stieß Henry Bigler leise hervor. Die Gedanken jagten sich hinter seiner Stirn. Er wusste, dass mit dem Scout, der nur von der Jagd lebte, nicht zu spaßen war. Bradley war als rauer Bursche bekannt.

»Wer von uns beiden verrückt ist, wird sich noch herausstellen«, erwiderte Bradley gelassen. »Und nun beweg dich. Langsam verliere ich die Geduld, Mann. Und das kann böse Folgen haben!«

Henry Bigler presste die Lippen wütend zusammen und drehte sich um. Bradley gab ihm mit dem Gewehrlauf einen kurzen Stoß ins Kreuz.

»Keine faulen Tricks, Bigler! Ich würde sehr ungern Gewalt anwenden. Also fordere es nicht heraus. Du hättest sowieso keine Chance. Hast ja noch nicht einmal gemerkt, dass ich die ganze Zeit keine zwei Meter von dir entfernt in den Büschen gelauert habe.«

Henry Bigler stolperte durch das Unterholz und knirschte vor ohnmächtiger Wut mit den Zähnen. Er saß in der Falle und Bradley hatte ihn völlig in der Hand.

Sie traten auf die Uferbank hinaus. Schaufel und Waschschüssel lagen im Sand und sprachen für sich. Ein triumphierendes Glitzern beherrschte Bradleys Augen.

»Los, hol den Beutel hervor und mach ihn auf!«, befahl der bärtige Scout. Seine Stimme ließ keinen Widerspruch zu. »Du kannst dir die Mühe, eine Lüge zu erfinden, sparen. Ich habe dich lange genug beobachtet und genau gesehen, dass du einen Lederbeutel eingesteckt hast. Und jetzt raus damit! Du wirst doch vor mir keine Geheimnisse haben, oder?« Er lachte spöttisch und hielt das Gewehr unentwegt auf ihn gerichtet.

Henry Bigler blieb keine andere Wahl, als dem Befehl zu gehorchen. Er bedachte Cliff Bradley mit hasserfüllten Blicken und zerrte den Beutel mit dem Gold aus der Tasche. Er hätte vor Wut heulen können.

»Aufmachen!«, knurrte Bradley.

Bigler tat, was Bradley von ihm verlangte. Die Goldnuggets kamen zum Vorschein.

»Teufel, ich habe also richtig vermutet!«, stieß Cliff Bradley triumphierend hervor und leckte sich über die Lippen. Er nahm ein Nugget aus dem Beutel, ohne Bigler dabei aus den Augen zu lassen. Er biss auf das Korn und sagte zischend nur ein Wort: »Gold!«

Henry Bigler sah ein, dass Leugnen keinen Sinn hatte. Jetzt half nur Offenheit und er musste versuchen, sich mit Bradley zu arrangieren.

»Ja, das ist Gold!«, bestätigte er eifrig. »Es gibt genug für uns alle, Bradley. Die Nuggets lassen sich ganz leicht aus dem Sand waschen. Wir können alle im Handumdrehen reich werden. Aus dem Mühlbach haben wir schon für tausende von Dollars Gold herausgeholt.«

»Ihr habt im Lager Gold gefunden?«, fragte Bradley.

Bigler nickte hastig. »James Marshall hat es zuerst entdeckt. Er ist mit den ersten Nuggets zu Sutter geritten und hat sich bestätigen lassen, dass es Gold ist ... reines Barrengold.«

»Sutter weiß schon davon?«, knurrte Bradley und überlegte angestrengt. »Ich will die ganze Geschichte hören, Bigler. Von Anfang an. Aber ich warne dich! Halte dich an die Wahrheit! Ich kann es auf den Tod nicht ausstehen, wenn mich jemand für dumm verkaufen will. Ich hoffe, wir haben uns verstanden!«

Henry Bigler nickte schnell und würgte die Angst hinunter. Mit stockender Stimme berichtete er, was sich während der letzten Woche in Coloma abgespielt hatte. Er wagte es nicht, dem Scout irgendeine wichtige Information vorzuenthalten.

Als der Mormone auf Sutters Besuch zu sprechen kam, verzog Cliff Bradley das Gesicht und lachte geringschätzig. »So, ihr habt also mit Sutter eine Vereinbarung getroffen! Das hätte ich mir denken können. Keiner von euch Schlappschwänzen hatte den Mut, ihm die Stirn zu bieten. Sutter kann den Rachen einfach nicht voll genug bekommen. In allen einträglichen Geschäften hat er seine dreckigen Finger mit drin! Alles reißt er an sich, dieser verdammte Landlord! Jetzt will er also ganz heimlich die Goldvorkommen hier ausbeuten. Typisch Sutter!«

Seine Stimme wurde von Satz zu Satz lauter und wutentbrannter. Sein über Jahre hinweg stetig genährter Hass auf Sutter brach sich jetzt Bahn.

»Diesmal wird Sutter jedoch nicht gewinnen, Bigler!«, stieß er hervor. »Dafür werde ich sorgen! Das Geschäft werde ich ihm vermasseln. Ich habe mit Sutter kein Abkommen geschlossen und werde es auch nie im Leben tun!«

»Wir ... wir müssen zusammenhalten!«, beschwor Bigler den bärtigen Scout. »Die Vereinbarung mit Sutter ist vernünftig. So haben wir die Chance, in aller Ruhe Gold zu waschen und schnell reich zu werden. Das gilt auch für dich!«

Cliff Bradley blickte den Mormonen aus zusammengekniffenen Augen an. »Du hast Recht, Bigler. Ich brauche nichts zu überstürzen. Ich habe alle Trümpfe in der Hand und werde sie zu gegebener Zeit ausspielen.«

Henry Bigler atmete erleichtert auf. »Wir werden steinreich, Bradley!«

»Kommen wir zum Geschäft!«, sagte Bradley unvermittelt. »Die Männer im Lager wissen garantiert nichts davon, dass du auf eigene Faust zum Goldwaschen losgezogen bist. Während sie an der Mühle weiterarbeiten, sammelst du Nuggets. Ich glaube nicht, dass ihnen das gefallen wird. Man würde dich das spüren lassen. Und mit deinem privaten Goldclaim hier wäre es auch vorbei.«

Henry Bigler wusste, worauf Bradley hinauswollte. »Die Angelegenheit kann unter uns bleiben. Wenn du mich verrätst, hast du nichts davon. Wir werden uns bestimmt einigen. Was verlangst du für dein Schweigen?«

Bradley lächelte gemein. »Das Gold, was du da im Beutel hast, und ein Fünftel von allen weiteren Tagesausbeuten. Als Gegenleistung werde ich über deine Extratouren schweigen und darauf verzichten, an dieser Stelle selbst Gold zu waschen. Das ist ein faires Angebot.«

»Das ist ein verdammt hoher Preis!«, empörte sich Henry Bigler. »Ein Fünftel für dein Schweigen …«

»… ist immer noch weniger, als wenn die anderen Wind davon bekommen und ebenfalls mit ihren Waschpfannen hier auftauchen!«, unterbrach Bradley ihn mit schneidender Stimme. »Du kannst es dir aussuchen. Ich zwinge dich ja nicht.«

Henry Bigler schnürte den Lederbeutel zu. »Okay, du hast gewonnen, Bradley. Ein Fünftel.«

»Sehr vernünftig von dir«, lobte der bärtige Scout und ließ den schweren Goldbeutel in seiner Felljacke verschwinden. »Wir sind jetzt Partner. Vergiss das nicht. Und jetzt lass dich nicht weiter aufhalten. Wir treffen uns in Zukunft immer an dieser Stelle!«

»Wie rücksichtsvoll von dir!«, höhnte der Mormone.

Cliff Bradley kümmerte sich nicht um die wütenden Blicke, mit denen Henry Bigler ihn bedachte. Er nickte ihm mit einem zufriedenen Lächeln zu, sicherte sein Gewehr und verschwand genauso lautlos im Wald, wie er gekommen war.

Ein wildes Gefühl erfüllte ihn. Endlich bot sich ihm die Gelegenheit, Rache an Sutter zu üben. Dass er dabei gleichzeitig zu einem steinreichen Mann werden konnte, machte sein Triumphgefühl vollkommen.

Es war herrlich, den schweren Goldbeutel in der Tasche seiner Felljacke zu spüren. Er lachte wild. Dieser Henry Bigler war ein Geschenk des Himmels!

Cliff Bradley dachte nicht im Traum daran, selbst im Dreck nach Gold zu wühlen. Für Arbeit hatte er noch nie etwas übrig gehabt. Deshalb war er Scout und Jäger geworden. Auch jetzt würde er seine Meinung nicht ändern. Man brauchte nicht selbst Gold zu waschen, um reich zu werden. Es gab noch andere Möglichkeiten, einen goldenen Schnitt zu machen. Er würde andere für sich arbeiten lassen.

Eine Idee formte sich in seinem Kopf, während er den Wald durchquerte und die Richtung zum Lager einschlug. In Coloma würde er sein Hauptquartier aufschlagen und von dort aus alle weiteren Schritte sorgfältig planen. Auch seinen Rachefeldzug gegen Sutter …

9

Mit einem verbogenen Teelöffel schüttete Ben Wright im Hinterzimmer des Stores Goldstaub und Nuggets in die rechte Schale der Waage, die sich sofort nach unten neigte. Ein verklärter Ausdruck lag auf seinem Gesicht. Er stellte zwei kleine Gewichte auf die linke Schale und die Waage pendelte sich wieder aus. Für Ben Wright existierte nur das Gold. Dieses Auswiegen hatte im Laufe der letzten drei Tage die Form eines heiligen Rituals angenommen.

Verstört blickte der Händler auf, als die Tür geöffnet wurde und Terence Jenkins eintrat. Er hielt eine Liste in der Hand.

»Ich muss mit dir sprechen!«, sagte Terence Jenkins ungehalten.

»Muss das gerade jetzt sein?«, maulte Ben Wright.

»Ja!«, sagte Terence Jenkins hart. »Wie ich dich kenne, wirst du doch gleich deine Waschpfanne holen und dich an den Fluss stellen, nicht wahr?«

Ben Wright lachte meckernd. »Du sagst es.«

»So geht das nicht länger weiter!« Terence Jenkins wurde nun laut. »Du hältst sechzig Prozent an diesem Store, bist aber kaum noch hier anzutreffen.«

Ben Wright hörte nur mit einem Ohr hin. Er war zu sehr mit dem Auswiegen beschäftigt. »Warum regst du dich darüber bloß auf? Ich mache dir ja auch keine Vorschriften. Du kannst doch auch Gold waschen.«

»Zum Teufel noch mal, wir sind Partner!«, donnerte Terence Jenkins. »Ich habe mein Geld in diesen Store investiert. Aber du kümmerst dich überhaupt nicht mehr um die Geschäfte. Ich habe heute Inventur gemacht. Wir hätten schon vor einer Woche Zucker, Mehl und Kaffee bestellen müssen. Unsere Vorräte gehen der Neige zu. Die Buchhaltung stimmt auch nicht mehr. Seit hier im Tal Gold gefunden wurde, hast du kaum noch etwas im Geschäft getan. So stelle ich mir keine geschäftliche Partnerschaft vor!«

Ben Wright zuckte gelangweilt mit den Achseln. »Und wegen dieser Lappalien regst du dich auf?«, fragte er verwundert und schüttelte den Kopf.

»Du hast es erfasst!«

»Vergiss den schäbigen Store!«, riet Ben Wright ihm nun. »Die Zeiten der Zehn-Cent-Geschäfte sind für uns endgültig vorbei, Terence. Wir haben das einfach nicht mehr nötig. Siehst du, was da auf der Waage liegt? Gold! Fast genau zwei Unzen. Gute dreißig Dollar bekomme ich dafür. Drei Stunden habe ich dafür gebraucht, Terence. Und jetzt rechne mal aus, wie lange wir hinter der Ladentheke stehen müssen, um für jeden dreißig Dollar Gewinn zu machen. Vier Wochen mindestens. Nein, das ist für mich Vergangenheit. Der Fluss ist voller Goldnuggets. Ich brauche mich nicht mehr als Krämer abzuschuften. In ein paar Monaten bin ich reich und kaufe mir ein Haus in San Francisco. Vielleicht beteilige ich mich an wirklich großen Geschäften. Mit Schiffen kenne ich mich aus.« Ben Wright geriet ins Schwärmen.

Terence Jenkins riss ihn aus seinen rosaroten Zukunftsträumen. »Wenn das so ist, verkauf mir auch noch deine sechzig Prozent an diesem Store.«

Ben Wright runzelte die Stirn. Er nahm den Blick von dem kleinen Goldberg und starrte Terence Jenkins verwirrt an. »Ist das dein Ernst?«, wollte er wissen. »Du willst diesen Store weiterbetreiben?«

»Ich mag meinen Beruf«, antwortete Jenkins ausweichend und hielt Ben Wrights Blick stand. »Einer muss ja dafür sorgen, dass der Nachschub an Lebensmitteln nicht ins Stocken gerät. Was ist nun? Verkaufst du?«

»Terence«, erwiderte Ben Wright gedehnt, »du musst völlig verrückt sein! Nur ein Narr kann solch eine Entscheidung treffen!«

»Lass das meine Sorge sein!«

»Aber du verschenkst zehntausende!«, beschwor der Händler ihn. »Wir haben dieses Tal ganz für uns. Sutter schirmt uns völlig ab. Wir können ungestört die Millionen aus dem Fluss holen! Wir werden in die Geschichte eingehen!«

Terence Jenkins blieb unbeeindruckt. Er wusste ganz genau, was er wollte. Sollte Ben ihn jetzt ruhig für einen ausgemachten Narren halten. Ihm konnte es nur recht sein. Später würde er schon begreifen, weshalb er so und nicht anders gehandelt hatte. Dann würde sich zeigen, wer der Narr war.

»Ich gebe dir zweihundert Dollar für deinen Anteil am Store«, machte Terence Jenkins sein Angebot. »Dafür erhalte ich die beiden Schuppen und die Einrichtung sowie das Fuhrwerk. Die Rechnungen, die noch offen stehen, begleiche ich.«

Ben Wright seufzte. »Dir ist wirklich nicht zu helfen. Ich habe versucht, dir zu helfen. Aber meinetwegen, du sollst deinen Willen haben. Es ist dein Geld, das du zum Fenster hinausschmeißt. Der Store gehört ab jetzt dir. Gib mir die zweihundert Dollar.«

»Wir machen das mit einem Vertrag, wie es sich gehört«, erwiderte Terence Jenkins und reichte ihm den Kaufvertrag, den er schon aufgesetzt hatte. »Ich habe es schon vorbereitet. Du brauchst nur zu unterschreiben.«

Ben Wright stutzte. »Du scheinst es dir wirklich überlegt zu haben«, murmelte er und eine Spur Misstrauen keimte in ihm auf. Schließlich aber setzte er seine Unterschrift unter den Vertrag und quittierte den Empfang von zweihundert Dollar. »Komm aber später nicht angelaufen und verlange dein Geld zurück.«

»Keine Angst, das werde ich nicht«, beruhigte Terence Jenkins ihn und steckte den Kaufvertrag ein. Er hatte Mühe, seine Zufriedenheit nicht allzu deutlich zu zeigen.

»Die Welt ist voller Spinner«, seufzte Ben Wright und schüttete das Gold in eine kleine Blechdose, die schon zu einem Drittel mit Goldstaub und Nuggets gefüllt war. Er verschloss sie gut und erhob sich. »Viel Erfolg mit dieser Bruchbude am Ende der Welt. Immerhin kannst du dich jetzt Storebesitzer nennen. Nur ist das nicht viel, wenn man die Chance hat, ein Millionär zu werden. Aber das musst du mit dir ausmachen.« Kopfschüttelnd verließ Ben Wright den Store durch die Hintertür. Er wollte hinaus zum Fluss.

»Du wirst deine Meinung schon bald ändern, alter Schwachkopf!«, murmelte Terence Jenkins höhnisch, als er allein war. Er rieb sich die Hände. Alles hatte genauso geklappt, wie es er geplant hatte. Jetzt war er Besitzer dieses Geschäftes. Und er würde alles daransetzen, um sein Monopol in Coloma auszubauen.

Er ging in den Storeraum zurück und fuhr erschrocken zusammen, als er Cliff Bradley an der Ladentheke lehnen sah. Der schwergewichtige Scout amüsierte sich über Jenkins' verblüfftes Gesicht.

»Herzlichen Glückwunsch, Mister Storebesitzer!«, sagte Bradley lässig und zog einen Riegel Kautabak hervor. Er biss ein Stück ab und seine mächtigen Kiefer setzten sich in Bewegung.

Terence Jenkins fasste sich wieder. »Was machst du denn hier? Wie lange bist du schon im Geschäft?«, fragte er misstrauisch. Er verstand sich mit Cliff Bradley eigentlich sehr gut. Sympathien empfand er für Sutter nämlich genauso wenig. Doch in diesem Augenblick kam ihm sogar Bradley ungelegen. Es passte ihm ganz und gar nicht, dass der Scout von der Geschäftsübernahme erfahren hatte. Der Erfolg seines Coups hing von der Ahnungslosigkeit der Bewohner von Coloma ab. Bradley konnte seinen Plan in Gefahr bringen.

»Lange genug, um dein interessantes Gespräch mit dem alten Ben mitbekommen zu haben«, antwortete Cliff Bradley und gab damit unumwunden zu, dass er sie belauscht hatte.

»Das gefällt mir gar nicht, dass du mich belauschst. Ich dachte, wir wären Freunde!«, knurrte Terence Jenkins ärgerlich.

»Ben Wright ist ein ausgemachter Idiot!«, sagte Bradley scheinbar ohne jeden Zusammenhang.

Jenkins wurde hellhörig. Er kniff die Augen zusammen und fragte lauernd: »Was willst du damit sagen?« Noch war er sich nicht sicher, ob Bradley auch vom Gold wusste. Sollte das der Fall sein, wurde die Angelegenheit kompliziert.

»Dass du es faustdick hinter den Ohren hast«, erklärte Bradley. »Der alte Ben hat gar nicht gemerkt, dass du ihn nach allen Regeln der Kunst eingeseift hast.« Bradley hatte den Store betreten, um sich mit Lebensmitteln und Werkzeug einzudecken. Dann hatte er die Auseinandersetzung zwischen Jenkins und Wright mitbekommen. Und da er nicht auf den Kopf gefallen war, hatte er Jenkins durchschaut. Und ihm war eine geniale Idee gekommen.

117

»Du sprichst ins Rätseln, Bradley.«

»Ich glaube schon, dass du mich verstehst«, sagte Bradley und wurde schlagartig ernst. »Ben Wright hat nur das Gold im Kopf und denkt keinen Schritt weiter.«

»Woher weißt du davon?«, stieß Terence Jenkins, wütend über seine eigene Unvorsichtigkeit, hervor.

»Das tut nichts zur Sache, Terence«, blockte Bradley ab. »Ich weiß, dass es hier Gold gibt, viel Gold. Zu viel für diese paar Sektierer. In diesem Tal ist Platz für tausende von Goldgräbern. Wie der alte Ben werden sie alle nur an das Gold denken. Doch sie werden schon bald dahinter kommen, dass man von Nuggets schlecht satt wird. Verstehst du mich jetzt?«

Terence Jenkins verstand ihn nur zu gut. Es wurmte ihn, dass Bradley seinen Plan offenbar durchschaut hatte. »Klingt interessant, was du da sagst«, antwortete er ausweichend, um sich keine Blöße zu geben.

Cliff Bradley lachte blubbernd. »Dieser Store wird zu einer einzigartigen Goldgrube, wenn man es nur geschickt anfängt. Du wirst das Geschäft deines Lebens machen, Terence. Das setzt aber voraus, dass du keinen Fehler machst.«

»Soll das eine Drohung sein?«, fragte Terence Jenkins gereizt. Jetzt machte er sich keine Illusionen mehr. Bradley hatte ihn durchschaut und das machte ihn als Gegner gefährlich.

»Ganz im Gegenteil«, erwiderte Bradley empört. »Das ist ein Angebot. Ich bin bereit, dir hilfreich unter die Arme zu greifen.«

»Du scheinst heute deinen spaßigen Tag zu haben«, sagte Terence Jenkins verblüfft. »Ich weiß wirklich nicht, wobei du mir helfen könntest.«

Der Scout seufzte geplagt. »Jetzt gib deiner Krämerseele doch mal einen kräftigen Ruck, Terence, und lass uns wie zwei vernünftige Geschäftsleute reden.«

»Habe nie gewusst, dass du ein Geschäftsmann bist. Bisher habe ich dich immer nur für einen Jäger oder Scout gehalten«, bemerkte Terence spöttisch.

»Seit heute bin ich Geschäftsmann und jetzt hör mir mal gut zu.« Bradleys Stimme klang hart, ohne jedoch dabei unfreundlich zu sein. »Wir beide sind vermutlich die Einzigen in diesem Tal, die sich wirklich Gedanken über die Zukunft machen und nicht nur bis zu ihren Stiefelspitzen blicken. Jeder Trottel kann sich an fünf Fingern abzählen, dass Sutter die Nachricht von den Goldfeldern hier oben nicht ewig zurückhalten kann. Sogar wenn wir beide nichts gegen ihn unternehmen, wird es irgendwann einmal durchsickern. Und was dann passiert, weißt du so gut wie ich.«

Terence Jenkins nickte. »Ja, der Goldrausch wird die Leute in Sutterville und San Francisco packen.«

»Und nicht nur da«, fuhr Cliff Bradley fort. »Aus allen Himmelsrichtungen werden sie anmarschiert kommen. Es wird etwas dauern, bis alle begriffen haben, dass der Goldrausch kein Gerücht ist. Aber wenn es erst einmal so weit ist, wird der Zug der Goldwäscher nicht mehr zu stoppen sein. Tausende werden die Erde durchwühlen – und tausende werden sich mit Lebensmitteln, Werkzeug und Whisky versorgen müssen. Nur wird kaum einer Zeit und Lust haben, alles selbst in die Berge zu schleppen. Und da kommen wir ins Geschäft. Der Store hier wird einen größeren Gewinn abwerfen, als zehn glückliche Goldwäscher an Nuggets aus dem Boden holen können. Die Preise werden selbstverständlich kometenhaft steigen.«

Terence Jenkins schwieg einen Augenblick. Genau das

hatte er sich auch überlegt. Während Ben Wright noch davon ausging, die Goldfelder zusammen mit den wenigen jetzigen Bewohnern des Tals ausbeuten zu können, dachte Jenkins schon an den Strom der Fremden.

»Ich habe dich nie für einen Dummkopf gehalten«, sagte er schließlich zu Bradley. Eine Spur von Bewunderung schwang in seiner Stimme mit. »Du hast völlig Recht mit dem, was du da sagst. Nur verstehe ich dieses ›wir‹ nicht.«

»Wir werden Partner sein«, sagte Cliff Bradley, als sei das eine Selbstverständlichkeit.

Terence Jenkins konnte über so viel Dreistigkeit einfach nur lachen. »Das soll wohl ein Witz sein! Ich habe Ben seinen Anteil doch nicht abgekauft, um ein paar Minuten später das Geschäft wieder mit einem anderen zu teilen.«

»Dir wird gar nichts anderes übrig bleiben«, erwiderte der Scout lächelnd.

»Das ist Erpressung!«, zischte Jenkins und das Blut schoss ihm ins Gesicht.

Bradley hob beschwichtigend die Hand. »Um Gottes willen sei doch nicht gleich so empfindlich! Ich will es dir erklären, Terence.« Er räusperte sich. »Du bist gerissen, aber eben noch nicht genug. Halt, lass mich ausreden! Du willst dein Monopol als Storebesitzer ausbauen. Dafür brauchst du erst einmal viel Geld und eine Menge Zeit. Du musst nach Sutterville und womöglich sogar nach San Francisco, um aufzukaufen, was du in die Hände bekommen kannst. Schüsseln, Werkzeuge, Zelte, Kocher und tausend andere Dinge. Außerdem musst du Lieferverträge für die Zukunft abschließen. Der ganze Kram muss anschließend hierher nach Coloma geschafft werden. Gleichzeitig brauchst du aber auch jemand, der hier die Stellung hält. Bist du mitgekommen?«, fragte er.

Terence Jenkins nickte. »Langsam beginne ich zu begreifen«, sagte er nachdenklich.

Bradley lachte selbstsicher. »Das ist aber noch nicht alles, Partner! Wenn der Goldrausch so richtig auf Touren kommt, geht es nicht nur darum, die Leute zu verpflegen. Es bieten sich noch viel Gewinn bringendere Geschäfte.«

»Und zwar?«

»Viele werden mit dem letzten Cent die Goldfelder erreichen und kein Geld für Essen und Ausrüstung haben«, erklärte Cliff Bradley und steigerte sich selbst in die faszinierenden Zukunftsaussichten hinein. »Und da springen wir ein, Terence. Wir werden den Leuten Kredit geben. Zusätzlich zu den Zinsen verlangen wir Gewinnbeteiligung an der Goldausbeute.«

Jenkins' Augen blitzten auf. »Zum Teufel, darauf wäre ich nicht gekommen!«, rief er begeistert.

»Das Gold wird nur so hereinströmen!«, versicherte Cliff Bradley. »Und damit taucht ein neues Problem auf. Es wird keinem verborgen bleiben, dass wir das Gold nur so hereinschaufeln. Deshalb wird so mancher versuchen, uns nachts auszurauben. Ohne eine zuverlässige Leibwache, die mit der Kanone umzugehen weiß, sind wir schnell tote Leute. Und jetzt sag mir mal, wo du zwei, drei geübte Schützen hernehmen willst, für die du die Hand ins Feuer legen kannst?«

Terence Jenkins zuckte mit den Schultern. »Du hast Recht, da muss ich passen. Wenn ich dich aber verstanden habe, kannst du diese Revolvermänner auftreiben, nicht wahr?«

Bradley grinste. »Genauso ist es. Es sind zwar keine Revolvermänner, höchstens harte Burschen. Wenn wir die um uns haben, können wir nachts beruhigt schlafen. Sie bekommen einen fairen Gewinnanteil und werden deshalb scharf auf uns aufpassen. Na, was hältst du jetzt davon? Wenn es dir natürlich lieber ist, ziehe ich ein Konkurrenzunternehmen auf.«

»Du hast mich schon längst überzeugt«, sagte Terence Jenkins lachend und wusste jetzt, dass mit Bradleys Hilfe nichts mehr schief gehen konnte. Gegen sie beide war auch ein Sutter machtlos. »Aber du hast vorhin von Geld gesprochen. Du wirst dich beteiligen müssen. Ich werde in San Francisco nichts auf Kredit bekommen, ganz im Gegensatz zu Sutterville.«

Cliff Bradley knallte den Beutel Goldstaub und Nuggets, den er Henry Bigler unten am Fluss abgenommen hatte, auf den Ladentisch. »Ich schätze, das wird als Startkapital reichen!«, sagte er stolz.

Mit großen Augen öffnete Terence den Beutel und holte dann die Waage aus dem Nebenzimmer. »Heiliger Strohsack, das ist ja Gold im Wert von fast fünfhundert Dollar!«

»Und es kommt noch mehr.« Bradley lachte, als er an seinen zwanzigprozentigen Anteil dachte, der ihm von nun an von Biglers Tagesausbeute zustand. Bigler war viel zu feige, um zu versuchen, ihn zu betrügen.

»Das ist natürlich etwas anderes.« Terence Jenkins zeigte sich beeindruckt. Die fünfhundert Dollar in Gold konnte er gut gebrauchen, um die Lagerschuppen zu füllen. »Wann wollen wir damit beginnen, die Nachricht von den Goldfunden in Umlauf zu setzen?«

»Du beginnst am besten damit, wenn du in Sutterville und San Francisco eingekauft und Lieferverträge unterzeichnet hast. In San Francisco findest du auch meine Freunde. Ich sage dir, wo du sie antriffst. Und jetzt schlage ich vor, dass wir einen Vertrag aufsetzen. Es soll alles seine Richtigkeit haben.«

»Einverstanden.« Terence Jenkins setzte einen Vertrag auf, der ihre geschäftliche Partnerschaft in allen Einzelheiten regelte.

Ihre Unterschriften besiegelten gleichzeitig Sutters Schicksals...

10

Ein hoch beladenes Fuhrwerk, das von zwei kräftigen Braunen gezogen wurde, rumpelte über den Sandweg ins Tal, als Bradley und Jenkins ihren folgenschweren Vertrag unterzeichneten. Auf dem Bock des Kastenwagens saß der vierzigjährige Jacob Wittmer. Ein ruhiger, fast verschlossener Mann mit trockenem Humor und einer Vorliebe für starke, alkoholische Getränke. Seit einigen Jahren war er schon als Fuhrmann bei Sutter angestellt. Wie der Captain stammte auch Jacob Wittmer aus der Schweiz. So fern von der Heimat verband die Landsmannschaft und hatte Sutter bewogen, Jacob Wittmer trotz seiner gelegentlichen Trunksucht einzustellen.

Wittmer schwang die Peitsche und ließ sie über den Köpfen der Braunen knallen. Er hatte eine lange Fahrt hinter sich und war froh, bald vom harten Bock steigen zu können.

Der Store tauchte hinter einer Biegung auf. Jacob Wittmer zog die Zügel an und brachte das Fuhrwerk direkt vor dem flachen, lang gestreckten Bau zum Halten.

Cliff Bradley und Terence Jenkins, die den Hufschlag gehört hatten, traten aus dem Geschäft und begrüßten

Wittmer. Jenkins reichte ihm ein kleines Glas Aguardiente. Das war so der Brauch.

Jacob Wittmer kippte den Drink hinunter und schüttelte sich. »Ah, das hat gut getan. Ich habe das Gefühl, als könnte ich meine Knochen einzeln zählen.«

»Was bringst du?«, fragte Jenkins und deutete mit dem Kopf auf die mit einer schmutzigen Plane abgedeckte Ladefläche.

»Das Übliche.« Wittmer zog die Bremse an, wickelte die Zügel um den Griff und schwang sich vom Bock.

»Das meine ich nicht«, sagte Terence Jenkins. Jeder im Sacramentotal wusste, dass Jacob Wittmer neben den Dingen, die er auftragsgemäß transportierte, noch so etwas wie einen kleinen privaten Krämerladen mit sich führte. Er verkaufte auf eigene Rechnung Kautabak, Gewürze, Stoffe und viele andere Kleinigkeiten. Vergilbte Magazine, die schon Wochen alt waren, gehörten genauso zu seinem Sortiment wie Schleifsteine und Dochte.

»Du kannst gern einen Blick in meine Kiste werfen, während ich ablade, was für dich bestimmt ist«, erwiderte Jacob Wittmer und zerrte eine ehemalige Seemannskiste von der Ladefläche. Er wusste auf den Knopf genau, was sich in seiner Kiste befand.

Wittmer lud mehrere Säcke Mehl und Kisten mit Konserven ab. Er schaffte sie in den Lagerschuppen. Als er zurückkam, wollte er wissen, ob Bradley oder Jenkins noch etwas aus seiner Seemannskiste wollte.

»Wie viel willst du dafür haben?« Jenkins deutete auf die aufgeklappte Kiste.

»Wofür?«

»Für alles, was du zu verkaufen hast«, sagte Jenkins leichthin. »Ich kann das meiste davon gebrauchen.

Mach mir einen fairen Preis und ich zahl dir das Geld bar auf die Hand.«

Jacob Wittmer machte sich keine Gedanken darüber, weshalb Terence Jenkins ihm alles abkaufen wollte. Er sah nur das lohnende Geschäft, das ihm winkte. Schnell überschlug er den Wert der Waren und sagte: »Fünfundsiebzig Dollar, weil du es bist!«

Jenkins holte eine Rolle Dollars aus der Tasche. »Sechzig. Weil du es bist.«

Sie einigten sich auf fünfundsechzig und beide waren mit dem Geschäft zufrieden. Jacob Wittmer leerte die Seemannskiste und wuchtete sie auf die Ladefläche. »Bis später. Ich muss noch zum Sektenfürst von Coloma.« Damit meinte er den Mormonen James Marshall, dessen spiritistisches Gehabe er auf den Tod nicht ausstehen konnte. »Außerdem wartet eure begnadete Köchin Jenny schon auf mich.« Er schwang sich auf den Kutschbock, löste die Bremse und ließ die Peitsche knallen. Die Braunen stemmten sich ins Geschirr und das Fuhrwerk ruckte an.

Bradley und Jenkins gingen in den Store.

»Das war ein blendendes Geschäft«, sagte der Scout vergnügt und wühlte in dem bunten Durcheinander auf der Ladentheke. »Wir werden den Kram zum vierfachen Preis an den Mann bringen. Mindestens!«

»Ich werde sofort losreiten, Bradley«, beschloss Jenkins und räumte die Waren in die Regale. Terence war nicht nur jung, intelligent und vorausschauend, sondern verfügte auch über ein hohes Maß an Skrupellosigkeit und Risikobereitschaft. Er würde Kredit aufnehmen und einige Händler über seine augenblickliche Zahlungsunfähigkeit täuschen müssen. Er zweifelte jedoch nicht eine Sekunde daran, dass der Erfolg ihm Recht geben würde.

»Ich halte indessen die Stellung, Partner!«, versicherte Cliff Bradley. Er erklärte ihm, wo seine Freunde in San Francisco zu finden waren, und kritzelte eine kurze Nachricht auf ein Stück Papier. An Stelle einer Unterschrift malte er ein indianisches Zeichen unter den Text. »Gib ihnen das. Du wirst weiter nichts zu sagen brauchen.«

»In Ordnung.« Jenkins steckte den Zettel ein.

»Und kauf bloß so viel Waschpfannen wie du nur auftreiben kannst«, schärfte Bradley ihm ein. »Das wird nämlich unser erster großer Verkaufsschlager werden. Himmel und Hölle, ich kann es gar nicht abwarten!« Er fuhr sich durch den dichten, roten Bart und sein Blick ging durch Jenkins hindurch, als sähe er schon den Strom der Goldsucher sich in das Tal ergießen. Ein harter, spöttischer Zug lag um seinen Mund.

Eine knappe Stunde später brach Terence Jenkins auf. Er hog sich in den Sattel seines Pferdes und ließ es antraben. Ganz gemächlich ritt er auf den Talausgang im Süden zu. Kaum jedoch befand er sich außer Sichtweite des Lagers, da gab er dem Tier die Sporen und jagte im wilden Galopp nach Westen. Gnadenlos trieb er es an …

Jacob Wittmer dagegen hatte es ganz und gar nicht eilig. Immer wieder befühlte er seinen Brustbeutel, in dem die fünfundsechzig Dollar steckten, die er beim Verkauf seiner Krämerwaren erzielt hatte. Das war das beste Geschäft, das er jemals in seinem Leben gemacht hatte. Innerhalb von fünf Minuten einen Gewinn von über zwanzig Dollar!

Der Fuhrmann fühlte sich wie ein König und pfiff ausgelassen vor sich hin, was sonst gar nicht seine Art war. Er ließ sich sogar von James Marshall in ein Gespräch

126

verwickeln, als er die vom Zimmermann bestellten Werkzeuge ablieferte. Jacob Wittmer hatte seinen großen Tag.

Das bekam auch Jenny Wimmer zu spüren, die streitbare Köchin des Lagers. Jenny Wimmer, eine knochige Frau von herber Schönheit und Mitte dreißig, ließ sich von Jacob Wittmer alte Modemagazine mitbringen. Und meist feilschte sie wie eine arabische Marktfrau mit ihm um den Preis, der ihr stets um ein paar Cent zu hoch war.

Als Wittmer diesmal ihr niedriges Angebot von zehn Cent sofort annahm, war sie regelrecht enttäuscht. Das Feilschen bedeutete für sie mehr als nur eine wirtschaftliche Notwendigkeit. Sie liebte es nun einmal, anderen Menschen ihre Meinung und ihren Willen aufzuzwängen.

»Seit wann verschenken Sie etwas, Mister Wittmer?«, fragte sie leicht misstrauisch, nahm das schon fleckige Modemagazin jedoch schnell an sich.

Er lächelte verlegen. »Ich habe vorhin ein gutes Geschäft gemacht. Und weshalb soll ich Ihnen nicht einmal eine Freude machen? Sie haben es hier ja wirklich nicht gerade leicht.«

»Da sagen Sie was«, seufzte Jenny Wimmer. »Kommen Sie doch herein. Ich habe frischen Kaffee auf dem Feuer. So eilig werden Sie es nicht haben, oder?«

»Die beiden Braunen können eine Verschnaufpause gut gebrauchen«, meinte Jacob Wittmer lächelnd. »Ich trinke gern eine Tasse.« Er schirrte die Pferde aus und folgte ihr dann in die Blockhütte, die sie den Umständen entsprechend recht gemütlich eingerichtet hatte. Jenny Wimmer stellte die Kaffeekanne und zwei Emailletassen auf den klobigen Tisch und wollte nun allen Klatsch hören, der ihm bei seinen Fahrten zu Ohren gekommen war.

Schon nach zehn Minuten hatte er genug von ihren fast inquisitorischen Fragen. Sie wollte alles ganz genau wissen. Er suchte schon eine Entschuldigung, dass er so schnell wieder aufbrach, als der kleine Dave in die Hütte gerannt kam.

»Ich habe noch mehr Gold, Ma!«, rief er und reckte seine verdreckte, rechte Faust hoch.

Jacob Wittmer lächelte spöttisch. »Na, hast du einen Schatz gefunden?«, fragte er, froh über diese Ablenkung.

Dave sah den Fuhrmann ernst an. »Keinen Schatz, sondern Gold«, verbesserte er.

Wittmer lachte nun. Er hielt es für kindliche Phantasie, was Dave da von sich gab. »Dann bist du der jüngste Goldgräber, den ich je kennen gelernt habe. Du wirst bestimmt mal was, wenn du schon als Kind mit Gold spielst.«

Dave spürte den Unglauben des Erwachsenen und stampfte mit dem Fuß auf. »Es ist Gold!«, rief er und sah seine Mutter dabei an.

Jenny Wimmer lächelte stolz. »Der Junge hat wirklich Recht. Er ist ein richtiger Goldwäscher geworden. Komm, Dave, zeig dem Onkel dein Gold!«

Jacob Wittmer blickte die Köchin überrascht an. Ein unwilliger Zug legte sich über sein Gesicht. Wollten die beiden ihn zum Narren halten?

Dave öffnete die Faust über der Tischplatte. Kleine Goldnuggets vermischt mit ein wenig Ufersand rieselten herab. Mit seinem dreckigen Zeigefinger deutete der Junge auf die Goldkörner. »Davon habe ich schon eine ganze Menge aus dem Fluss geholt, nicht wahr, Ma?«

Jenny Wimmer fuhr ihm über den Kopf. »Du bist ein fleißiger Goldwäscher.«

Jacob Wittmer schob seine Kaffeetasse entrüstet von

sich. »Das geht aber wirklich zu weit!«, sagte er ärgerlich. »Nachher glaubt der Junge wirklich noch, dass das Gold ist!«

Zu seinem größten Erstaunen funkelte Jenny ihn nun aufgebracht an, als hätte er sie beleidigt. »Mein Dave lügt nicht!«, entgegnete sie mit schriller Stimme. »Das ist reines Gold! Sogar Captain Sutter hat das gesagt. Und der muss es ja wissen!«

»Captain Sutter?«, echote Wittmer.

»Jawohl, Captain Sutter«, bestätigte sie mit Nachdruck. »Er ist extra von Sutterville deshalb zu uns heraufgekommen. War eine hübsche Aufregung wegen des Goldes. Sie müssen es aber für sich behalten. Es soll nämlich keiner was davon erfahren, verstehen Sie. Dabei gibt es genug davon.« Für Jenny Wimmer war der Fuhrmann kein Fremder, dem gegenüber sie Schweigen zu bewahren hatte. Ihre Naivität ging so weit, dass sie an seiner Verschwiegenheit nicht den geringsten Zweifel hegte. Sehr helle im Kopf war Jenny Wimmer wirklich nicht.

Jacob Wittmer starrte verwirrt auf die Körner. Tausend Gedanken schossen ihm durch den Kopf. Er hatte davon gehört, dass Captain Sutter einen Inspektionsritt nach Coloma unternommen hatte. Genau wie alle anderen hatte auch er das nur mit dem Bau der Sägemühle in Verbindung gebracht. Nun aber dämmerte ihm, dass noch etwas anderes mit im Spiel war.

»Natürlich behalte ich es für mich«, versicherte er nun und nahm ein Nugget in die Hand. Es sah wirklich wie Gold aus. Und dennoch vermochte er es nicht zu glauben.

Er trank seinen Kaffee hastig aus und erhob sich. »Ich muss mal nach den Pferden gucken. Schönen Dank für den Kaffee«, entschuldigte er sich und verließ die Hütte.

Er ging zu den Pferden, die hinter der Blockhütte grasten. Mit seinen Gedanken war er aber bei den Goldkörnern. Er wusste wirklich nicht, was er davon halten sollte.

»Soll ich Ihnen zeigen, wo ich das Gold gefunden habe?« Dave stand plötzlich neben ihm. Seine Augen glänzten. Er wollte, dass Wittmer ihm glaubte und ihn für seinen Fund lobte.

Der Fuhrmann wollte den Jungen im ersten Moment abschütteln, überlegte es sich jedoch anders. Falls wirklich an dieser merkwürdigen Geschichte etwas dran war, konnte das nur von Vorteil für ihn sein.

»Ja, gern«, sagte er deshalb freundlich.

»Uns darf aber keiner sehen«, sagte Dave augenzwinkernd. »Die anderen verprügeln mich nämlich, wenn sie mich dabei erwischen. Die Erwachsenen haben sich abgesprochen, dass erst nach dem Mittag nach Gold gesucht werden darf. Ma sagt, Mister Sutter möchte unbedingt, dass die Sägemühle fertig wird. Aber ich kenne eine Stelle, wo uns niemand beobachten kann. Kommen Sie!«

Jacob Wittmer wusste nicht, was er davon halten sollte. Es klang zu verrückt, um wahr zu sein. Kopfschüttelnd folgte er dem Jungen. Er kam sich lächerlich vor, als er in gebückter Haltung wie ein Dieb an den Hütten vorbeischlich. Sie schlugen einen großen Bogen um das Lager. Dave führte ihn ein Stück flussaufwärts zu seinem geheimen Goldgräberclaim.

Stolz holte er eine verbeulte Schüssel aus dem Gebüsch und zeigte ihm, wie man Flusssand wusch. Als Wittmer sah, dass wirklich gelbliche Körner auf dem Boden der Schüssel zurückblieben, war er noch längst nicht überzeugt. Es gab viele Möglichkeiten, was das sein konnte. Gold war davon die Möglichkeit mit der geringsten Wahrscheinlichkeit.

»Wollen Sie es auch mal versuchen?«, fragte Dave vergnügt und reichte ihm die Schüssel. »Sie können sie haben. Ich hole mir eine andere. Mein Bruder Greg hat seine ganz in der Nähe versteckt.« Und ohne eine Antwort abzuwarten, verschwand er flink wie ein Wiesel zwischen den Büschen.

Jacob Wittmer zögerte, griff schließlich aber doch zur Waschschüssel. Er kam sich wie ein ausgemachter Idiot vor und trotzdem versuchte er es. Innerhalb einer halben Stunde filterte er verschieden große Nuggets aus dem Sand. Er steckte sie in seinen Brustbeutel.

»Das will ich genau wissen«, murmelte er und glaubte nicht wirklich daran, Gold gefunden zu haben. Dafür war es einfach zu leicht gewesen. Einem phantasiereichen Kind und einer etwas verschrobenen Frau wie Jenny Wimmer konnte man nur mit starken Vorbehalten Glauben schenken.

Dennoch zog er im Lager keine Erkundigungen ein. Er wollte sich nicht zum Gespött der Leute machen, falls Dave und Jenny Wimmer ihm einen Bären aufgebunden hatten. Andererseits konnte an der verrückten Geschichte über Sutter und das Gold doch etwas dran sein. In dem Fall war es klüger, sein Wissen für sich zu behalten.

Als Jacob Wittmer sich kurz darauf auf den Rückweg nach Sutterville machte, beschäftigten ihn die gelblichen Körner in seinem Brustbeutel nicht sonderlich. Eine chemische Probe im Fort würde zeigen, ob das Zeug etwas wert war. Die fünfundsechzig Dollar, die er von Terence Jenkins bekommen hatte, erfüllten ihn dagegen mit Stolz und Freude. Auf den Gedanken, dass zwischen der unglaublichen Goldgeschichte und dem ungewöhnlichen Geschäft mit Terence Jenkins ein Zusammenhang bestehen könnte, kam er gar nicht.

Wenn man ihm jetzt prophezeit hätte, er würde schon in wenigen Tagen zusammen mit Terence Jenkins den größten Goldrausch in der Geschichte Amerikas entfachen, er hätte dafür nur ein ungläubiges Lachen übrig gehabt.

11

Die zwanzig Männer aus Hawaii waren bis an die Zähne bewaffnet und trugen uniformähnliche Kleider. Im Scabbard eines jeden Pferdes steckte ein Remington-Gewehr. Zudem trug jeder Milizsoldat im Hüftholster einen Paterson-Colt. Dieser Revolver gehörte zu jener Zeit zu den besten Nahkampfwaffen. Man konnte sechs Patronen verschießen, ohne dass nachgeladen werden musste. Die Texas Ranger schworen auf diese Waffe. Deshalb hatte Sutter seine Miliz damit ausgerüstet.

Ted Sullivan ritt zusammen mit Captain Sutter und Tom Wedding an der Spitze der Reitergruppe. Sie sprachen nicht viel miteinander. Jeder war mit seinen eigenen Gedanken beschäftigt, die meist nicht angenehm waren.

Sullivan dachte daran, dass er womöglich den Befehl geben musste, das Feuer auf seine eigenen Landsleute zu eröffnen. Bei diesem Gedanken zog sich ihm der Magen zusammen. Er bezweifelte, dazu in der Lage zu sein. Er setzte seine ganze Hoffnungen auf die abschreckende Wirkung der bis an die Zähne bewaffneten Soldaten, die quer über die Brust Patronengurte trugen wie mexikanische Pistoleros.

John Sutter atmete erleichtert auf, als sie den Zugang zum Tal endlich erreicht hatten. Er konnte nicht wissen, dass sein Plan schon längst zunichte gemacht war ...

Ted Sullivan ließ die Milizsoldaten Posten beziehen, wo der Talzugang sich stark verengte und steil aufragende Berghänge natürliche Barrieren bildeten. Hinter den Postenlinien wurden Zelte aufgestellt.

»Einer von uns muss bei den Soldaten bleiben«, sagte Tom Wedding zu Sutter und Sullivan. »Einer muss die Verantwortung übernehmen, falls eine wichtige Entscheidung zu fällen ist. Ich bin zu dem Schluss gekommen, dass es besser ist, wenn ich hier zurückbleibe. Bei den Verhandlungen mit dem Häuptling werde ich kaum von Nutzen sein, ganz im Gegensatz zu Ted.«

Captain Sutter unternahm keinen Versuch, Tom Wedding umzustimmen. Der Hinweis auf die Verantwortung war einsichtig. Und so nahm er das Angebot seines Freundes an.

»In zwei Tagen sind wir spätestens durch. Du hast volle Befehlsgewalt über die Soldaten, Tom. Handle so, wie es die Situation erfordert. Ich stehe voll hinter dir«, versicherte Sutter und verabschiedete sich mit Handschlag von seinem engsten Vertrauten.

Tom Wedding verbarg seine ernsten Gedanken hinter einem unbekümmerten Lächeln. »Ich wollte schon immer mal eine Armee befehligen«, scherzte er. »Jetzt wird mein Jugendtraum zumindest teilweise wahr.«

»Viel Glück und hoffentlich bleibt es ruhig«, wünschte Ted Sullivan seinem Stellvertreter und schwang sich wieder in den Sattel.

Sutter und Sullivan lenkten ihre Pferde nach Süden.

Ihr Ziel war das Winterlager des Häuptlings Grauer Donner. Die Indianer hatten ihre Tipis am Webers Creek aufgestellt. Nach sechs Stunden scharfen Ritts sahen sie am Ufer des kleinen Flusses die Zelte im Schutz hoher Pappeln.

Indianerspäher tauchten zu beiden Seiten der Reiter auf. Sie waren mit Speeren und Pfeil und Bogen bewaffnet. Ihre finsteren Mienen hellten sich auch dann nicht auf, als Ted Sullivan sie in ihrer Sprache angesprochen hatte. Zwei der sehnigen Indianer nahmen ihnen die Zügel aus der Hand und führten sie in das Lager.

»Die Rothäute ahnen, dass wir etwas von ihnen wollen«, raunte Ted Sullivan dem Captain zu. »Sie haben ein feines Gespür dafür. Ihr abweisendes Verhalten soll uns veranlassen, ein besseres Angebot zu machen. Grauer Donner ist ein zäher Verhandlungspartner.«

»Sagten Sie nicht, dem Stamm geht es ziemlich schlecht?«

Ted Sullivan nickte. »Eine ansteckende Krankheit hat fast fünfzig Todesopfer gefordert. Das ist zwar schon ein paar Monate her. Ich glaube aber nicht, dass sie diesen Verlust schon verkraftet haben.«

»Sie werden Decken, Rinder und Pferde bekommen«, sagte John Sutter. »Sie werden unser Angebot gar nicht ausschlagen können.«

Ted Sullivan verzog das Gesicht. »Natürlich kommt ihnen unser Angebot bestimmt gelegen. Aber niemals würden sie das eingestehen, Captain. Das lässt ihre Ehre nicht zu. Eher sterben sie.«

»Wir müssen ihnen das Land um Coloma abkaufen!«, sagte John Sullivan mit energischer Stimme. »Um jeden Preis! Nur dann können wir reguläre Truppen zum Schutz anfordern. Grauer Donner muss uns das Land abtreten!«, betonte er noch einmal die Wichtigkeit der Mission.

»Ich werde alles versuchen, Captain.«

Das Lager bestand aus rund zwei Dutzend Tipis, die um ein besonders großes, prächtiges Tipi angeordnet waren. Am Ufer des Flusses grasten einige Pferde.

Vor dem Zelt des Häuptlings brannte ein schwaches Feuer. Zwei alte Frauen bereiteten aus einem nicht gerade appetitanregenden Brei Pemmikan zu. Ein süßlicher Duft erfüllte die Luft.

Die Ankunft der beiden Weißen wurde unterschiedlich aufgenommen. Kinder und Hunde kamen neugierig näher. Der Großteil der Erwachsenen jedoch tat so, als existierten Sutter und Sullivan überhaupt nicht.

Häuptling Grauer Donner trat aus dem Tipi. Tiefe Furchen durchzogen sein bronzefarbenes Gesicht. Graues Haar mit einem gelblichen Schimmer bedeckte seinen Kopf und stellte einen eindrucksvollen Kontrast zu den drei Adlerfedern dar, die er als Schmuck im Haar trug. Der Häuptling strahlte eine gelassene, fast hochmütige Würde aus, doch sein Blick war von durchdringender Schärfe.

Ted Sullivan hob die Hand zum friedlichen Gruß. Mit blumenreicher Sprache brachte er zum Ausdruck, wie sehr er und Captain Sutter, der große mächtige Häuptling von Sacramento, sich freuten, den tapferen und weisen Häuptling Grauer Donner nach langer Zeit wieder zu sehen.

Grauer Donner nahm die lobenden Worte gelassen hin und revanchierte sich mit ähnlichen Begrüßungsphrasen. Als Ted Sullivan ihm dann den mit Silber verzierten Gürtel, ein Messer mit kunstvoll geschnitztem Griff und eine Ledertasche voll billigem Tand für seine Frauen als Gastgeschenk überreichte, ließ seine Gelassenheit etwas nach. Seine grauen Augen leuchteten auf. Er freute sich über die Geschenke. Doch schon nach wenigen Augenblicken hatte er sich wieder im Griff.

Grauer Donner bat sie in sein Tipi. Sutter und Sullivan nahmen an der Rückwand des Zeltes Platz. Sie ließen sich im Schneidersitz nieder.

Ted Sullivan und Sutter wussten, dass es noch eine Zeit lang dauern würde, bis sie das Gespräch auf Coloma bringen konnten. Das indianische Ritual verlangte, dass zuerst einmal eine Pfeife geraucht wurde.

Grauer Donner holte eine kostbare mit Glasperlen, Seidenbändern und Pferdehaar verzierte Zeremonialpfeife hervor und stopfte sie mit *kinnikinnick*, einer Mischung aus Tabak und aromatischen Kräutern. Mit einem glühenden Holzspan setzte er den Tabak in Brand. Würziger Rauch füllte bald das geräumige Häuptlingstipi und stieg zur geöffneten Rauchklappe hoch.

John Sutter bemühte sich, seine Ungeduld zu zügeln. Mit feierlicher Miene nahm er die Pfeife entgegen und inhalierte den Rauch. Bevor die Zeremonie des Rauchens nicht beendet war, war eine Verhandlung unmöglich. Der Captain wusste das und richtete sich danach.

Schließlich eröffnet Grauer Donner das Gespräch. Er war ein geborener Diplomat. Zuerst einmal erinnerte er sich an vergangene Zeiten, redete über die Launen der Götter und tat alles, um den Beginn der Verhandlung zu verzögern. Die Hinhaltetaktik beherrschte er perfekt.

Endlich jedoch gelang es Ted Sullivan, das Gespräch auf Coloma zu lenken. Und nun begann ein schier endloses Feilschen. Wie Sullivan geahnt hatte, zeigte sich Grauer Donner anfangs kompromisslos. An einen Verkauf des Landes war nicht zu denken. Die Jagdgründe des roten Mannes waren unverkäuflich.

Es kostete Ted Sullivan viel Überredungskunst, dem Häuptling zumindest einen Pachtvertrag schmackhaft zu machen. Grauer Donner gab seine prinzipielle Einwilligung, doch seine Forderungen waren astronomisch.

John Sutter litt Höllenqualen. Das untätige Herumsitzen zehrte an seinen Nerven. »Geben Sie ihm, was er verlangt!«, wies er Sullivan an.

»Das ist unmöglich«, widersprach Sullivan in einer Verhandlungspause. »Grauer Donner weiß selbst, dass seine Forderungen unverschämt hoch sind. Ihm macht das Handeln Spaß, Captain. Wenn wir seine Forderungen so akzeptieren, verlieren wir unser Gesicht. Es würde ihn misstrauisch machen und ihn veranlassen, unter keinen Umständen einen Vertrag mit uns abzuschließen.«

»Wir müssen dieses Palaver also durchstehen, wenn ich Sie recht verstanden habe«, murmelte Sutter nicht gerade erfreut.

Ted Sullivan lächelte kaum merklich. »Wenn wir wirklich mit einem Vertrag das Lager verlassen wollen, wird uns nichts anderes übrig bleiben.«

Die Verhandlungen zogen sich bis in die Nacht hinein. Grauer Donner besprach sich noch mit dem Stammesrat. Endlich aber kam man zu einer Einigung.

»Er verpachtet uns das Land um Coloma für drei Jahre«, erklärte Ted Sullivan dem Captain. »Dafür bekommt er jährlich fünf Pferde, zehn wohlgenährte Rinder und zwei Ballen Stoff. Das ist ein Zehntel von dem, was er anfangs verlangt hatte. Machen Sie jetzt aber bloß kein fröhliches Gesicht, Captain. Tun Sie so, als würden Sie widerwillig zustimmen und damit ein schlechtes Geschäft machen.«

Captain Sutter folgte dem Rat und Grauer Donner unterzeichnete den Vertrag. Anschließend wurde der Vertrag mit der Zeremonialpfeife dem indianischen Ritual entsprechend besiegelt.

Sutter und Sullivan mussten noch an dem Fest teilnehmen, das ihnen zu Ehren veranstaltet wurde. Todmüde taumelten sie kurz vor Morgengrauen in das Gästetipi und fielen in einen tiefen Schlaf.

Wenige Stunden später sattelten sie ihre Pferde wieder und verließen das Indianerdorf. Die Erleichterung, endlich eine rechtliche Grundlage für seine militärische Aktion zu haben, gab Sutter frische Kräfte und ließ ihn den anstrengenden Ritt zurück nach Coloma besser ertragen.

Tom Wedding hielt auf vorgeschobenem Posten schon Ausschau nach ihnen. Als er die beiden Reiter erblickte, atmete er erleichtert auf und sprang aufs Pferd. Er ritt ihnen entgegen. Er war so auf den Ausgang der Verhandlung mit dem Häuptling Grauer Donner gespannt, dass er schon von weitem schrie: »Sieg oder Niederlage?«

»Sieg!«, lautete die Antwort.

Sutter und Sullivan berichteten von den zähen Verhandlungen mit Grauer Donner und waren froh zu hören, dass es die ganze Zeit über völlig ruhig an der Sperre geblieben war.

»Das ist ein verdammt langweiliger Job«, meinte Tom Wedding, machte aber keinen Hehl daraus, dass er sehr dankbar für die friedliche Ruhe gewesen war.

»Das kann sich schnell ändern«, sagte Ted Sullivan ruhig. »Vor einem Sturm ist es meistens ruhig.«

Sutter legte die Stirn unwillig in Falten. »Unken Sie nicht, Sullivan!«, knurrte er. »Ich werde sofort einen Boten mit dem Vertrag und einer Bitte um militärische

Unterstützung nach Monterey zu Colonel Mason schicken.«

»Am besten nehmen wir einen Mann aus Coloma«, schlug Ted Sullivan vor. »Da können wir sicher sein, dass er den Mund über die Vorgänge hier in den Bergen hält.«

Captain Sutter war damit einverstanden. Zusammen mit Tom Wedding ritt er ins Lager der Zimmerleute und informierte James Marshall von dem Vertrag, den er mit Grauer Donner geschlossen hatte.

»Ich weiß nicht, ob Ihnen das viel Sympathie einbringen wird«, sagte der Zimmermann offen. »Man wird Ihnen vorwerfen, sich dieses Land auf nicht gerade saubere Art und Weise angeeignet zu haben. Grauer Donner wird kaum wissen, was er da verpachtet hat. Oder haben Sie ihm vom Gold erzählt?«

»Lassen Sie das meine Sorge sein!«, fuhr Captain Sutter den Zimmermann ungehalten an. »Wie ist es nun mit einem Boten? Der Mann muss gut reiten können.«

James Marshall warf dem Captain einen merkwürdigen, nicht gerade freundlichen Blick zu und überlegte. »Bennett wäre der richtige Mann für Sie, Captain. Charles Bennett ist ein hervorragender Reiter.«

»Ich will mit ihm sprechen!«

»Augenblick«, brummte James Marshall und kam wenig später mit einem schlaksigen, hoch aufgeschossenen Mann Mitte Zwanzig wieder.

»Hat Ihnen Mister Marshall gesagt, worum es sich handelt?«, fragte Captain Sutter.

Charles Bennett nickte träge. »Er sagt, Sie suchen 'nen guten Reiter.« Er grinste ein wenig dümmlich. »'nen besseren Mann als mich können Sie gar nicht finden. Bin mit Pferden aufgewachsen.«

Captain Sutter zögerte einen Augenblick. Er konnte nicht gerade behaupten, dass ihm dieser Mann sympathisch war. Aber darauf kam es auch nicht an.

»Ich habe eine wichtige Aufgabe für Sie, Mister Bennett«, sagte John Sutter und unterdrückte seine persönlichen Gefühle. »Sie müssen, so schnell es geht, nach Monterey reiten und Colonel Mason eine Nachricht von mir überbringen. Er soll den Vertrag, den ich Ihnen mitgebe, bestätigen. Außerdem möchte ich, dass er reguläre Truppen schickt, um das Tal zu sichern.«

»Truppen?«, fragte Charles Bennett gedehnt.

»Das ist auch in Ihrem Interesse, Mister Bennett. Oder möchten Sie, dass es hier bald nur so wimmelt von Goldsuchern?«, antwortete Sutter mit einer Gegenfrage.

Charles Bennett zuckte mit den Achseln. »Tja, wenn ich es mir so überlege ...« Er grinste. »Wahrscheinlich sind Soldaten doch keine so schlechte Idee.«

»Also, dann wissen Sie ja, was Sie zu tun haben«, sagte Captain Sutter und überreichte ihm den Vertrag und ein persönliches Schreiben an Colonel Mason, das er schon vor Tagen im Fort aufgesetzt hatte.

Charles Bennett nahm die wichtigen Papiere an sich und grinste breit, als der Captain ihm noch ein paar Dollar als Prämie und zur Begleichung seiner Unkosten zusteckte. Er sattelte sein Pferd und ritt los.

»Wenn das nur gut geht«, sagte Tom Wedding nachdenklich und blickte dem davongaloppierenden Charles Bennett nach.

»Jetzt können wir nur noch hoffen und warten«, erwiderte Captain Sutter.

Die beiden Männer verabschiedeten sich von Ted Sullivan und versprachen, durch Boten ständig in Kontakt zu bleiben.

»Ich werde den Goldschatz schon gut bewachen«, versicherte Ted Sullivan mit einem zuversichtlichen Lächeln und begleitete sie noch eine gute Meile. Dann blieb er zurück.

12

Ein fast wolkenloser, stahlblauer Himmel spannte sich über dem Tal am Sacramento, als Jacob Wittmer sein Fuhrwerk durch das Tor des Forts in Sutterville lenkte. Ein dichter, dunkler Stoppelbart bedeckte sein Gesicht. Fast zehn Tage waren seit seinem Aufbruch nach Coloma vergangen. Und seit fünf Tagen trug er schon die Goldkörner in seinem Brustbeutel mit sich herum. Er hatte sie in der Zwischenzeit fast vergessen.

»Brrr!«, rief er und brachte den Wagen vor dem General Store zum Halten.

Sam Brannan, der Besitzer des Stores, erwartete ihn schon. Brannan war eine schillernde Persönlichkeit. Der stämmige, untersetzte Mann in den vierzigern machte auf den ersten Blick den Eindruck eines ehemaligen Ringers, der in der Vergangenheit so manche Niederlage hatte einstecken müssen und mit dem nicht gut Kirschen Essen war.

Sam Brannan vereinigte in seiner Person den gläubigen Mormonenführer mit dem gerissenen Geschäftsmann und dem draufgängerischen Haudegen. Im Krieg zwischen Amerika und Mexiko um Kalifornien hatte er 238 Mormonen in einer gefährlichen Reise um Kap Hoorn und dann in den Kampf gegen die Mexikaner geführt.

Man sagte ihm jedoch auch nach, Kirchengelder veruntreut zu haben. Die Anschuldigungen konnten vor Gericht nicht bewiesen werden. Er gründete dann die erste Zeitung von San Francisco, den *California Star*. Später mietete er in Sutters Fort zusammen mit seinem Partner Colin Smith die Räume, in denen sich nun der General Store, in dem man wirklich alles kaufen konnte, und eine Kneipe befanden. Sam Brannan hatte sich zudem verpflichtet, die Arbeiter in Coloma und in Natoma mit Nachschub jeglicher Art zu versorgen.

Sam Brannan war somit ein Mann, der seine Finger in vielerlei Geschäften hatte. Er verstand es, aus zehn Cent im Handumdrehen einen Dollar zu machen. Das brachte ihm nicht nur Respekt, sondern auch Missgunst ein. Zudem war seine großspurige Art nicht dazu angetan, Sympathie zu erwecken. Seine laute und oftmals sehr derbe Sprache stieß viele ab.

Jacob Wittmer lieferte die Quittungen über Werkzeuge, Lebensmittel und die anderen abgelieferten Waren bei Sam Brannan ab und gönnte sich anschließend ein ausgedehntes Bad und eine Rasur.

Bei Einbruch der Dunkelheit betrat er die Kneipe, die Colin Smith führte. Händler, Arbeiter und Durchreisende bevölkerten die beiden Räume, in denen ein gutes Dutzend Tische standen. Eine massive Theke mit einem eindrucksvollen Flaschenregal und einem verzierten Spiegel in der Mitte vervollständigte die karge Einrichtung.

Jacob Wittmer hatte zehn Tage auf dem Kutschbock verbracht. Jetzt wollte er sich vergnügen und er setzte sich an einen der Tische, wo gespielt wurde. Über zwanzig Dollar waren ihm geblieben, nachdem er seine Seemannskiste wieder mit den verschiedensten Waren aufgefüllt hatte.

Obgleich Jacob Wittmer ansonsten gar kein schlechter Pokerspieler war, verlor er an diesem Abend jedoch Dollar um Dollar. Vielleicht lag es auch daran, dass er sein Glas allzu oft nachfüllen ließ. Das Geld zerfloss ihm zwischen den Fingern und schon bald musste er seinen Platz am Pokertisch einem zahlungskräftigeren Kunden überlassen.

»Zum Teufel mit den Karten!«, schimpfte Jacob Wittmer mit schwerer Zunge und begab sich zur Theke hinüber. Er stellte sich an die Schmalseite der Bar und lehnte sich mit seinem breiten Rücken gegen die Wand.

Dicke Rauchschwaden trieben unter der Decke durch den Raum. Es roch nach abgestandenem Bier, Schweiß und den Sägespänen, die den Boden bedeckten.

Jacob Wittmer verfluchte seine Spielleidenschaft. Zwanzig Dollar hatte er verloren. Für einen Mann wie ihn war das ein kleines Vermögen. Er tröstete sich jedoch damit, dass seine Seemannskiste wieder bis zum Rand gefüllt war. Trotz des hohen Verlustes am Kartentisch hatte er noch einen kleinen Gewinn gemacht. Und der steckte in seinem Kramladen.

»Colin!«, rief Wittmer und winkte den Wirt heran.

Colin Smith kam zu ihm ans Ende der Theke. »Was ist, Coby?«, fragte er knurrig. »Hast du immer noch nicht genug?« Colin Smith gehörte zu jener Sorte Männer, die Betrunkene nicht ausstehen können, sich an ihnen aber eine goldene Nase verdienen. Mit seiner runden Nickelbrille, die seine Augen noch kleiner erscheinen ließ, als sie schon waren, auf seiner fleischigen Nase sah er eher wie ein vom Leben enttäuschter Lehrer aus, als ein Kneipenwirt, der jeden Abend ein blendendes Geschäft machte.

»Wann ich genug habe, bestimme ich«, erwiderte Jacob Wittmer pikiert und stieß sich von der Wand ab. Er wollte nicht, dass Colin Smith glaubte, er sei schon leicht betrunken, obwohl das den Tatsachen entsprach.

»Noch einen doppelten Brandy!«, verlangte Wittmer und schob das leere Glas über die glatte, bierfeuchte Platte der Theke.

»Erst zahlen«, erwiderte Colin Smith.

»Verdammt, du kriegst dein Geld schon«, knurrte Jacob Wittmer ärgerlich und hielt sich an der Umlaufstange aus Messing fest.

»Ich gebe keinen Kredit, das weißt du, Coby!«, blieb Colin Smith stur.

»Du sollst mich nicht immer Coby nennen!«

Colin Smith lächelte spöttisch. »Ich werde es mir zu Herzen nehmen … Coby.«

»Weißt du, was du bist?« Jacob Wittmer beugte sich vor und funkelte den Wirt wütend an. So betrunken war er nun auch nicht. Er merkte sehr gut, dass Colin ihn verhöhnte. Und das konnte er auf den Tod nicht ausstehen.

Colin Smith wartete gar nicht erst ab, was Wittmer sagen wollte. »Eins bin ich auf keinen Fall – ein Fürsorgeunternehmen! Angeschrieben wird bei mir nicht. Woher soll ich wissen, wo du dich morgen herumtreibst!«

Jacob Wittmer schluckte eine beleidigende Bemerkung, die er auf der Zunge hatte, hinunter. Er erinnerte sich plötzlich an die Körner, die er in Coloma aus dem Fluss gewaschen hatte. Unwillkürlich tastete er nach seinem Brustbeutel. Deutlich spürte er die kleinen Körner. Er zögerte nicht eine Sekunde. Dies war der richtige Augenblick, um herauszufinden, was das Zeug wirklich wert war. Colin Smith war der richtige Mann dafür. Wie sein Partner Sam Brannan hatte er eine untrügliche Nase für alles, was auch nur im Entferntesten nach Gewinn roch.

»Okay, ich brauche deinen Kredit auch gar nicht«, sagte Jacob Wittmer selbstbewusst. »Ich werde dich bezahlen, Colin.«

»Das freut mich zu hören. Ich glaub's aber erst, wenn ich es sehe. Vorher bekommst du auch keinen Drink. Ich kenne alle faulen Tricks, Coby«, sagte der Wirt geringschätzig.

»Nimmst du auch Gold?«, fragte Wittmer.

Colin Smith zog die Augenbrauen zusammen. »Hör mal, wenn du mich auf den Arm nehmen willst, fliegst du raus, Coby. Für dumme Sprüche habe ich nicht viel übrig. Du stiehlst mir nur die Zeit!«

»Immer sachte, Colin«, erwiderte Jacob Wittmer grinsend und knotete das Lederband im Nacken auf. Er legte den Brustbeutel auf die Theke. »Du wirst es noch bereuen, mich so behandelt zu haben.«

Colin Smith schenkte ihm ein mitleidiges Lächeln. Er hielt die ganze Rederei von Coby über das Gold, das er besaß, für eine haarsträubende Lügengeschichte. Die Leute hatten Colin Smith an der Bar schon zu viele Geschichten erzählt, als dass er noch irgendjemandem Glauben schenken konnte. Bestimmt würde Coby den Beutel und die Taschen seiner Kleider mit gefurchter Stirn nach dem imaginären Gold durchsuchen und fortwährend beteuern, dass es doch irgendwo sein müsse und er, Colin Smith, schon mal eingießen könne. Auf diesen Trick würde er jedoch nicht reinfallen.

»Na, wo ist denn deine private Goldmine?«, spottete der Kneipenwirt.

»Hier!«, stieß Jacob Wittmer triumphierend hervor und schüttete die Goldkörner auf die feuchte Platte. »Das wird wohl für eine Flasche reichen.« Er lachte glucksend. »Jetzt müsstest du dich mal im Spiegel sehen, Colin. Wie ein Fisch auf dem Trockenen! Hast wohl gedacht, ich würde angeben, was?«

Colin Smith starrte verblüfft auf die gelblichen Steinchen. Die Augen quollen ihm fast aus den Höhlen.

Die Überraschung war perfekt. Colin Smith reagierte jedoch blitzschnell. Fast instinktiv. Falls das da wirklich Gold war, durfte niemand etwas davon erfahren. Seine Hand zuckte unter der Theke hervor und legte sich über die Goldkörner.

»Na, wie ist es jetzt mit dem Drink?«, fragte Jacob Wittmer völlig naiv. »Ich bin durstig, Mann. Das Gold …«

»Halt die Klappe, Coby!«, zischte der Wirt und deutete mit dem Kopf auf die Tür, die ein Schild mit der Aufschrift *Privat!* trug. »Komm ins Hinterzimmer! Na los!«

»Himmel, du machst Umstände«, seufzte Jacob Wittmer und stieß sich von der Bar ab.

Colin Smith rief seinem Gehilfen etwas zu und zerrte den Fuhrmann in das Nebenzimmer, in dem Vorräte lagerten. In einer Ecke des Raumes standen drei Stühle um einen Tisch und ein schwerer Schrank an der Rückwand.

»Warte einen Augenblick hier!«

»Was ist denn bloß, Colin? Ich will weiter nichts als einen Drink«, sagte Wittmer jetzt ungehalten.

»Ich muss erst prüfen, ob es sich bei diesen Körnern wirklich um Gold handelt«, sagte Colin. »Das dauert nur einen Moment. Falls das echte Nuggets sind, kannst du so viel trinken, wie du willst.«

»Das klingt schon bedeutend besser in meinen Ohren«, brummte Jacob Wittmer zufrieden und zog sich einen Stuhl heran. »Ich werde hier warten.«

»Und sag ja keinem, dass du mir diese Nuggets gegeben hast, verstanden?«

Wittmer gab das Versprechen. Alkoholschleier umnebelten sein Gehirn. Er merkte gar nicht, wie aufgeregt der Wirt war. Wittmer wollte seinen Ärger über die zwanzig Dollar Verlust ertränken. Nichts sonst interessierte ihn. Ungeduldig wartete er, dass Colin Smith zurückkam.

Minuten verstrichen.

Endlich ging die Tür auf. Colin Smith trat herein, gefolgt von Sam Brannan. Beide Männer sahen ihn mit einer Mischung aus Unglauben und freudiger Erwartung an.

»Ist es nun Gold oder nicht?«, fragte Wittmer ungeduldig.

»Es ist Gold!«, bestätigte Colin Smith und fuhr sich über die schweißnasse Stirn. »Höchstwahrscheinlich.«

Sam Brannan nahm eine frische Flasche Brandy aus einem der Wandregale und entkorkte sie. Er stellte sie vor Wittmer auf den Tisch.

»Sie sind unser Gast, Wittmer!«, tat Sam Brannan ganz großzügig und setzte sich zu ihm. »Nehmen Sie einen kräftigen Schluck. Wir haben Sie wirklich lange warten lassen.«

Colin Smith nickte eifrig. »Es ging leider nicht schneller. Aber jetzt ist alles in Ordnung.«

Jacob Wittmer blickte verwirrt von einem zum anderen und zuckte dann mit den Achseln. Er ließ sich nicht zweimal bitten und nahm einen kräftigen Schluck aus der Flasche.

Sam Brannan räusperte sich und lächelte den Fuhrmann an, als wäre er sein bester Freund. »Sind Sie mit dem Brandy zufrieden, Wittmer?«

Der Fuhrmann unterdrückte ein Rülpsen. »Habe noch nie so eine guten Brandy getrunken. Hervorragend.« Er unterstrich seine Worte, indem er die Flasche sofort wieder an die Lippen setzte.

»Es freut mich, dass Ihnen der Brandy schmeckt«, fuhr Sam Brannan mit öliger Stimme fort und rückte mit seinem Stuhl näher heran. »Sagen Sie mal, Wittmer, wir sind doch immer gut miteinander ausgekommen, nicht wahr?«

Jacob Wittmer überlegte kurz und nickte dann. »Hm, ja, eigentlich schon.« Das Gespräch interessierte ihn nicht wirklich. Der Brandy aber war ausgezeichnet und das war die Hauptsache.

»Dann verstehe ich aber nicht, dass Sie Geheimnisse vor mir haben, Wittmer«, kam Sam Brannan nun zum Thema.

»Geheimnisse?«, wiederholte Wittmer verständnislos.

»Ja, du hast Geheimnisse vor uns, Coby«, sagte Colin Smith mit einem vorwurfsvollen Unterton in der Stimme.

»Du sollst mich nicht immer Coby nennen!«, fuhr Jacob Wittmer den Wirt aufgebracht an. »Ich bezahle für meinen Whisky und habe ein Recht auf anständige Bedienung!«

Sam Brannan warf seinem Partner einen warnenden, scharfen Blick zu. »Sie sollten das wirklich unterlassen, Colin!«, fuhr er ihn an.

Colin Smith schluckte die Zurechtweisung und lächelte gequält. »Es war ja nicht so gemeint, Jacob.«

»Ich bin nicht nachtragend«, winkte Jacob Wittmer ab und genehmigte sich einen weiteren Schluck.

»Diese Goldnuggets ... wo haben Sie sie her?«, fragte Sam Brannan nun direkt. Er vermochte kaum noch ruhig auf dem Stuhl zu sitzen. Unruhig knackte er mit seinen Fingern.

»Ich hab sie aus dem Fluss gewaschen«, antwortete Jacob Wittmer bereitwillig. Der scharfe Brandy löste seine Zunge und ertränkte seinen Verstand restlos.

»Aus welchem Fluss?«, fragte Sam Brannan mit erregter Stimme. Er hing förmlich an Wittmers Lippen.

»Aus dem American River oben in Coloma.«

»Du meinst den South Fork?«, vergewisserte sich Colin Smith mit heiserer Stimme.

Jacob Wittmer nickte. »Ja, da gibt es massenhaft von dem Zeug. Ist es wirklich Gold? Mann, das ist wirklich ein Ding. Ich werde gleich morgen aufbrechen und mir mehr davon holen. Dann kaufe ich dein ganzes Brandylager auf, Colin!« Er brach in ein schallendes Gelächter aus und wäre beinahe vom Stuhl gestürzt. Der Alkohol tat seine Wirkung.

»In Coloma!« Sam Brannan lauschte dem Klang seiner eigenen Worte wie einer Verheißung. »Wir müssen sofort nachprüfen, was an seiner Geschichte wahr ist.«

»Wir müssen Captain Sutter fragen«, sagte Colin Smith nun. »Noch ist nicht hundertprozentig bewiesen, dass dies Goldnuggets sind. Wir haben den Test mit der Säure nicht gemacht. Am besten bitten wir ihn, die Probe für uns zu machen.«

»Und wenn er uns etwas vorschwindelt?«

»Der Captain bildet sich viel zu viel auf seine Gerechtigkeit und Ehre ein«, beruhigte ihn Colin Smith. »Er wird uns die Wahrheit sagen, und wenn es ihm noch so schwer fällt. Das hat er oft genug bewiesen.«

»Meinetwegen!«, erklärte sich Sam Brannan einverstanden.

Als sie das Hinterzimmer verließen, prallten sie mit einer Hand voll Männer zusammen, die offenbar drauf und dran gewesen waren, ins Privatzimmer einzudringen.

»Stimmt es, was Hank erzählt?«, fragte ein Kleiderschrank von einem Mann Sam Brannan.

»Was sagt Hank denn?«, fragte der gerissene Geschäftsmann.

»Wittmer soll Gold gefunden haben!«

Sam Brannan unterdrückte einen Fluch. Colin Smith war also doch nicht schnell genug gewesen. Jetzt galt es, das Beste aus der Situation zu machen.

»Ihr wisst doch ganz genau, dass Wittmer heute ziemlich einen getrunken hat.«

»Ich habe die Goldnuggets genau gesehen!«, rief Hank Morey, ein spindeldürrer Mann mit gelichtetem Haar. »Ich habe es ganz genau gesehen. Mir machen Sie nichts vor. Wir wollen es von Wittmer selbst hören.«

Sam Brannan sah ein, dass ein Leugnen keinen Sinn hatte. Jacob Wittmer würde jedem seine Story erzählen, der ihn danach fragte.

»Ob es sich um Gold handelt, steht noch längst nicht fest. Das ist eine schwierige Frage. Wir waren gerade übereingekommen, Captain Sutter zu Rate zu ziehen, bevor wir irgendein Gerücht in Umlauf setzen«, zog sich Sam Brannan geschickt aus der Affäre.

Raues Gelächter machte deutlich, dass keiner der Männer ihm abnahm, aus edelmütigen Motiven Wittmers Fund verschwiegen zu haben. Aber sie nahmen ihm das nicht übel, denn sie hätten es selbst nicht anders gemacht.

»Sie haben doch wohl nichts dagegen, wenn wir Sie zu Old Cap begleiten?«, fragte der Kleiderschrank spöttisch.

Sam Brannan zuckte mit den Achseln. »Wir leben in einem freien Land, Mister. Niemand kann Sie daran hindern, mit uns zu Captain Sutter zu gehen.«

»Worauf warten wir dann noch?«, fragte der Kleiderschrank ungeduldig.

Die Männer traten in die kühle Nacht hinaus. Wachen patrouillierten vor dem Tor. In Sutters Wohntrakt brannte noch Licht. Die Männer gingen mit energischen Schritten über den Platz.

Sam Brannan hielt die Goldkörner in der geschlossenen Faust.

John Sutter machte sich gerade Notizen über den Aufbau einer neuen Rinderzucht, als er Stimmen vor dem Haus hörte. Er blickte von seinen Unterlagen auf und im selben Augenblick pochte jemand nachdrücklich gegen die Tür.

Er zog seine Taschenuhr hervor und ließ den Deckel aufklappen. Der Stundenzeiger hatte die Zehn schon überschritten. Wer konnte ihn um diese Zeit noch sprechen wollen?

Mit einem unguten Gefühl erhob er sich und öffnete die Tür. Sam Brannan stand vor ihm. Ein halbes Dutzend Männer bildete einen Halbkreis um ihn. Als Sutter ihre angespannten Gesichter sah, ahnte er Böses.

»Entschuldigen Sie die späte Störung, Captain«, sagte Sam Brannan mit forscher Stimme, die jedoch einen aufgeregten Unterton hatte. »Wir benötigen Ihren fachmännischen Rat.«

»Worum handelt es sich denn?«

»Um Gold!« Sam Brannan öffnete die Hand. Im schwachen Lichtschein, der durch die Tür nach draußen fiel, glänzten die maiskorngroßen Nuggets.

John Sutter wurde bleich. Unfähig, etwas zu sagen, starrte er auf die Goldkörner. Eine Schwäche befiel ihn für einige Sekunden. Er wusste sofort, dass damit alle seine Pläne, den Goldfund von Coloma geheim zu halten, gescheitert waren.

»Wir brauchen Salpetersäure, Captain!«

John Sutter riss sich zusammen. »Wie? Natürlich, Salpetersäure«, murmelte er verstört. »Kommen Sie doch herein, Mister Brannan.«

Der Kleiderschrank trat neben den Geschäftsmann und blickte Captain Sutter direkt und fast herausfordernd an. »Sie haben doch wohl nichts dagegen, wenn ich mir das mit ansehe?«, fragte er. »Für Gold habe ich 'ne Menge übrig, Captain.«

Sutter verspürte nicht die geringste Lust, sich in ein Streitgespräch einzulassen. Wilde Gedanken wirbelten in seinem Kopf durcheinander. »Meinetwegen«, brummte er und holte die Salpetersäure aus dem Keller. Er brauchte den Test eigentlich gar nicht zu machen, um zu wissen, dass die Körner aus fast purem Gold bestanden.

»Verdammt, das sind Goldnuggets!«, stieß der Kleiderschrank hervor, als die Körner sich in der Säure nicht auflösten. »Unglaublich! Jetzt weiß ich, was ich zu tun habe.« Er wollte aus dem Zimmer stürmen.

Captain Sutter verstellte ihm den Weg. Sein Gesichtsausdruck hätte jedem anderen einen Schrecken eingejagt, nicht aber dem Kleiderschrank.

»Gehen Sie aus dem Weg, Captain!«, knurrte er.

»Zuerst hören Sie mir zu, Mann!«, fuhr Sutter ihn an. »Sie haben in Coloma nichts zu suchen. Meine Männer errichten dort eine Sägemühle und dabei wird es auch bleiben. Niemand kommt in das Tal. Ich werde eine Minengesellschaft gründen, die die Goldvorkommen ausbeutet. Miliztruppen haben das Tal abgeriegelt!«

Der Kleiderschrank lachte laut auf. »Das glauben Sie

doch selbst nicht! Miliztruppen! Dieses Märchen verfängt bei uns nicht!«

Captain Sutters Stimme war eisig, als er sagte: »Sie werden anders darüber denken, wenn Sie in Gewehrläufe blicken!«

Sam Brannan mischte sich nun mit ein. »Ist das Ihr Ernst, Captain? Haben Sie oben in Coloma wirklich Miliztruppen stationiert?«

»Ich bin kein Spaßmacher«, sagte Sutter kühl. »Sie müssten mich eigentlich kennen, Brannan.«

Der Geschäftsmann schüttelte verwundert den Kopf. »Bei allem Respekt, Captain, aber dazu haben Sie kein Recht. Coloma gehört nicht zu Ihren Besitztümern. Die Milizsoldaten haben also dort oben nichts zu suchen.«

»Sie wollen das Gold ganz allein für sich, nicht wahr?«, fauchte der Kleiderschrank und nahm eine drohende Haltung an. »Aber damit kommen Sie nicht durch, Sutter. Ich werde mich auch von den bewaffneten Kanaken nicht aufhalten lassen. Das Gold gehört dem, der es findet!«

»Sie irren!«, erwiderte John Sutter mit schneidender Stimme. »Das Land gehört mir. Ich habe mit dem Häuptling Grauer Donner einen Pachtvertrag abgeschlossen. Und dieser Pachtvertrag gibt mir das Recht, Soldaten nach Coloma zu schicken!«

Sam Brannans Gesicht verfinsterte sich. »Sie sind noch gerissener, als ich gedacht habe«, knurrte er unfreundlich. »Aber der Mister hat Recht. Damit kommen Sie nicht durch. Diesen faulen Trick wird keiner gelten lassen, Sutter. Damit machen Sie sich bei vielen sehr unbeliebt.«

Sutters Gesicht wirkte wie versteinert. Er ahnte schon, dass dies ein Vorgeschmack auf das war, was ihm noch alles in Zukunft bevorstand. »Das stört mich nicht«, antwortete er hart. »Ich werde auf keinen Fall zulassen, dass Gesindel und Verbrecher in mein Land einfallen wie die Heuschrecken!«

»Unter normalen Umständen hätte ich Ihnen schon längst meine Faust zu schmecken gegeben«, grollte der Kleiderschrank und kniff die Augen zusammen. »Ich bin es nicht gewohnt, dass man mir droht. Auch ein Captain Sutter ist nicht allmächtig. Seien Sie froh, dass ich eine Menge Gutes über Sie gehört habe, als ich von San Francisco hier nach Sutterville hochgeritten bin. Ich hätte Ihnen sonst den Hochmut mit den Fäusten aus den Rippen geprügelt. Und nun geben Sie den Weg frei, sonst überlege ich es mir noch anders!«

John Sutter trat zur Seite. Seine Mundwinkel zuckten. Die Wut kochte in ihm. »Ich habe Sie gewarnt, Mann. Falls Sie versuchen sollten, nach Coloma zu kommen ...«

Der Kleiderschrank unterbrach ihn grob. »Machen Sie sich keine Illusionen. Bei dem Versuch wird es nicht bleiben. Wir werden ins Tal kommen, das garantiere ich Ihnen!« Er riss die Tür auf und stürmte hinaus.

Sam Brannan konnte ein schadenfrohes Grinsen nicht unterdrücken. »So wie er werden die meisten Männer denken, Captain. Coloma ist kein Sutterland, daran wird dieser merkwürdige Vertrag mit Grauer Donner nichts ändern. Sie werden uns nicht daran hindern können.«

»Sie wollen auch hinauf?«, fragte Sutter knapp.

Sam Brannan sah ihn ein wenig verwundert an. »Was haben Sie denn gedacht, Captain? Ich bin Geschäftsmann. Und ein besseres Geschäft als Gold kann ich mir im Moment wirklich nicht vorstellen. Ich werde mich in Coloma persönlich davon überzeugen, wie reichhaltig die Goldvorkommen sind. Und auch ich bin der Meinung, dass Ihre Soldaten gegen ein paar Dutzend entschlossene Männer kaum den Schimmer einer Chance haben. Sie sollten diese Aktion besser abblasen. Wer befehligt die Abteilung in den Bergen?«

»Mister Sullivan.«

»Möchten Sie, dass ich ihm eine Nachricht von Ihnen überbringe?«, fragte Sam Brannan mit dem Ton des Überlegenen.

»Nein!«, kam die abweisende Antwort wie aus der Pistole geschossen.

»Ganz wie Sie wollen«, sagte Brannan kühl und wandte sich zum Gehen. Als er auf den Platz hinaustrat, diskutierten die Männer erregt. Der Kleiderschrank stand in ihrer Mitte und redete auf sie ein.

Sutter unternahm einen letzten Versuch, die Situation zu retten. »Gentlemen!«, rief er mit klarer, befehlsgewohnter Stimme. »Überlegen Sie genau, was Sie tun! Coloma gehört zu meinem Besitz. Ohne meine Erlaubnis hat dort niemand etwas zu suchen. Milizsoldaten haben das Tal abgeriegelt ...«

Buhrufe wurden laut. Das Gold lockte zu sehr, als dass noch einer vernünftigen Argumenten zugänglich gewesen wäre. Die Stimmung war schon zu stark aufgeladen.

»Wer zuerst kommt, macht sein Glück!«, rief der Kleiderschrank mit entschlossener Stimme. »Ich reite jetzt. Und wer auch nur ein bisschen Grips im Kopf hat, wird nicht lange überlegen, was er zu tun hat. Das Gold liegt in Coloma – und ich werde es mir holen!« Er bahnte sich einen Weg durch die Menge und ging mit energischen, weit ausholenden Schritten zum Mietstall hinüber.

Damit gab er das Zeichen zum allgemeinen Aufbruch und ermunterte auch die noch Unentschlossenen, sich

155

dem nächtlichen Zug der vom Goldfieber gepackten Männer anzuschließen. Aufgeregtes Stimmengewirr und das Wiehern von Pferden vermischten sich miteinander.

Das Fort erwachte wieder zu hektischem Leben. Lichter flammten in den Wohntrakten auf. Und wer bisher noch nicht gewusst hatte, was dieser Lärm auf dem Platz zu bedeuten hatte, wurde schnell aufgeklärt.

»Auf nach Coloma!«, hieß die begeisterte Parole. »Dort liegt das Gold so frei herum wie Kieselsteine am Strand!« Lachen schallte über den Platz. Fackeln wurden entzündet und warfen ihren flackernden Schein auf den Mietstall, den General Store und die Kneipe.

Die ganz Schlauen bedrängten Sam Brannan sogleich, ihnen Lebensmittel und Werkzeug zu verkaufen. Waschschüsseln waren am begehrtesten. Die Männer überboten sich gegenseitig, um noch eine zu ergattern.

Machtlos musste Captain Sutter mit ansehen, wie das Goldfieber das Zentrum von Sutterville in einen Hexenkessel verwandelte. Er spürte einen Eishauch um sich. Sein Plan war gescheitert. Der Vertrag, den er mit Grauer Donner geschlossen hatte, nützte ihm jetzt nichts mehr. Bis Colonel Mason Truppen nach Coloma entsenden konnte, würden Wochen vergehen. Und bis dahin war es bestimmt zu spät.

Sutter überlegte fieberhaft, was er nun tun konnte. Er hätte sich jetzt gern mit Tom Wedding beraten. Doch sein Vertrauter war nach Natoma geritten, um da nach dem Rechten zu sehen. Sutter erwartete ihn erst in ein, zwei Tagen zurück. Er war also völlig auf sich allein gestellt. Die Verantwortung lag auf seinen Schultern. Das war früher nicht anders gewesen. Doch noch nie hatte er die Last als so erdrückend empfunden wie in diesem Augenblick.

Er musste etwas unternehmen! Ted Sullivan war auf einen derartigen Ansturm nicht vorbereitet. Er rechnete höchstens mit einigen Händlern und durchziehenden Arbeitern, die er ohne Schwierigkeiten mit der Epidemie-Notlüge von Coloma hätte fern halten können. Die Männer, die sich nun aber auf den Weg machten, wussten vom Gold und waren zu allem entschlossen.

»Es wird zu einem Blutvergießen kommen!«, schoss es Sutter durch den Kopf. Das musste er auf jeden Fall verhindern. Es durfte keine Schießereien geben! Das war Coloma nicht wert!

John Sutter rang sich zu dem Entschluss durch, noch in dieser Nacht mit den Männern nach Coloma zu reiten, um Ted Sullivan von seiner Aufgabe zu entbinden. Unter den jetzigen Umständen konnte Sullivan die Stellung nicht halten.

Der Captain rannte über den Platz zum Mietstall hinüber. Das Tor stand weit offen. Nirgends war ein Stallknecht zu sehen. Vermutlich war er auch schon zu den Goldfeldern aufgebrochen. Die meisten Boxen standen leer.

Es war dunkel im Stall. Niemand hatte sich die Zeit genommen, eine Lampe anzuzünden. John Sutter befand sich genau in der Mitte des Ganges, als ein riesiger Schatten aus dem hinteren Teil des Stalls auf ihn zugeschossen kam. Sutter erschrak, als Pferd und Reiter auf ihn zujagten.

»Aus dem Weg, Mann!«, schrie der Mann im Sattel, der wie sein Pferd nur als schemenhafte Silhouette zu erkennen war.

Sutter reagierte blitzschnell. Er warf sich mit einem Sprung zur Seite, um nicht unter die Hufe des Pferdes zu kommen. Er flog durch die Dunkelheit und streckte die

Arme schützend aus, um den Aufprall abzuschwächen. Vergebens. Er stieß mit dem Hinterkopf gegen einen harten Gegenstand und schrie auf.

Etwas schien in seinem Schädel zu explodieren und riss ihn in die Tiefen der Bewusstlosigkeit.

13

Vorsichtig lenkte Terence Jenkins den schwer beladenen Kastenwagen über die Brücke, die über einen nicht sehr breiten, jedoch reißenden Nebenfluss des American River führte. Auf der anderen Uferseite brachte er das Gefährt an den Wegrand und hielt. Die Tiere hatten eine Rast verdient, genauso wie er und die beiden Männer, die ihn seit seinem Eintreffen in San Francisco begleiteten.

Dean Parker und Al Finley waren die beiden Männer, die der Scout Cliff Bradley zu seinen Freunden zählte. Terence Jenkins hatte sie am ersten Tag seiner Ankunft in San Francisco aufgesucht, ihnen die Nachricht von Cliff Bradley übergeben und ihnen das Angebot unterbreitet, für ihn und Bradley als Leibwachen zu arbeiten.

Die beiden Revolvermänner hatten sich Jenkins' Geschichte angehört und sich natürlich besonders für die Gewinnbeteiligung interessiert.

»Das Angebot gefällt uns, Mister Jenkins! Wir sind mit von der Partie!«, hatten Dean Parker und Al Finley schließlich erklärt und einen entsprechenden Vertrag unterzeichnet.

Terence Jenkins hatte in San Francisco recht preiswert zwei weitere Fuhrwerke erstanden und gezielt Waren eingekauft, die beim Verkauf hohen Profit versprachen. Die Wagen waren nun bis über den Rand mit Kisten, Säcken, Zeltplanen und Fässern beladen.

Um kein Aufsehen zu erregen, hatten sie Sutterville umfahren und dort keine Station gemacht. Terence Jenkins beabsichtigte nämlich, noch einmal drei Wagenladungen Ware nach Coloma zu schaffen, bevor er die Nachricht vom Goldfund gezielt in Umlauf setzen wollte.

Kaum standen die drei Fuhrwerke hintereinander auf der anderen Flussseite, als Dean Parker seinen hellen Stetson weit in den Nacken schob und angestrengt nach Westen blickte. Der Sandweg verlor sich gut dreihundert Meter weiter in einem Wäldchen.

»Wenn mich nicht alles täuscht, kommen dort Reiter«, sagte er und deutete in die Richtung, aus der auch sie gekommen waren.

Terence Jenkins lauschte. »Verdammt, es stimmt. Jetzt höre ich es auch.«

Zuerst war das Hufgetrappel kaum zu vernehmen. Es schwoll jedoch schnell an und wurde zu lautem Getrommel. Dann preschten die ersten Reiter aus dem Wald. Sie ritten ein scharfes Tempo. Die Reiterkolonne nahm kein Ende.

»Hölle und Verdammnis!«, entfuhr es Al Finley. »Das sind ja über zwanzig Reiter. Und es werden immer mehr! Sieht ganz so aus, als wollten die auch nach Coloma. Das mit dem Gold scheint doch nicht mehr geheim zu sein.«

Terence Jenkins war nicht gerade erfreut, als er Sam Brannan an der Spitze des Reitertrupps erkannte. Doch er tröstete sich damit, dass er allen anderen um drei Wagenladungen voraus war. Darauf ließ sich aufbauen.

Die Männer, die vor über zehn Stunden von Sutterville aus aufgebrochen waren, berichteten von den Milizsoldaten, während sie ihren Pferden eine Ruhepause gönnten.

Die bunt gewürfelte Reiterschar beschloss, zusammen mit Terence Jenkins und seinen Revolvermännern weiterzuziehen. Sie wollten Ted Sullivan mit konzentrierter Macht entgegentreten und sich den Zugang zum Tal notfalls mit Waffengewalt erzwingen.

Noch gut fünf Stunden waren es bis zu jener Stelle, wo sich das Tal verengte. Und während dieser Zeit steigerten sich die Männer in einen Zustand hinein, der sie gefährlich werden ließ.

Terence Jenkins tat alles, um die Gier der Feldarbeiter, Handwerker und Rinderhirten nach Gold weiter anzustacheln. Er erzählte, wie leicht es war, Goldnuggets aus dem Sand zu waschen.

So war es kein Wunder, dass die über dreißig Mann starke Gruppe sich in einem wahren Goldrausch befand, als sie kurz vor Einbruch der Dunkelheit den Engpass erreichte. Sie waren zu allem entschlossen, um zu den sagenhaften Goldfeldern zu kommen. Keine Macht der Welt sollte sie aufhalten – schon gar nicht ein paar Milizsoldaten!

Ted Sullivan alarmierte seine Männer, als er die Kolonne nahen hörte. Die Soldaten bezogen ihre Posten und entsicherten die Waffen.

»Geschossen wird nur auf mein Kommando!«, schärfte ihnen Ted Sullivan noch einmal ein. Er ging von einem zum anderen. »Egal was passiert! Das ist ein Befehl!«

Die Männer nickten stumm.

Und dann tauchte die Vorhut hinter der Biegung des ansteigenden Weges auf. An der Spitze ritt der Kleiderschrank. Sein Gesicht drückte grimmige Entschlossenheit aus. Eine großkalibrige Waffe steckte in der Revolvertasche an seiner rechten Hüfte.

Hinter ihm folgten Sam Brannan und eine Hand voll Männer, die auch im Angesicht der auf sie gerichteten Gewehre nicht erschraken. Ihnen schlossen sich die drei Fuhrwerke an.

Ted Sullivan ritt ihnen ein Stück entgegen. Er gab einen Warnschuss in die Luft ab. Die Reiterkolonne geriet ins Stocken und kam schließlich ganz zum Stehen. Wüste Beschimpfungen und Flüche wurden ausgestoßen.

»Aus dem Weg, Sullivan!«, verlangte Sam Brannan. »Coloma ist kein Sutterland. Jeder hat Anspruch auf so viel Gold, wie er selbst aus der Erde kratzen kann. Gib deinen Soldaten den Befehl, uns unbehelligt durchzulassen!«

Ted Sullivan saß stocksteif im Sattel. Seine rechte Hand hielt den Revolver umklammert, als wollte er ihn zerquetschen. Er wusste nun, dass Sutters Plan gescheitert war. Und alles in ihm war ohnmächtiger Zorn. Er wusste, dass dies nur der erste, lächerlich geringe Teil derer war, die noch folgen würden. Ein unsagbarer Hass stieg in ihm auf. Ein Hass auf Männer wie Sam Brannan und Terence Jenkins, die rücksichtslos alles niedertrampelten und zerstörten, wenn ihnen nur Gewinn winkte.

»Nur über meine Leiche, Brannan!«, antwortete Ted Sullivan mit sich beinahe überschlagender Stimme.

»Das kann schneller passieren, als du vielleicht glaubst, Mann!«, rief jemand bösartig.

»Sutter hat einen Pachtvertrag mit Grauer Donner abgeschlossen!«, sagte Sullivan aufgebracht. »Ihr stellt euch gegen das Gesetz!«

Höhnisches Gelächter war die Antwort der Männer, die sich nach vorn drängten und Waffen in den Händen hielten. Und ein jeder von ihnen war entschlossen, notfalls Gebrauch davon zu machen. Gefahr lag in der Luft.

»Der Vertrag ist noch nicht einmal das Papier wert, auf dem er geschrieben steht!«, schrie ein spindeldürrer Mann, dessen Gesicht von einer Hakennase geprägt war.

»Gebt den Weg frei, wenn es nicht zu einer sinnlosen Schießerei kommen soll!«, brüllte der Kleiderschrank. »Uns hält keiner auf!«

Ted Sullivan erkannte, dass es sinnlos und selbstmörderisch war, sich gegen ein unabwendbares Schicksal zu stemmen. Seine Milizsoldaten würden dieses Gemetzel nicht überleben. Dieses Spiel um Coloma hatten Sutter und er verloren. Diese Erkenntnis war bitter und schmerzte. Seine auflodernde, hilflose Wut ließ ihn jedoch zögern, den Weg sofort freizugeben. Und das wurde ihm zum Verhängnis.

Ein wütender Wortwechsel zwischen Ted Sullivan und Sam Brannan über die Rechtmäßigkeit des Vordringens heizte die explosive Stimmung gefährlich an und brachte sie nahe an den Siedepunkt.

»Stopft ihm das verdammte Maul mit einer Kugel!«, schrie plötzlich jemand aus der Menge. Und aus über dreißig Kehlen wurde mordlüsterne Zustimmung gebrüllt.

Die Dunkelheit kam schon auf, die Schatten wurden länger. Niemand bemerkte, wie Dean Parker sein Gewehr hob, auf Ted Sullivan anlegte und den Finger um den Abzug krümmte.

Das Gebrüll der aufgebrachten Männer übertönte das Aufpeitschen des Schusses.

Die Kugel traf Sullivan voll in die Brust und schleuderte ihn fast aus dem Sattel. Er hielt sich mit der linken Hand am Sattelknauf fest. Der Revolver entglitt ihm. Ein jäher, glühender Schmerz raste durch seinen Körper und ließ ihn aufschreien.

Rote Schleier legten sich vor seine Augen. Er sah die Männer vor sich nur noch verschwommen und hörte ihre Stimmen wie aus weiter Ferne. Die Schmerzen jagten in Wellen durch seinen Körper und drohten ihm die Sinne zu rauben.

Er mobilisierte seine letzten Kräfte und kämpfte gegen die Bewusstlosigkeit an. Er verlor jegliches Zeitgefühl. Nur ein Gedanke erfüllte ihn in diesem Moment.

»Es darf zu keinem weiteren Blutvergießen kommen. Das ist das Gold nicht wert!«

Er unterdrückte seine Schmerzen, riss sein Pferd herum, während er im Sattel nach vorn kippte. Das Tier trabte zur Postenlinie zurück.

Die Schleier vor Ted Sullivans Augen lichteten sich. Er sah die entsetzten Gesichter seiner Männer und las in ihnen die Bereitschaft, jeden Moment das Feuer zu eröffnen, um den Anschlag auf ihren Anführer zu rächen.

»Nicht … schießen!«, stieß Ted Sullivan mit letzter Kraft hervor. »Lasst … sie … durch! Nicht … schießen … sinnlos … nicht für alles Gold … der Erde!« Hilfreiche Hände streckten sich ihm entgegen, als er aus dem Sattel zu kippen drohte. Er schrie gellend auf, als man ihm vom Pferd half.

Die Milizsoldaten legten ihn ins Gras neben dem Weg. Er spürte, wie das Leben aus ihm rann. »Nicht schießen!«, röchelte er immer wieder. »Das … ist … ein Befehl!« Er nahm nicht mehr wahr, was um ihn herum passierte. Er sah nicht die betroffenen und von Zorn gezeichneten Gesichter seiner Männer, die ihre Gewehre

senkten und sicherten. Und er sah auch nicht die Goldgräber, die hastig weiterzogen, ohne einen Blick auf den
tödlich Verwundeten zu werfen. Nur Sam Brannan verhielt sein Pferd und schüttelte den Kopf.

»Verdammter Narr«, murmelte der Geschäftsmann.
»Er hat es herausgefordert.« Dann gab er seinem Pferd
die Sporen und jagte den Weg hoch.

Ted Sullivan bäumte sich noch einmal auf. Er wollte
nicht sterben. Es gab noch so vieles, was getan werden
musste. Bald würde der Frühling die Felder und Wiesen
am Sacramento zum Blühen bringen. Das alles wollte er
noch erleben.

Seine Finger krallten sich in die Erde, als wollte er aus
ihr die Kraft holen, die seinem Körper fehlte. Einen
Augenblick später war Ted Sullivan tot.

John Sutter hörte nicht, was der Geistliche am offenen
Grab sagte. Sein Blick ging durch den Pastor hindurch
und verlor sich jenseits des Friedhofes von Sutterville.
Ein nasskalter Wind kam von den Bergen. Es war unge-
wöhnlich kühl und unfreundlich für diese Jahreszeit.
Die Sonne versteckte sich an diesem Märzmorgen hinter
dunklen Wolkenfeldern.

Der Geistliche beendete seine Rede mit einem etwas
zu hastig heruntergeleierten Gebet und bekreuzigte sich.
Tom Wedding stieß den Captain sanft an.

»John!«, raunte er leise.

Der Captain fuhr zusammen. Sein Blick wurde wieder
klar und fest. Mit ausdruckslosem Gesicht trat er an das
Grab heran, bückte sich und warf eine Hand voll Erde auf
den Sarg. Die Erdklumpen fielen mit einem dumpfen
Poltern auf das Holz. Dann wandte sich Sutter jäh ab und
verließ den Friedhof durch die schmiedeeiserne Pforte.

Tom Wedding holte ihn ein. »Du musst aufhören, dir Vorwürfe zu machen!«, sagte er mit eindringlicher Stimme. »Du hast getan, was du konntest, John. Du darfst dir nicht die Schuld an Ted Sullivans Tod geben.«

Sutter blieb stehen. Hundert Meter die Straße hinunter hob sich das Fort mit seinen hohen Mauern in den grauen Himmel. Die Festung wirkte unheimlich.

»Ich hätte wissen müssen, dass sich so etwas nicht verheimlichen lässt«, sagte Sutter deprimiert. »Gold macht die Menschen unberechenbar. Ted hätte nicht zu sterben brauchen, Tom. Ich wollte das, was ich in den letzten Jahren aufgebaut habe, nicht gefährden. Das war mein Fehler. Mein Egoismus ist schuld an Sullivans Tod!«

»Jeder an deiner Stelle hätte genauso gehandelt!«, widersprach Tom Wedding voller Nachdruck. »Sullivan wusste, worauf er sich einließ. Sein Tod geht mir auch unter die Haut, aber wir müssen uns damit abfinden, wie bitter das auch sein mag. Es klingt vielleicht hart, aber zum Trauern fehlt uns einfach die Zeit. Die Lage wird immer chaotischer, John. Wir müssen all unsere Kraft aufwenden, um das Schlimmste abzuwenden.«

John Sutter atmete laut hörbar aus. »Du hast völlig Recht«, sagte er grimmig. »Wir müssen zusehen, dass uns das Steuer nicht ganz aus den Händen gleitet.«

»Wir stehen kurz davor«, sagte Tom Wedding offen und bemühte sich, die Situation realistisch und ohne Verschönerungen zu sehen. »Innerhalb der letzten drei Tage habe ich die Hälfte meiner Leute in den Kontoren verloren, John. Wer will noch Rechnungen ausstellen und sich um die Buchführung kümmern, während das Gold in den Bergen lockt.«

»Wie sieht es mit den Feldarbeitern aus?«, fragte John Sutter knapp.

»Die Leute wandern etwas langsamer ab. In manchen Regionen ist ja noch nichts über den Goldfund bekannt. Aber es ist nur eine Frage der Zeit, bis auch da das Goldfieber die Männer und Frauen in die Berge zieht.«

»Was steht denn überhaupt noch auf unserer Guthabenseite?«, wollte Captain Sutter wissen.

Tom Wedding schlug den Kragen seiner Jacke hoch. »Nicht sehr viel«, gestand er. »Einzig und allein die Eingeborenen sind vom Goldfieber kaum betroffen. Nur wenige haben begriffen, dass sie in Coloma mit etwas Glück reich werden können. Wir werden also bald nur noch Eingeborene auf den Feldern und Weiden haben. Ich bezweifle jedoch, dass sie auf die Dauer der Versuchung widerstehen können.«

»Vorerst reicht es, wenn wir so etwas wie einen Notdienst aufstellen können.« John Sutter klammerte sich an diesen Strohhalm der Hoffnung. »Gib überall bekannt, dass ich ab sofort den doppelten Lohn bezahle. Das wird einige bei der Stange halten. Notfalls zahle ich auch das Dreifache. Wir müssen die Ernte einbringen.«

Tom Wedding nickte. »Das wird uns einen Aufschub bringen. Im besten Fall ein, zwei Wochen. Wir wollen uns nichts vormachen. In Coloma kann ein halbwegs erfolgreicher Digger Gold im Wert von zwanzig, dreißig Dollar machen. Pro Tag! Wenn wir das allen Arbeitern zahlen, wären wir innerhalb von ein paar Wochen ruiniert.«

»Das sind wir sowieso, wenn das so weitergeht«, sagte John Sutter düster. »Ich kann nur hoffen, dass Colonel Mason den Pachtvertrag mit Grauer Donner bestätigt und Truppen schickt. Zumindest die Hälfte des geschürften Goldes gehört mir, Tom. Und ich werde um mein Recht kämpfen!«

»Es kann noch etwas dauern, bis Charles Bennett mit einer Nachricht aus Monterey zurückkehrt. Vorerst sind wir auf uns allein gestellt.«

Während sie auf das Fort zugingen, kamen ihnen Männer und Frauen entgegen, die auf dem Weg nach Coloma waren. Einige Begüterte zogen mit einem Einspänner oder Kastenwagen in die Berge. Andere führten bepackte Mulis hinter sich her. Viele zogen zu Fuß los, nur mit dem Nötigsten ausgerüstet.

Plötzlich blieb John Sutter stehen. Ein schmerzlicher Ausdruck trat auf sein Gesicht, als er sah, wer da auf einer braun gescheckten Stute auf sie zukam.

Es war der Geistliche, der noch vor wenigen Minuten die Grabrede gehalten hatte.

Sutter stellte sich ihm in den Weg. »Auch auf dem Weg nach Coloma, Reverend?«, fragte er betroffen.

Der Reverend fühlte sich unbehaglich und wich Sutters Blick aus. »Auch die Männer in Coloma haben Anspruch auf das Wort des Herrn, Captain. Und vermutlich bedürfen sie des geistlichen Beistandes dringender als die wenigen Leute, die hier in Sutterville zurückbleiben. Es ist meine Christenpflicht, mich um die irregeleiteten Seelen zu kümmern.«

John Sutter musterte ihn scharf und voller Verachtung. Die salbungsvollen Worte des Geistlichen konnten ihn nicht täuschen. »Ihr Pflichtbewusstsein ehrt Sie, Reverend«, antwortete er mit beißendem Spott. »Aber ich habe noch nie davon gehört, dass man Schaufel und Waschschüssel braucht, um Gottes Wort zu verkünden!« Er deutete auf das hinter dem Sattel angeschnallte Gepäck.

Das Blut schoss dem Reverend ins Gesicht. »Gottes Wege sind unergründlich«, stieß er wütend hervor und beeilte sich, dass er Sutter aus den Augen kam.

Der Captain lachte voller Bitterkeit. »Sogar der Reverend kann dem Lockruf des Goldes nicht widerstehen, Tom. Mein Gott, wo soll das bloß enden?«

Tom Wedding schwieg. Er wusste darauf keine Antwort, denn er konnte nicht in die Zukunft schauen. Und das war gut so.

14

Charles Bennett beeilte sich nicht sonderlich. Monterey lag mehrere Tagesritte von Sutterville entfernt. Da kam es auf ein paar Stunden mehr oder weniger nicht an. Zudem verstand er überhaupt nicht, warum Captain Sutter es so eilig hatte, den Colonel in Monterey über die Entdeckung der Goldfelder in Coloma zu informieren. Was brauchte der Captain Truppen? Gerade die Soldaten würden die Leute neugierig machen.

Charles Bennett wurde einfach nicht klug aus Sutters Verhalten. Denken aber war nie eine seiner Stärken gewesen. Wenn er auch nur ein bisschen Grips gehabt hätte, wäre er sowieso in Coloma geblieben und hätte wie die anderen so viel Gold wie nur eben möglich aus der Erde gewaschen.

Aber nun befand er sich auf dem Weg nach Monterey.

Nach mehreren Tagen im Sattel erreichte er das verschlafene Nest Benicia. Die Siedlung lag an der San-Pablo-Bucht, gut fünfzig Meilen von San Francisco entfernt.

Charles Bennett beschloss, in Benicia eine ausgedehnte Rast einzulegen. Das Geld, das Captain Sutter ihm zugesteckt hatte, sollte ja schließlich ausgegeben werden.

Vor Ed Pfisters Store zügelte er sein Pferd und sprang aus dem Sattel. Er band die Zügel um die Holzstange und trat in den Store, der gleichzeitig als Kneipe diente. Links zog sich der Ladentisch mit den hohen Regalen an der Wand entlang, rechts von der Tür befand sich eine kurze Theke.

Ed Pfisters Store war der Umschlagplatz für alle wirklich wichtigen Informationen. Hier kaufte man seine Lebensmittel und diskutierte bei einem Whisky gleich den Ernteertrag und Fragen der Politik.

Es war Nachmittag und an der Bar stand eine Gruppe kräftiger Männer in derber Kleidung. Ed Pfister, der kahlköpfige Storebesitzer mit den fauligen Zähnen, kam zu Charles Bennett hinüber und fragte ihn freundlich nach seinen Wünschen. Ed Pfisters Art, die jedem das Gefühl gab, ein gern gesehener Kunde zu sein, war das Geheimnis seines Erfolges.

»Eine Rolle Kautabak und einen doppelten Whisky!«, sagte Charles Bennett.

»Das ist die richtige Reihenfolge, Mister«, erwiderte der Storebesitzer und schob ihm den Kautabak über den Ladentisch. »Den Whisky bekommen Sie drüben. Ich hoffe, der Weg ist Ihnen nicht zu weit.« Er lachte erst, als er sicher war, dass sein Kunde den Scherz genauso witzig fand wie er selbst.

Charles Bennett bekam seinen Whisky. Der Alkohol brannte herrlich in der Kehle und entfachte ein angenehmes Feuer in seinem Magen.

»Noch einmal dasselbe«, bestellte er.

»Sie sind nicht von hier, nicht wahr?«, fragte Ed Pfister, während er eingoss.

»Sutterville«, gab Bennet Auskunft.

»Da haben Sie einen höllisch langen Ritt hinter sich.«

Bennett nickte. »Und noch einen ebenso langen vor mir.« Er nippte am zweiten Drink und hörte, was die fünf Männer rechts von ihm beschäftigte. Sie sprachen über Kohle und ergingen sich in Spekulationen, wo in dieser Gegend Kohle zu finden sein könnte.

Charles Bennett lauschte dem Gespräch amüsiert und genehmigte sich bald den dritten Drink. Mit breitem Grinsen lehnte er an der Bar.

Einer der Kohleprospektoren bemerkte das vergnügte Lächeln des schlaksigen, hoch aufgeschossenen Mannes und wandte sich ihm zu.

»Unser Gespräch scheint Sie zu belustigen, Mister«, sprach er Charles Bennett an, ohne dass seine Stimme einen unfreundlichen Klang hatte.

»Das tut es auch«, bestätigte Charles Bennett und bedeutete Ed Pfister, sein leeres Glas wieder zu füllen. Er fühlte sich so gut wie schon lange nicht mehr.

Der Prospektor musterte ihn von Kopf bis Fuß. »Sind Sie auch vom Fach?«, wollte er wissen. Der zweifelnde Tonfall ließ jedoch erkennen, dass er das für äußerst unwahrscheinlich hielt. Charles Bennett sah auch wirklich nicht wie ein Minenarbeiter aus.

»Von Kohle verstehe ich nichts«, gab Bennett zu.

»Was ist denn dann an unserem Gespräch so belustigend?«

»Dass Sie sich über so etwas Wertloses wie Kohle derart den Kopf zerbrechen«, sagte Bennett überheblich.

Der Prospektor runzelte die Stirn. »Sie wissen nicht, wovon Sie reden, Mister. Kohle kann einem eine ganze Menge Geld einbringen, wenn man nur ein bisschen Glück hat und sich vor harter Arbeit nicht scheut!«, erwiderte er ungehalten.

Charles Bennett grinste spöttisch. »Aber doch nicht annähernd so viel wie Gold!«

»Gold?«, echote der Prospektor.

»Ja, Gold.«

Für einen Augenblick hätte man das Fallen einer Stecknadel in Ed Pfisters Store hören können. Die Unterhaltung der anderen vier Minenarbeiter brach schlagartig ab. Alles blickte Charles Bennett an, der sich in der ungeteilten Aufmerksamkeit sonnte.

»War das gerade Ihr Ernst?«, brach Ed Pfister das Schweigen. »Haben Sie von Gold gesprochen? Sie wollten nur einen Witz machen, nicht wahr?«

Charles Bennett schüttelte den Kopf. »Ganz und gar nicht. Da, wo ich herkomme, gibt es Gold in Hülle und Fülle. Man braucht nur eine Waschschüssel, um an die Nuggets zu kommen.«

»Du willst uns auf den Arm nehmen, Bürschchen!«

Selbstverständlich konnte Charles Bennett das nicht auf sich sitzen lassen. Hier ging es um seine Ehre! Also holte er seinen Lederbeutel mit den sechs Unzen Goldstaub und Nuggets hervor und bewies, dass er kein Lügner war.

Andächtig prüften die Männer, die von Metallen einiges verstanden, die Goldkörner. Als an der Echtheit des Goldes kein Zweifel mehr bestand, wich ihr Unglaube einer fiebrigen Begeisterung.

Von diesem Zeitpunkt an trank Charles Bennett auf Kosten der fünf Prospektoren, die nun jede Kleinigkeit über die Goldfelder wissen wollten. Begierig hörten sie zu, was er zu berichten hatte.

»Teufel, du hast Recht!«, rief der Prospektor schließlich, der Bennett angesprochen hatte. »Wir werden die schmutzige Kohle vergessen und uns auf Gold speziali-

sieren, nicht wahr, Freunde?« Seine Kumpane stimmten
ihm ausgelassen zu und hatten es plötzlich sehr eilig,
ihre Zeche zu bezahlen. Sie wollten sofort nach Coloma
aufbrechen.

Die Nachricht von den reichhaltigen Goldfeldern war
nun also über John Sutters Siedlungen am Sacramento
und American River hinausgedrungen. Charles Bennett
machte zwei Tage darauf Station in San Francisco. Auch
dort erzählte er allen, was er wusste, und prahlte mit
dem Gold.

Die Kunde vom Goldfund breitete sich rasend schnell
aus. Und wenn es auch noch unzählige Leute gab, die
nichts von Bennetts Geschichte hielten und sie als Lü-
genmärchen abtaten, so war die Wirkung seiner Geschwätzigkeit doch ungeheuer. Überall traf er Männer,
die ihm glaubten, was er berichtete, und die sich vom
Goldstaub in seinem Lederbeutel überzeugen ließen.

In Monterey angekommen, ritt Charles Bennett zum
herrschaftlichen Palast des Gouverneurs. In den engen
Gassen beherrschten noch immer dunkelhäutige Menschen meist mexikanischer Abstammung das farben-
frohe Straßenbild. In der unmittelbaren Nähe des von
hohen Palmen eingefassten Gouverneurssitzes domi-
nierten jedoch die elegant gekleideten Männer und
Frauen der amerikanischen Besatzungsmacht.

Colonel R. B. Mason ließ Sutters Boten über eine
Stunde warten, bevor er ihn in seinem Arbeitszimmer
empfing. Hinter dem wuchtigen Schreibtisch mit den
blank polierten Messingbeschlägen hing eine amerikanische Fahne an der Wand. Militärisch knapp fragte er
Charles Bennett nach dem Grund seines Kommens.

»Captain Sutter schickt mich, Sir«, sagte Bennett und
überreichte die beiden Schriftstücke.

Mit gefurchter Stirn las Colonel Mason Sutters Brief und nahm sich dann den Pachtvertrag vor. Schließlich blickte er Charles Bennett an. »So, und ich soll diesen Pachtvertrag bestätigen?«

Bennett fühlte sich unbehaglich. Die unterkühlte, sachliche Art des Gouverneurs gab ihm das unangenehme Gefühl, auf der Anklagebank zu sitzen. Zumindest aber ein lästiger Bittsteller zu sein.

»Ja, deshalb hat Captain Sutter mich zu Ihnen geschickt. Die Angelegenheit ist äußerst wichtig. Aber vermutlich steht das auch in dem Brief, den er Ihnen geschrieben hat.«

Colonel Mason lächelte, ohne dass seine Augen jedoch an diesem Lächeln teilhatten. »Das hat er, Mister Bennett. Eine Bestätigung ist jedoch unmöglich. Die Vereinigten Staaten von Amerika erkennen das Recht der Indianer, Land zu verkaufen oder zu verpachten, nicht an. Dieser Pachtvertrag ist somit völlig wertlos.«

Als ausgesprochen indianerfreundlich konnte man Charles Bennett nicht bezeichnen. Dennoch überraschte ihn die Antwort des Gouverneurs. »Das Land gehört aber doch den Indianern!«, wandte er ein.

Colonel Mason erhob sich hinter seinem Schreibtisch. »Jetzt gehört es den Vereinigten Staaten!«, antwortete er zurechtweisend. »Falls Ihnen an einer schriftlichen Fixierung meiner Auskunft gelegen ist, melden Sie sich bitte in den nächsten Tagen bei meinem Adjutanten an. Ich werde eine entsprechende Erklärung vorbereiten lassen. Guten Tag!«

Betroffen verließ Charles Bennett den Gouverneurspalast. Seine Mission schien gescheitert. Das behagte ihm gar nicht. Er gab sich selbst die Schuld am Scheitern des Auftrages. Die schroffe Ablehnung des Gouverneurs machte ihm zu schaffen. Und er überlegte, ob er unter diesen Umständen Sutter noch unter die Augen treten konnte. Zumindest wäre es ratsamer, nicht sofort zurückzureiten.

Um sich wieder in Stimmung zu bringen, kehrte er in der nächsten Kneipe ein. Er spülte die Enttäuschung mit mehreren Drinks hinunter und ließ sich in ein Pokerspiel ein. Schon bald musste er sein Gold als Einsatz verwenden.

Nur wenige Stunden später waren auch die Bewohner von Monterey über das Gold in Coloma informiert. Die Kettenreaktion, die James Marshall mit der Entdeckung des Goldes in Gang gesetzt und Charles Bennett mit seinem Prahlen erheblich beschleunigt hatte, war nun nicht mehr aufzuhalten ...

15

Während Charles Bennett die sechs Unzen Goldstaub und Nuggets an einem Pokertisch in Monterey verspielte, kämpfte John Sutter um sein Lebenswerk und um die nackte Existenz. Zusammen mit Tom Wedding versuchte er zu Anfang noch, zumindest einen Teil der qualifizierten Arbeiter zum Bleiben zu überreden. Doch vergeblich.

Der Macht des Goldes war er nicht gewachsen.

Innerhalb weniger Wochen brach sein gesamtes Unternehmen zusammen. Und obgleich es grundsolide war, stürzte es wie ein Kartenhaus ein. Pausenlos liefen ihm die Arbeiter davon. Kaum jemand machte sich noch die Mühe, eine angefangene oder fast fertige Arbeit zumindest abzuschließen. Der Schmied ließ das Feuer in seiner Schmiede brennen, der Gerber ließ die Rohhäute verfaulen und der Kuhhirte kümmerte sich nicht um das Brüllen der Milchkühe. Jeder dachte nur an eines: Gold!

»Ich werde verrückt!«, stieß John Sutter hervor, als er von einem Inspektionsritt zurückkehrte. Das Pferd stand mit zitternden Flanken im Hof des Forts. »Das Korn wird verfaulen, Tom! Die Kühe auf den Weiden liegen teilweise im Sterben! Es ist heller Wahnsinn, was hier geschieht!«

»Du warst lange weg«, antwortete Tom Wedding, weil er nichts darauf zu erwidern wusste. Der jähe Untergang dieser noch vor Wochen fast mustergültigen Kolonie erschütterte auch ihn. Tatenlos zuschauen zu müssen, wie all das, wofür sie zehn Jahre lang gearbeitet und gekämpft hatten, vor die Hunde ging, war eine unerträgliche Qual.

»Alles verkommt, Tom!«, keuchte John Sutter. »Die Zäune und Gatter sind eingerissen. Jeder nimmt sich aus meinen Schuppen und Magazinen, was er braucht. Niemand zahlt einen lumpigen Cent, wenn er sich ein Pferd aus einem Korral holt. Und wer Appetit auf Fleisch hat, knallt eines meiner Rinder nieder, ohne einen Gedanken daran zu verschwenden, wem das Rind gehört. Und wer sich diesem Gesindel in den Weg stellt, wird umgelegt!«

Tom Wedding presste die Lippen zusammen und schwieg. Was sollte er auch darauf antworten. Alles, was John sagte, stimmte und war noch untertrieben.

Die Goldgräber, die aus allen Himmelsrichtungen Kaliforniens kamen, begaben sich zuerst zum Fort. Hier machten sie Zwischenstation, bevor sie nach Coloma aufbrachen. Und jeden Tag wurden es mehr. Aus San Francisco und den Dörfern an der Küste kamen sie. Und

175

sie brachten die Diebe, Gauner und Verbrecher mit, die sich in diesem gesetzlosen Land wie im Paradies fühlten.

Ein Großteil der Miliz legte die Uniform ab, denn inzwischen hatten auch die Eingeborenen erkannt, welche unglaubliche Chance sich ihnen in Coloma und Umgebung bot. Niemand kümmerte sich am Sacramento noch um Recht und Ordnung. Die Rinder- und Pferdeherden wurden herrenlos, da Captain Sutter nicht mehr in der Lage war, seinen Besitzanspruch geltend zu machen. Jeder nahm sich, was er brauchte.

Aber nicht nur Goldsucher und Desperados kamen den Sacramento herauf. Auch Abgesandte bedeutender Banken und Handelsunternehmen nahmen die beschwerliche Reise auf sich und ließen sich in Sutters Fort blicken. Im Gegensatz zu allen anderen Reisegefährten endete ihre Reise jedoch hier.

Diese Männer versetzten John Sutter den Todesstoß. Die unzähligen Rechnungen, die dem Captain auf den Schreibtisch flatterten, hätte er unter normalen Umständen, ohne mit der Wimper zu zucken, bezahlt. Die Erträge aus den Ernten und dem Verkauf von Herden hätten dreifach ausgereicht, um seine Kredite und Rechnungen zu begleichen.

Doch all diese Einnahmen, mit denen John Sutter fest gerechnet hatte, fielen nun weg. Und kaum einer der dezent gekleideten Geschäftsmänner gewährte Sutter, von dem sie alle noch vor wenigen Wochen als von dem »bald reichsten Mann Amerikas« gesprochen hatten, einen Zahlungsaufschub.

Sutter wurde nichts erspart. Seine stillen Reserven schmolzen dahin wie Butter in der Sonne. Er besaß bald nicht einen Cent Bargeld mehr.

Tom Wedding hatte er es zu verdanken, dass er nicht auch noch den Grund und Boden verlor. Es gelang dem Verwalter, einige hohe Kredite zu verlängern.

»Wir sind ruiniert«, erkannte John Sutter. »Noch ein Dutzend dieser Halsabschneider und ich habe hier nichts mehr zu sagen. Aber das habe ich ja jetzt schon nicht mehr.«

»Du übertreibst!«, widersprach Tom Wedding. Er hatte in den letzten Wochen mit wachsender Sorge bemerkt, dass John Sutter immer mehr in einen Zustand tiefer Depression verfiel. Diese Art, sich mit dem harten Schicksal abzufinden, gefiel ihm gar nicht. »Du solltet nicht immer bloß die schwarzen Seiten sehen.«

Sutter zog den rechten Mundwinkel spöttisch hoch. »So? Gibt es denn noch andere Seiten?«

»Ja!«, rief Tom Wedding wütend. »Was wir im Augenblick erleben, ist eine handfeste Katastrophe …«

»Das hast du treffend gesagt«, knurrte Sutter.

Tom Wedding ließ sich nicht aus dem Konzept bringen. »Aber Katastrophen haben wir doch schon dutzende hinter uns, zum Teufel noch mal. Und wir haben sie alle mit Erfolg durchgestanden.«

»Diese werden wir nicht durchstehen«, sagte Captain Sutter mit schleppender Stimme. Er schüttelte den Kopf. »Aus diesem Sumpf gibt es kein Entkommen. Ich weiß, was du für mich getan hast, Tom. Aber deine Finanztricks haben das Ende nur hinausgezögert.«

»Du bist noch immer Besitzer des riesigen Landes!«, rief Tom Wedding erregt. »Und ich habe alle notwendigen Schritte eingeleitet, dass du deine Besitzungen auf deinen Sohn John Junior überschreiben kannst, sobald deine Familie in San Francisco eingetroffen ist. Außerdem haben wir die herrliche Hock-Farm in den Bergen vor den gierigen Gläubigern retten können. Ist das denn nichts?«

John Sutter sah seinen Freund mit einem schmerzlichen Lächeln an. »Nein, nicht für mich, Tom. Ich bin vor fünfzehn Jahren aus der Schweiz bei Nacht und Nebel geflüchtet …«

»Deine Schulden hast du schon längst bezahlt!«, unterbrach Tom Wedding ihn.

»… und habe mir geschworen, etwas Großes aufzubauen«, fuhr John Sutter unbeirrt fort. »Niemand kann sich vorstellen, welche Demütigungen und Erniedrigungen ich und vor allem meine Familie zu ertragen hatten. Diese dreimal verfluchten, heuchlerischen Nachbarn mit ihrer Schadenfreude! Und die ehrenwerten Geschäftsleute der Stadt, denen mein Bankrott gerade recht kam und die alles taten, um ihn zu beschleunigen.«

»Mein Gott, das ist inzwischen fünfzehn Jahre her!« Tom Wedding war erschreckt von dem verbitterten und hasserfüllten Gefühlsausbruch.

»Und doch sehe ich noch alles so klar vor mir, als sei es erst gestern geschehen«, stieß Sutter hervor. »Ich habe geschuftet, um meinen Lebenstraum zu verwirklichen und um es den Leuten zu zeigen. Und gerade jetzt, wo ich es geschafft habe und meine Familie nach Kalifornien kommt, bin ich zum zweiten Mal ein ruinierter Mann. Was ist da schon eine kleine Ranch? Du und ich, wir hatten ein blühendes Fürstentum aufgebaut, ein Neuhelvetien! Und was bleibt mir davon? Die Hock-Farm macht mich zum Bettler, wenn sie das Einzige ist, was mir bleibt. Aber das lasse ich nicht zu. In Coloma holen die Männer Tag für Tag zehntausende in Gold aus der Erde. Gold! Gold, das mir gehört!« Seine Stimme steigerte sich in einen schrillen Diskant hinein.

»Colonel Masons Stellungnahme zum Vertrag mit Grauer Donner steht noch aus«, erwiderte Tom Wedding. »Dass dieser Charles Bennett noch immer nicht zurück ist, ist nicht gerade ein gutes Zeichen.«

»Es wimmelt hier nur so von Dieben, Tom!« John Sutter musterte seinen Freund, als hätte er ihn im Verdacht, auch zu den Dieben zu gehören. »Ich werde es aber nicht länger mit ansehen, das schwöre ich dir.«

Tom Wedding wusste nicht, wie er ihn verstehen sollte. John Sutter reagierte in letzter Zeit erschreckend sprunghaft. In ihm musste eine Hölle toben. Die ungeheure seelische Belastung hinterließ immer sichtbarere Spuren. Ein Anflug von Misstrauen selbst ihm gegenüber gehörte dazu.

»Das klingt wie eine Drohung, John.« Tom bemühte sich um einen ruhigen, entspannten Tonfall, um seinen Worten die Spitze zu nehmen.

»Das ist keine Drohung, sondern ein Versprechen«, stellte John Sutter klar. »Ich werde dieses Pack in den Bergen mit seinen eigenen Waffen schlagen.«

Allmählich ahnte Tom Wedding, was Sutter plante. »Du hast doch nicht etwa vor, unter die Goldwäscher zu gehen?«, fragte er gedehnt.

Sutter lachte laut. »Du hast es erfasst. Ich bin es satt, hier herumzusitzen und zuzusehen, wie alles verkommt. Ich kann hier sowieso nichts mehr tun. Ich weiß schon, was du sagen willst. Der Spruch mit der Flinte und dem Korn ist ja ganz hübsch, aber mit der Flinte komme ich schon gar nicht gegen dieses Gesindel an. Und was das Korn betrifft, so ist das entweder niedergetrampelt oder verfault still vor sich hin. Nein, ich werde mir meinen Anteil am Gold holen, Tom. Und der wird nicht gering sein. Das verspreche ich dir. Wir beide werden das Goldwaschen im großen Stil aufziehen.«

Tom Wedding lächelte schmerzlich. Im großen Stil, diese Phrase hatte John Sutter auch vor zehn Jahren gebraucht, als sie zum ersten Mal den breiten, braunen Sacramento gesehen hatten. Und im großen Stil waren sie auch an die Arbeit gegangen. Nun verloren sie wieder alles. Auch im großen Stil.

»Ein Versuch, dich umzustimmen, ist vermutlich sinnlos, nicht wahr?«, fragte Tom Wedding und kannte die Antwort schon im Voraus.

Sutter schmunzelte kaum merklich. »Du sagst es, Tom. Es wäre reine Verschwendung von Zeit und Energie.«

Tom Wedding seufzte. »Das habe ich befürchtet. Gut, dann wollen wir besser darüber reden, wie du das Goldwaschen im großen Stil aufziehen willst.« Wenn er auch von der Idee, alle Energien in ein Glücksspiel wie das Goldsuchen zu investieren, nicht gerade hellauf begeistert war, so freute er sich im Stillen doch über Sutters Entschluss. Endlich raffte er sich wieder dazu auf, die Initiative nicht anderen zu überlassen, sondern sie in die eigene Hand zu nehmen.

Wie bei allen Dingen, die Sutter neu anpackte, so war er auch jetzt Feuer und Flamme. Seine Depression, die ihn seit Wochen niedergeschlagen gemacht hatte, löste sich auf und machte neuem Schwung und Unternehmungsgeist Platz.

»Wie viele Eingeborene stehen noch auf meiner Lohnliste?«, wollte er von seinem Verwalter wissen.

Tom Wedding zuckte mit den Achseln. »Gestern waren es noch an die hundert. Inzwischen sind es vielleicht nur noch neunzig. Willst du sie für dich arbeiten lassen?«

John Sutter nickte eifrig. »Genau das werde ich tun. Anstatt auf den Kornfeldern werden sie unter unserer Aufsicht auf den Goldfeldern arbeiten. Auf diese Weise müsste es uns doch gelingen, den ungeheuren Verlust der letzten Monate wieder wettzumachen.«

»Da bin ich aber skeptisch. Weißt du, was es heißt, eine Arbeitskolonne von hundert Mann in den Bergen zu verpflegen und dann noch zusammenzuhalten?«

»Ach, diese Organisationsprobleme werden wir schon lösen«, sagte John Sutter im Brustton der Überzeugung. Und es klang wie in früheren Zeiten. »Wir brechen schon morgen auf. Ich werde diesen Desperados zeigen, wer hier der Herr im Land ist, Tom. Wenn wir erst genug Gold zusammengekratzt haben, stellen wir eine Privatarmee auf und jagen die Schmarotzer von unserem Land. Du wirst sehen, die Vereinigten Staaten werden auf meiner Seite stehen. Ein gesetzloses Kalifornien kann ihnen nicht recht sein!«

»Verschieben wir die Politik auf später und sehen wir erst einmal zu, was sich machen lässt«, meinte Tom Wedding, der nicht ganz so rosig in die Zukunft sah. Die Eingeborenen, die bei Sutter geblieben waren, gehörten nicht gerade zu den Intelligentesten. Im Hexenkessel der Goldgräberlager würde es zudem nicht so einfach sein, sie zusammenzuhalten.

Aber er wollte John Sutters Begeisterung nicht schmälern, indem er ihn nur auf Schwierigkeiten, die dieser Goldwasch-Feldzug mit sich brachte, aufmerksam machte. Sutter benötigte die Kraft der Begeisterung und vielleicht bekam er sogar Recht. Weshalb sollte sein Glücksstern, der im Laufe der letzten fünfzehn Jahre steil am Himmel des Erfolges aufgegangen und dann jäh abgestürzt war, nicht noch einmal erstrahlen?

16

Ein abgelegenes, idyllisches Tal mit ausgedehnten Kiefernwäldern, sanften Hügelketten und einem klaren Fluss, an dem knapp dreißig Siedler ihr Lager aufgeschlagen hatten und die ersten festen Blockhütten bauten – das war Coloma im Januar des Jahres 1848, als der Mormonenführer James Marshall die ersten Goldkörner im Mühlbach fand.

Keine sechs Monate später zählte Coloma schon über viertausend Bewohner, obwohl die Bezeichnung Bewohner auf die wenigsten zutraf. Die Goldsucher bewohnten und besiedelten das Tal nicht, sondern sie wühlten es nur immer und immer wieder um und siebten die Erde.

Das Land war in unzählige kleine und große Parzellen aufgeteilt, in so genannte Claims. Mit vier Holzpflöcken, die man an den vier Ecken des Claims in den Boden rammte, meldete man seinen Anspruch auf das Stück Land an und sicherte die Parzelle vor den anderen Diggern. Diese primitiven vier Pflöcke wurden von allen akzeptiert und galten mehr als eine Grundstücksurkunde.

Anfangs, als der Andrang noch nicht so stark war, lagen die Claims alle an den Ufern des South Fork, wo es genügend Wasser zum Waschen der Erde gab. Die Goldsucher, die später in das Tal strömten, mussten sich zwangsläufig etwas weiter abseits Parzellen zum Ausbeuten suchen. Das hieß aber nicht, dass die Claims, die nicht direkt am Fluss lagen, weniger ergiebig gewesen wären. Oftmals war das Gegenteil der Fall. Ein flüchtiger Beobachter konnte den Eindruck gewinnen, als läge unter jedem Stein und jedem Strauch Gold in Hülle und Fülle. Das war auch in vielen Fällen der Fall.

Eine kleine Stadt aus Zelten, hastig zusammengezimmerten Behausungen und Erdlöchern wuchs fast über Nacht in Coloma aus dem Boden. Zum Errichten fester Hütten hatten die Goldsucher keine Zeit. Sie hausten ohne zu murren in den schäbigsten Unterkünften und nahmen ein Leben voller Entbehrungen auf sich. Jeder von ihnen trug die Illusion mit sich herum, vielleicht schon morgen auf ein Goldfeld zu stoßen, das ihn innerhalb von Tagen oder Wochen zum steinreichen Mann machte. Und die zahlreichen Geschichten von riesigen Goldnuggets, die jemand aus dem Boden gebuddelt hatte, kursierten ständig im Lager.

Feste Hütten und Schuppen hatten nur die Händler errichtet. Terence Jenkins und Cliff Bradley machten das Geschäft ihres Lebens. Bewacht von Dean Parker und Al Finley scheffelten sie das Gold nur so in ihre Kassen, denn mit Goldstaub und Nuggets wurden die Waren bezahlt.

»Wie kann man nur so verrückt sein und tagtäglich vierzig bis fünfzig Schüsseln voll Erde zu waschen«, sagte Terence Jenkins verächtlich, als er an einem Juniabend mit der Goldwaage auswog. Fast zehntausend Dollar hatten sie den Goldsuchern für Lebensmittel und Schnaps abgenommen. An einem Tag!

»Ich wusste, dass es ein Bombengeschäft wird«, sagte Bradley mit glänzenden Augen. Er hatte sich äußerlich während der letzten Monate stark verändert. Er hatte seinen Bart stutzen lassen und trug nun bessere Kleidung. Nur der Revolvergurt mit dem schweren Colt an der Hüfte und das Messer an der linken Seite ließen erkennen, dass er sich noch nicht ganz zu einem seriösen

Geschäftsmann gewandelt hatte. Und das war auch nicht sein Ziel.

Jenkins und Bradley wollten genau wie die Goldsucher in kürzester Zeit ein möglichst großes Vermögen machen. Und ihnen gelang es auch. Die Waschpfannen, die Jenkins in San Francisco für ein paar Cent eingekauft hatte, gab er jetzt zum Stückpreis von zwei Dollar an die Goldsucher weiter – und sie wurden ihm förmlich aus der Hand gerissen. Die Nachfrage war so stark, dass er sein Lager gar nicht schnell genug wieder auffüllen konnte. Werkzeuge, Nägel, Stricke und tausend andere Kleinigkeiten kosteten in Coloma das Zehnfache und mehr als in San Francisco.

Den größten Gewinn strichen die Händler jedoch bei Lebensmitteln ein. Schon nach wenigen Wochen hatten die ersten Digger den Wildbestand in den Wäldern so rücksichtslos dezimiert, dass es bald nichts mehr zu jagen gab. Vom Goldstaub konnten sich die Männer jedoch nicht ernähren. Von diesem Zeitpunkt an kletterten die Preise für Lebensmittel in astronomische Höhen.

Für ein Ei bezahlte man schon bald einen Dollar, für ein Pfund Brot zwei Dollar, für ein Pfund Butter zahlte man sechs Dollar und für eine Büchse Sardinen musste man sechzehn Dollar auf den Ladentisch hinblättern. Und das alles in einer Zeit, da ein einfacher Arbeiter kaum mehr als fünfzehn Dollar im *Monat* verdiente.

In den Goldgräbercamps gab es keine normalen Verhältnisse mehr. Das Gold, das aus der Erde gewaschen wurde, gelangte zumeist in die Kassen der Händler und Schnapsbrenner, die ihren teuren und zudem noch schlechten Fusel überall im Lager anboten.

Neben Terence Jenkins und Cliff Bradley hatte sich auch Sam Brannan mit einem Geschäft in Coloma niedergelassen. Und er verdiente wie alle Geschäftsleute fast schneller Geld, als er es zu zählen vermochte.

Zahlreiche Goldsucher lieferten sich Männern wie Jenkins und Bradley völlig aus. Ohne einen Cent kamen sie in die Berge. Sie standen vor der Alternative, entweder umzukehren und die Hoffnungen auf ein schnelles Vermögen aufzugeben, weil sie die täglichen Lebenshaltungskosten einfach nicht aufbringen konnten, oder aber sich auf einen halsabschneiderischen Handel mit Terence Jenkins und seinesgleichen einzulassen.

Die Händler rüsteten diese Männer mit Waschschüsseln, Zelt und Lebensmitteln aus. Neben hohen Wucherzinsen für den Kredit verlangten sie meist auch noch eine Gewinnbeteiligung, die zwanzig Prozent und mehr betragen konnte.

Kaum jemand wagte es, sich nicht an die ausgehandelten Bedingungen zu halten. Dean Parker, Alan Finley und eine Hand voll Desperados, die kurzfristig für eine sogenannte »Strafaktion« angeheuert wurden, achteten darauf, dass die Vereinbarungen eingehalten wurden. Ab und zu wurde ein abschreckendes Exempel statuiert, um den Kreditnehmern klarzumachen, dass ein Vertragsbruch nicht geduldet wurde und tödliche Folgen haben konnte. Die Leibwachen und Geldeintreiber der Händler waren als brutale Schläger und skrupellose Schießer bekannt und gefürchtet.

Jenkins, Bradley, Brannan und noch ein paar andere Geschäftsleute hatten die Fäden in der Hand. Ohne ihr Wissen und ihre Zustimmung konnte in dem Goldgräberlager von Coloma kaum etwas von Belang geschehen.

Als in Seitentälern und anderen Flüssen der Umgebung ebenfalls reiche Goldfelder entdeckt wurden, bauten die Händler und Schnapsbrenner ihre Positionen

auch dort aus. Gewalt wurde wirklich nur dann einge-
setzt, wenn alles andere nicht half. Im Vordergrund standen jedoch die Geschäfte und die liefen am besten, wenn
möglichst viele Digger möglichst viel Goldstaub aus der
Erde wuschen. Deshalb war es nicht paradox, dass die
kriminellen, skrupellosen Händler alles taten, um Ruhe
und Ordnung in den Goldgräberorten aufrechtzuerhal-
ten. Sie waren es, die sofort zu Lynchjustiz aufriefen,
wenn einmal ein Dieb oder Falschspieler gefasst wurde.

Bei den Goldsuchern war diese Clique der einflussreichsten Männer unter dem halb verhassten und halb
respektvollen Namen *Das Syndikat* bekannt.

Mit fast hundert Eingeborenen und mehreren schwer
beladenen Kastenwagen brachen John Sutter und Tom
Wedding von Sutterville aus auf. Die Nachricht davon
gelangte in Windesschnelle nach Coloma.

»Old Cap ist im Anmarsch!«, meldete Dean Parker seinem Boss Terence Jenkins die Neuigkeit, die das gesamte
Lager in Coloma in Aufregung versetzte. »Er kommt mit
einer halben Armee! Zweihundert bewaffnete Eingeborene sollen ihn begleiten.« Die Gerüchteküche hatte aus
knapp hundert harmlosen Feldarbeitern eine militärische Elitetruppe gemacht.

Terence Jenkins, Cliff Bradley und Sam Brannan setzten sich sofort zusammen, um Gegenmaßnahmen zu besprechen. Es war nämlich bekannt, dass Captain Sutter
alle Hebel in Bewegung gesetzt hatte, um von Colonel
Mason Soldaten zu bekommen. Jeder Goldgräber wusste, dass Sutter die Hälfte des Goldes für sich als Besitzer
des Landes beanspruchte. Und diese in den Augen der
Digger unverschämte Forderung hatte den Captain zum
verhassten Mann gemacht.

»Sutter ist alles zuzutrauen«, meinte Sam Brannan nun im Gespräch mit Jenkins und Bradley. »Er ist ganz verrückt danach, uns die Hälfte des Gewinns abzunehmen und uns aus dem Tal zu vertreiben. Vielleicht hat er sein letztes Geld zusammengekratzt und eine Privatarmee auf die Beine gestellt. Zweihundert Schwerbewaffnete können schon eine Menge Ärger bereiten. Die meisten Goldgräber taugen doch nichts mit einer Waffe in der Hand. Ich sage euch, wir sollten die Sache verdammt ernst nehmen. Old Cap ist noch immer für jede böse Überraschung gut. So leicht gibt der Haudegen nicht auf.«

»Es wird ihm nicht gelingen!«, knurrte Terence Jenkins. »Er hatte keinen Anspruch auf das Land. Wir werden uns hier nicht vertreiben lassen. Soll er nur mit seinen Männern kommen. Wir werden ihm einen heißen Empfang bereiten, wenn es das ist, was er sich wünscht. Ich lasse mir von keinem in meine Goldsuppe spucken – auch von einem Captain Sutter nicht.«

Sam Brannan nickte zustimmend. »Das ist auch meine Meinung. Wir dürfen ihn nur nicht unterschätzen. Ich kenne Sutter recht gut. Er ist ein harter Bursche.«

»Ich glaube nicht an diese Privatarmee«, sagte Cliff Bradley geringschätzig und nahm eine Zigarre aus einer Elfenbeinschatulle. »Sutters Zeit ist endgültig vorbei. Soll er nur kommen. Auch mit zweihundert Männern kann er nichts ausrichten. Wir werden die Goldgräber richtig auf Trab bringen. Sutter hat nicht den Schimmer einer Chance.«

»Ich schlage vor, wir schicken ein paar Männer los, die Sutter und seine Kolonne im Auge behalten sollen«, sagte Terence Jenkins.

So wurde es auch gemacht. Die Händler unternahmen alles, um die Stimmung gegen John Sutter anzuheizen. Ihre Hetzreden fielen auf fruchtbaren Boden. Die Vorstellung, womöglich die Hälfte des Goldes an Sutter abgeben zu müssen, versetzte die Goldgräber in sinnlose Wut.

»Soll er nur kommen! Wir werden ihm schon zeigen, was er hier zu sagen hat! Nämlich nichts!« So oder ähnlich klangen die Äußerungen der Männer. Wüste Drohungen wurden gegen Sutter ausgestoßen. Die Goldgräber gaben sich siegesbewusst.

Bei vielen war dies jedoch nur der Versuch, ihre Unsicherheit und die Gewissensbisse, weil sie Sutter im Stich gelassen hatten, zu verdrängen. Voller Spannung und Unruhe warteten sie auf den Moment, wo Sutter mit seinen zweihundert Soldaten ins Tal ritt …

»Himmel und Hölle!«, entfuhr es Tom Wedding unwillkürlich, als er einen freien Blick auf das Goldgräberlager hatte. Das Tal hatte sich innerhalb der letzten Monate radikal verändert. Überall standen Zelte, Bretterbuden und windschiefe Behausungen. Tausende von Claims übersäten das Tal wie Pockennarben. Doch das war es nicht, was ihn so überraschte. Es war die beeindruckende Menge der Goldgräber, die sich vor dem Lager in einem weiten Halbkreis aufgestellt hatten.

John Sutter zügelte sein Pferd. Ein schmerzliches Lächeln huschte über sein Gesicht, das in wenigen Monaten eingefallen war. »Das habe ich geahnt«, murmelte er. »Ein hübscher Empfang. Seit den letzten zehn Meilen wurden wir schon beobachtet.« Sutter drehte sich im Sattel um und bedeutete den nachfolgenden Eingeborenen zu halten.

188

Über viertausend bewaffnete Goldsucher warteten in etwa hundert Metern Entfernung auf das, was nun passieren würde. Einer von Terence Jenkins' Beobachtern hatte zwar schon längst gemeldet, dass Sutters »Privatarmee« nur aus knapp hundert armseligen Eingeborenen bestand, die überhaupt keine Gefahr darstellten. Doch die meisten Goldgräber trauten dem Frieden nicht.

Jenkins, Bradley und Brannan lösten sich aus der Menge und ritten Sutters Treck entgegen.

»Was hat dieser Aufmarsch zu bedeuten?«, fragte John Sutter scharf, als die drei Geschäftsleute ihre Pferde vor ihm und Wedding zum Stehen brachten.

»Die Männer wollen damit zum Ausdruck bringen, was sie von Ihrem Anspruch auf Coloma und das umliegende Land halten!«, antwortete Terence Jenkins hart. »Sie sind entschlossen, ihre Claims notfalls mit der Waffe zu verteidigen, Captain. Ich hoffe, Sie sehen ein, dass Sie gegen viertausend Männer keine Chance haben!«

Jenkins' drohende Worte versetzten Sutter einen schmerzhaften Stich. Er hatte dieses Land der Wildnis entrissen und kultiviert. Und viele der Männer, die dort gegen ihn Aufstellung nahmen, hatten bei ihm auf der Lohnliste gestanden. Er hatte die besten Löhne weit und breit gezahlt und sich stets um seine Leute gekümmert. Doch das alles galt nichts mehr. Sie waren bereit, ihn notfalls zu töten.

»Wir sind nicht gekommen, um das Land, das mir gehört, mit Waffengewalt wieder in meinen Besitz zu bringen«, erwiderte Sutter eisig. »Das überlasse ich den Staatsgewalten, Mister Jenkins. Meine Leute und ich werden genau wie Sie hier Gold suchen.«

Cliff Bradley spuckte aus. »Hier in Coloma werden Sie

kein Gold suchen, Sutter!« Seine Stimme verriet den Hass, den er fast zehn Jahre mit sich herumgeschleppt hatte. »Wir dulden keine Störenfriede!«

Das Blut wich aus Sutters Gesicht. »Sag das nicht noch einmal, Bradley!«, zischte er und hatte Mühe sich zu beherrschen. Dass dieses Gesindel es wagte, ihm Vorschriften zu machen, machte ihn grenzenlos wütend.

»John!«, mahnte Tom Wedding leise, als er bemerkte, dass Sutter die Hand auf den Revolverknauf legte.

Sam Brannan griff nun ein. Ihm lag nichts an einer gewaltsamen Auseinandersetzung. »Wir sind nur die Sprecher der Goldgräber«, sagte er vermittelnd. »In der Sache hat Bradley jedoch Recht. Sie haben sich unbeliebt gemacht, Captain. Den Männern gefällt es nicht, dass Sie ihnen das Gold aus der Tasche ziehen wollen. Lassen Sie uns jetzt nicht darüber diskutieren, ob Sie oder die Männer Recht haben. Falls Sie nicht wollen, dass es zu Blutvergießen kommt, halten Sie sich von Coloma besser fern. Wenn Sie wirklich Gold suchen wollen, können Sie das auch in den Seitentälern. Es gibt Gold genug für uns alle. Was ist Ihre Antwort, Captain?«

Tom Wedding wendete sich zu Sutter. »Wir finden für unsere Leute hier sowieso nicht genug Claims. Am besten versuchen wir unser Glück woanders.«

John Sutter wusste, dass er gar keine andere Wahl hatte. Gegen viertausend Goldgräber war er machtlos. Diese Erkenntnis war für ihn, der einst fast unumschränkt in diesem Land geherrscht hatte, bitter.

»Ich bin froh, wenn ich eure Gesichter nicht zu sehen brauche«, stieß er verächtlich hervor und durchbohrte Cliff Bradley mit seinem Blick. »Glaubt aber nicht, dass das letzte Wort schon gesprochen ist.«

190

»Du bist am Ende, Sutter«, sagte Cliff Bradley triumphierend. Er kostete diesen Augenblick voll aus. »Und du wirst auch nie wieder auf die Beine kommen, Sutter. Du bist erledigt. Restlos. Jetzt sind wir am Drücker!«

Terence Jenkins warf seinem ungehobelten Partner einen ärgerlichen, zurechtweisenden Blick zu. Man konnte von Captain Sutter halten, was man wollte. Diese Verhöhnung eines vom Schicksal schwer gezeichneten Mannes ging einfach zu weit.

Auch Sam Brannan hatte für Cliff Bradleys persönliche Rachegelüste nichts übrig. Er fiel ihm schnell ins Wort, bevor es zu einer Schießerei kam.

»Habe ich Ihr Wort, Captain?«, fragte er und lenkte Sutters Aufmerksamkeit auf sich. »Bei allem, was passiert ist, bin ich fest davon überzeugtr, dass Sie sich von der Vernunft leiten lassen.«

John Sutter nahm die Hand vom Revolver. Seine Schultern fielen ein wenig nach vorn. Es war ein Zeichen der Resignation. »Sie haben mein Wort, Brannan. Ich ziehe mit meinen Leuten morgen weiter.«

»Ihr Wort reicht mir, Captain!« Sam Brannan schien noch etwas sagen zu wollen und zögerte. Doch dann nickte er ihm nur zu und riss sein Pferd herum. Die drei Männer ritten zurück.

Mit verbissenem Gesichtsausdruck drehte sich Sutter zu Tom Wedding um. »Okay, jetzt wissen wir, woran wir sind, Tom.« Ein ironisches Lächeln glitt über sein Gesicht. »Ein Gutes hat die Sache zumindest. Wir sind so tief gefallen, dass es von nun an eigentlich nur noch bergauf gehen kann.«

»Schlagen wir das Lager auf«, sagte Tom Wedding ausweichend, denn er hatte das Gefühl, dass die Zukunft noch einige Tiefschläge für sie bereithielt.

Wie Recht Tom Wedding mit diesem Verdacht hatte, zeigte sich wenige Wochen später. Anfangs entwickelte sich noch alles nach Sutters Vorstellungen. Zehn Meilen von der ehemaligen Siedlung Mormon Island entfernt errichtete er am South Fork mit seiner Eingeborenentruppe das erste Lager.

Die Arbeit machte gute Fortschritte. Die Eingeborenen, die von Sutter einen festen Tageslohn bekamen, zeigten sich fleißig und diszipliniert. Es schien wirklich bergauf zu gehen.

Doch eines Tages tauchte der erste fahrende Schnapsverkäufer auf und stellte sein Zelt auf. Und damit begann das Unglück. Aus dem einen Schnapsverkäufer wurden innerhalb kürzester Zeit vier. Und sie machten blendende Geschäfte.

Die Eingeborenen waren der Versuchung leicht erlegen und trugen ihr Geld zu den Schnapstheken, die unter freiem Himmel standen.

John Sutter erkannte die Gefahr und versuchte gegen die Schnapsbrenner vorzugehen. Besonders einer brachte ihn in Rage, ein gewisser Joe Cook. Ein krummbeiniger Mann mit pomadigen Haaren, einem ungepflegten Backenbart und einer dröhnenden Stimme, mit der er die Eingeborenen zum Trinken animierte.

John Sutter hasste diesen Joe Cook wie die Pest. »Machen Sie, dass Sie verschwinden!«, forderte er ihn schon am ersten Tag auf, als Joe Cook sein Zelt aufstellte. »Sie haben in meinem Lager nichts zu suchen.«

Joe Cook hatte dafür nur ein schwaches Lächeln übrig. »Sie drohen mir besser nicht, Mister Sutter«, erwiderte er. »Dieses Land gehört weder Ihnen noch mir. Und falls Sie vorhaben sollten, mich mit Gewalt zu vertreiben, werden Sie Ihr Wunder erleben. Es gibt genügend Leute, die nur darauf warten, dass Sie den Bogen einmal überspannen!«

Captain Sutter hätte ihn am liebsten verprügelt. Doch er riss sich zusammen. »Sehen Sie denn nicht, was Sie aus meinen Männern machen?«, beschwor er ihn. »Sie vertragen den scharfen Schnaps nicht!«

Joe Cook zuckte ungerührt die Achseln. »Das ist nicht meine Sache und Ihre auch nicht. Die Männer sind für sich selbst verantwortlich. Mir ist zudem nicht bekannt, dass die Eingeborenen Ihr Eigentum sind. Oder halten Sie Sklaven, Mister Sutter?«

»Nein«, stieß Sutter hervor.

Ihm blieb nichts anderes übrig, als das Lager abzubrechen und weiterzuziehen. Er flüchtete vor den skrupellosen Schnapshändlern weit nach Süden. Das nächste Camp errichtete er am Sutter Creek. Er hoffte, die Händler abgehängt zu haben.

Einige Tage glaubte er es geschafft zu haben, dann stand schon wieder die erste Schnapstheke da, die sofort von den Eingeborenen umlagert wurde.

Die Männer gaben ihren gesamten Lohn für den Alkohol aus. Sie begannen sogar, Sutter nicht mehr alles Gold auszuhändigen. Von Tag zu Tag betrogen sie ihn immer dreister.

Der Schnaps enthemmte die Männer völlig. Es kam zu Streitereien und Gewalttätigkeiten. Den Schnapshändlern folgten schnell Kartenhaie, die den Eingeborenen beim Pokerspiel den letzten Cent oder Goldnugget abnahmen. Mord und Totschlag blieben nicht aus.

Tom Wedding drängte seinen Freund, das Unternehmen abzublasen, nachdem alle Versuche, der Situation Herr zu werden, fehlgeschlagen waren.

»Es war ein Versuch, John. Ohne die Schnapshändler

und Kartenhaie hätten wir eine Chance gehabt. Aber so ist es nur ein Verlustgeschäft. Wir setzen täglich Geld zu, obwohl wir es uns eigentlich überhaupt nicht leisten können. Wir bezahlen die Leute. Doch anstatt zu arbeiten, lassen sie sich mit Schnaps volllaufen und sind dann mehrere Tage für nichts zu gebrauchen. Höchstens ein Drittel der Männer arbeitet wirklich. Aber auch die Burschen denken nicht daran, das gewonnene Gold abzuliefern. Die Nuggets wandern in die Taschen der Händler und Spieler. Das geht nicht so weiter.«

»Vielleicht sollten wir es noch weiter südlich versuchen«, meinte John Sutter niedergeschlagen.

Tom Wedding schüttelte energisch den Kopf. »Nein, das kommt gar nicht in Frage. Es wäre reine Zeitverschwendung. Die Schnapshändler sind schlimmer als Aasgeier. Sie werden uns folgen, wohin wir auch ziehen. Ihnen entkommen wir nicht. Wir dürfen uns nicht länger etwas vormachen, John. Diese Goldsuche ist ein totaler Reinfall. Wir sind gescheitert. Wir kehren besser zum Fort zurück.«

»Ja, du hast Recht, fürchte ich«, sagte John Sutter leise und erhob sich von seinem Stuhl. Mit einer resignierenden Geste schlug er die Plane am Eingang des Zeltes, das er zusammen mit Tom Wedding bewohnte, zurück. Sein Blick glitt über das Goldgräberlager am Fluss, der den Namen Sutter Creek trug. Die Nachmittagssonne tauchte das Camp in ein warmes Licht. Und doch hatte Sutter das Gefühl, sich in einem fast pechschwarzen Gang ohne Ende zu befinden.

Lautes Gelächter und Gegröle kam von den Schnapszelten. Irgendwo ein paar Zelte weiter gerieten sich Spieler in die Haare. Ein Betrunkener torkelte am Flussufer entlang, stolperte über eine Wurzel und schlug der

Länge nach hin. Mit dem Gesicht fiel er ins Wasser. Er stemmte sich mühsam hoch und lachte wie ein Verrückter. Er taumelte ein paar Schritte weiter und stürzte wieder. Sein Lachen brach plötzlich ab. Er kniete im Ufersand und erbrach sich würgend. Schließlich sackte er zur Seite weg und blieb liegen. Erst am nächsten Morgen würde er vermutlich wieder aufwachen.

Angeekelt wandte John Sutter seinen Blick ab. Verbitterung und Hass hatten tiefe Linien in sein Gesicht gegraben. Seine Lippen waren zu einem schmalen, blutleeren Strich geworden.

»Ihr sollt dafür bezahlen!«, murmelte er tonlos. »Eines Tages werde ich mein Recht bekommen. Und dann wird abgerechnet. Das schwöre ich, so wahr ich Johann August Sutter heiße!« Ein merkwürdiger Glanz trat in seine Augen. Er drehte sich abrupt um.

Tom Wedding erschrak, als er den fanatischen Blick bemerkte. »Was hast du, John?«

Sutter zuckte zusammen und schien aus einem Wachtraum zu erwachen. »Wir räumen das Feld«, sagte er schroff und fügte nach einer kurzen Pause hinzu: »Vorerst.«

17

In den ersten zwölf Monaten seit der sensationellen Entdeckung der Goldfelder in Coloma hatten sich die Ereignisse überstürzt und ganz Kalifornien erschüttert. All dies jedoch war im Vergleich zu dem, was mit dem Beginn des Jahres 1849 in Kalifornien hereinbrach, noch harmlos.

Die Nachricht von den sagenhaften Goldfunden drang schon Anfang des Jahres 1848 bis zur amerikanischen Ostküste, wo die Wirtschaftszentren der Vereinigten Staaten lagen. Niemand schenkte den Berichten in den Großstädten jedoch Glauben. Sie klangen einfach zu abenteuerlich und schienen eher in einen billigen Roman zu passen.

Colonel Mason, der Militärgouverneur von Kalifornien, sorgte schließlich dafür, dass ganz Amerika vom Goldfieber gepackt wurde und bald auch Europäer, Australier, Japaner und sogar Chinesen nach Kalifornien aufbrachen.

Im Juni 1848 begab sich Colonel Mason in Begleitung seines Adjutanten Lieutenant William Tecumseh Sherman höchstpersönlich zu den Goldfeldern, um sich ein eigenes Bild von den chaotischen Verhältnissen zu machen.

Erschüttert beobachtete er während seiner Reise von Monterey nach Coloma den totalen Zusammenbruch der Landwirtschaft. Alle Mühlen standen still, die aus den Korrals ausgebrochenen Ochsen- und Pferdeherden weideten in den Kornfeldern, um die sich niemand mehr kümmerte.

Zusammen mit Lieutenant Sherman zog er von einem Goldlager zum anderen. Er ließ sich alle verschiedenen Arten der Goldgewinnung erklären und stellte fest, dass die durchschnittliche Tagesausbeute eines Goldwäschers bei einer Unze lag, was einem Wert von sechzehn Dollar entsprach.

Er lernte jedoch auch Goldgräber kennen, die in ein paar Wochen für siebzigtausend Dollar Goldnuggets aus dem Boden holten.

Mitte August kehrte Colonel Mason nach Monterey

zurück – mit einer Teedose voll Goldstaub und Nuggets. Er schrieb einen ausführlichen Bericht an seine Vorgesetzten in Washington. Eine Kopie des Reiseberichtes und die Teedose mit dem Gold im Wert von fast viertausend Dollar wurden Lieutenant Lucien Loeser ausgehändigt. Er bekam von Colonel Mason den wichtigen Auftrag, beides unversehrt und auf dem schnellst möglichen Weg nach Washington zu bringen.

Lieutenant Loeser schiffte sich Ende August '48 in Monterey auf dem Schoner *Lambayecana* ein. Das Schiff brachte ihn nach Payta, einer peruanischen Hafenstadt. Von dort gelangte er auf einem britischen Dampfer bis nach Panama. Die Überquerung der Landenge von Panama wurde zu einem lebensgefährlichen Unternehmen wegen der tückischen Sümpfe, der Malaria und der unberechenbaren Eingeborenen in den Dschungeln.

Lieutenant Loeser überstand den abenteuerlichen Marsch trotz der Strapazen gesund und munter. Ein schneller Segler brachte ihn nun nach New Orleans. Von dort aus gab er Colonel Masons Bericht telegrafisch nach Washington durch. Die letzte, nicht gerade kurze Etappe von New Orleans nach Washington legte er mit der Postkutsche zurück.

Während der langen, gefährlichen Reise von Monterey bis nach Washington ließ er die wertolle Teedose nicht eine Sekunde aus den Augen.

Der damalige Präsident der Vereinigten Staaten, James Knox Polk, eröffnete daraufhin am 5. Dezember 1848 die zweite Sitzungsperiode des Kongresses, indem er Colonel Masons Bericht verlas.

Nun gab es keinen Zweifel mehr an den bisher als Spekulationen und Gerüchte behandelten Informationen über die Goldfunde. Von diesem Zeitpunkt an breitete sich das Goldfieber wie eine Epidemie aus. Ein neues, atemberaubendes Kapitel der amerikanischen Geschichte begann ...

An der Ostküste verwandelte das ausbrechende Goldfieber Großstädte wie New York und Boston in wahre Hexenkessel. Für die Leute gab es nur noch ein einziges Thema – Gold!

Die Zeitungen überboten sich gegenseitig mit neuen Sensationsmeldungen aus Kalifornien, dem Goldland, dem Eldorado. Und hatte man früher sogar sachliche Berichte in seriösen Tageszeitungen höchstens mit einem spöttischen Lächeln zur Kenntnis genommen und sie im besten Fall als amüsante Hirngespinste phantasiereicher Redakteure gehalten, so glaubte man jetzt blind alles, was gedruckt wurde.

Zehntausende blieben von heute auf morgen von ihrer Arbeit in den Büros und Fabriken fern. Ganze Betriebe verödeten von einem Tag auf den anderen. Alles wollte nach Kalifornien und das so schnell wie möglich.

Der Landweg betrug über fünftausend Kilometer durch teilweise noch unerschlossenes und gefährliches Gebiet. Den meisten war dieser Weg auch zu langwierig und anstrengend. Und so begann der Ansturm auf die Schiffspassagen, die angeboten wurden.

Clevere Geschäftsleute erkannten sofort die einmalige Chance, die sich ihnen da bot. Innerhalb kürzester Zeit wurden allein in New York über siebzig Gesellschaften gegründet. Ihr einziges Ziel bestand in der Beförderung von Auswanderern nach Kalifornien. Das investierte Kapital dieser Unternehmen ging in die Millionen und die angesehensten und reichsten New Yorker Familien beteiligten sich an diesem Jahrhundertgeschäft.

Im Frühjahr 1849 stachen von der Ostküste allein

50 000 Amerikaner in See. Im Mai befanden sich schon weitere 50 000 auf dem Weg nach Kalifornien. Und der Strom nahm kein Ende. Die Nachricht war indessen nach Europa gelangt und lockte die erste große Auswandererwelle über den Atlantik. Bald waren es hunderttausende, die Kalifornien überschwemmten.

Die Mehrzahl von ihnen wählte den gut 23 000 Kilometer langen Seeweg rund um das gefürchtete Kap Hoorn. Bis zu hundertfünfzig Tage mussten die Menschen eng zusammengepfercht und unter unvorstellbar primitiven Umständen auf den Schiffen aushalten.

Krankheiten und Stürme forderten einen hohen Tribut. Rund ein Viertel der Kap-Hoorn-Segler lief nie im Hafen von San Francisco ein und blieb für immer verschollen. Ein Großteil dieser Schiffe ging in den stürmischen Seen um Kap Hoorn unter. Die hohe Verlustquote war für viele Eingeweihte keine Überraschung. Skrupellose Geschäftsleute schickten die Auswanderer nämlich mit kleinen Küstenseglern und besseren Fischerbooten, die für stürmische Hochseegewässer nicht gebaut waren, in den sicheren Tod.

Der Weg um die Südspitze von Südamerika war vielen immer noch zu lang. Um ein paar Wochen einzusparen, ließen sich diese Leute per Schiff nach Panama bringen. Wie Lieutenant Loeser überquerten sie dann den fieberverseuchten Isthmus. Fast die Hälfte dieser Wanderer kam todkrank an den Pazifischen Ozean. Etwa vierzig Prozent der Panamadurchquerer starben am Gelbfieber.

Das schreckte jedoch niemanden ab. Um es den künftigen Goldsuchern noch leichter zu machen, wurde eine Eisenbahn quer durch die Sümpfe gelegt. Tausende Arbeiter verloren dabei ihr Leben. Die Schwellen versanken bald schon im Morast, doch die Züge fuhren weiter.

Diejenigen, die das nötige Geld für eine Schiffspassage nicht aufbringen konnten oder aber nicht warten wollten, bis sie einen Platz an Bord eines der Schiffe bekamen, machten sich zu Land auf den beschwerlichen Weg nach Kalifornien. Monatelange Entbehrungen und unendliche Gefahren standen diesen Leuten bevor. Unvorstellbare Tragödien spielten sich ab. Ganze Trecks verschwanden spurlos in Wüstengebieten. Ein Viertel der Westwanderer fand den Tod durch Hunger, Durst und Krankheiten. Oder aber sie verirrten sich in der Wüste. Und in der Sierra warteten tödliche Schneestürme auf sie.

Und dennoch nahm der gewaltige Strom der Auswanderer zu Land und zu Wasser nach Kalifornien über Jahre hinweg kein Ende. Millionen aus aller Herren Länder kamen zur Westküste. Und sie alle wurden nur von einem angelockt – von Gold. Gold war in aller Munde. Zu allen Tages- und Nachtzeiten und an jedem Ort. Die Menschen waren wie berauscht.

Einer von ihnen war Harry Jenkins, ein pockennarbiger Engländer. Er war nach Kalifornien aufgebrochen, weil ihm in New Hampshire ein Mordprozess drohte.

Er befand sich kaum vier Tage in Kalifornien und war schon enttäuscht, weil er noch immer kein Gold gefunden hatte. Die Nuggets schienen doch nicht so frei herumzuliegen, wie er es sich vorgestellt hatte.

Harry Jenkins schlug in der Missouri-Gulch-Schlucht sein Lager auf und entzündete ein Feuer. Weil der Wind jedoch zu stark wehte, griff er zur Schaufel und schichtete in der Dunkelheit einen kleinen Schutzwall auf. Nicht gerade bester Laune legte er sich schließlich schlafen.

Als er am nächsten Morgen fröstelnd erwachte, glaubte er seinen Augen nicht trauen zu können. Er hatte in der Nacht mit ein paar Spatenstichen eine unvorstellbar reiche Goldbonanza angestochen. Sein Schutzwall gegen den Wind bestand zu siebzig Prozent aus reinen Goldnuggets!

Fast märchenhaftes Glück hatten auch fünf Prospektoren in einem abgelegenen Tal an einem recht kühlen Novembertag. Die fünf Freunde hatten den ganzen Tag über schwer gearbeitet und doch noch nicht einmal genug Gold aus der Erde geholt, um damit ihre täglichen Unkosten zu decken. Die Lebensmittelpreise waren in Schwindel erregende Höhen gestiegen.

»Verdammt, morgen suchen wir uns einen anderen Claim! Dieses Dreckloch ist so goldhaltig wie ein Sack Steine!«, fluchte einer der Prospektoren, als die Dämmerung hereinbrach. Enttäuscht und von der harten Arbeit erschöpft, schleuderte er Schaufel und Waschschüssel in den breiten Graben, den er zusammen mit seinen Freunden gegraben hatte. Mit müden Schritten ging er zum Zelt hinüber.

Drei der Freunde folgten seinem Beispiel. Sie alle waren niedergeschlagen und fragten sich insgeheim, ob es nicht unvernünftig gewesen war, ihre feste Anstellung für dieses äußerst zweifelhafte Abenteuer aufgegeben zu haben.

Der Fünfte, James Perkins, war nicht minder deprimiert. Aus irgendeinem unerklärlichen Grund legte er die Pike jedoch nicht aus der Hand.

»Ich komme gleich. Macht schon mal heißen Kaffee!«, rief er ihnen nach. »Mir frieren gleich die Finger ab.« Er stand im Graben und schwang die Pike mit der Wut des maßlos Enttäuschten. Plötzlich jedoch stutzte er, schleuderte die Pike hinter sich und fiel auf die Knie. Mit bloßen Händen schaufelte er hastig die aufgelockerte Erde beiseite.

Und dann stieß James Perkins einen markerschütternden Schrei aus. Seine vier Freunde fuhren im Zelt erschrocken zusammen und glaubten Perkins in Gefahr. Sie stürzten ins Freie.

»Gold! Gold! Gold!«, schrie James Perkins immer wieder.

Fassungslos blieben die vier Männer am Rand des Grabens stehen und starrten zu Perkins hinunter. Im nächsten Augenblick brachen auch sie in ein fast hysterisches Jubelgeschrei aus.

James Perkins hatte einen gewaltigen Brocken aus purem Gold gefunden, der 195 Pfund wog und sie von einer Sekunde auf die andere zu reichen Männern machte.

Auch Bennager Raspberry hatte die Hoffnung, durch Goldwaschen schnell reich zu werden, längst aufgegeben. Da er ein guter Schütze war, beschloss er, seinen Lebensunterhalt künftig mit der Jagd zu verdienen. Für frisches Fleisch wurden anständige Preise bezahlt.

An einem Sommertag schulterte Bennager Raspberry seinen alten Vorderlader und verließ Angels Camp. Er entdeckte schon knapp eine Meile vom Camp entfernt ein Reh, das ahnungslos auf einer kleinen Lichtung graste.

Bennager Raspberry legte an, ging ins Ziel und drückte ab. Der Schuss zerriss die friedliche Stille und das Reh stürzte tödlich getroffen zu Boden.

Und während der Schütze das Gewehr neu lud, überschlug er schon in Gedanken, was er für das Reh im

202

Camp bekäme. Die Freude über den sauberen Treffer ließ ihn beim Laden unachtsam werden. Er bemerkte plötzlich, dass er den Ladestock zu tief in den Lauf gerammt hatte. Trotz aller Versuche ließ er sich nicht mehr herausziehen.

»Mist!«, knurrte Bennager Raspberry und überlegte, was er tun konnte, um den Lauf wieder frei zu bekommen. Er verfiel auf eine ebenso einfache wie geniale Methode.

Als er ein Kaninchen unter einem Manzanitastrauch entdeckte, legte er kurz entschlossen an und schoss. Er verfehlte das Kaninchen. Der Ladestock bohrte sich tief in das Wurzelwerk des Manzanitastrauches.

»Zumindest ist der Gewehrlauf wieder frei«, tröstete sich Bennager Raspberry und zog den Ladestock heraus – und dabei rieselte ihm goldhaltiger Quarz vor die Füße.

Bennager Raspberry verschwendete keinen Gedanken mehr an die Jagd. Mit dem Ladestock kratzte er den Boden rund um den Strauch auf und förderte für siebenhundert Dollar Quarzgold. Am nächsten Tag machte seine Goldausbeute schon den Wert von zweitausend Dollar aus. Und noch einmal vierundzwanzig Stunden später war er um weitere siebentausend Dollar reicher.

Die Berge von Kalifornien schienen aus purem Gold zu sein. Diesen Eindruck erweckten die oftmals phantastischen Geschichten von unglaublichen Goldfunden. Doch die Wahrheit war in vielen Fällen noch unglaublicher.

Drei junge Bayern suchten zusammen mit unzähligen anderen Prospektoren nach einem sagenhaften See, dessen Ufer mit faustgroßen Goldklumpen übersät sein sollten. »Gold Lake Stoddard« hieß dieser See, den ein

Mann namens Stoddard entdeckt haben wollte, bevor er mit einer eiternden Pfeilwunde im Bein vor den Indianern in ein Camp am oberen Feather River flüchtete.

Nach einer Woche erfolglosen Suchens gaben fast alle Prospektoren auf. Sie glaubten nicht mehr, dass etwas Wahres an Stoddards Story sein sollte. Enttäuscht kehrten sie in ihr Camp zurück und suchten Erfolg versprechendere Gebiete auf.

Die drei jungen Bayern jedoch setzten die Suche fort. Zwei weitere Tage vergingen. Als sie am Morgen des achten Tages seit Beginn der Suche ein Bad im Feather River nahmen, machten sie eine sensationelle Entdeckung: Auf dem Grund der Flussufer lagen mehr Goldnuggets als Steine! Man brauchte sich nur zu bücken und sie aufzuheben.

An nur einem Tag sammelten die drei Bayern Goldnuggets im Wert von sechsunddreißigtausend Dollar zusammen. Sie versuchten den Fund geheim zu halten, es gelang ihnen aber nicht. Als sie die ersten Goldkörner bei einem Händler im Camp in Zahlung gaben, folgten ihnen andere Goldsucher.

Ein unvorstellbarer Run auf den Fundort setzte ein, der den Namen »Rich Bar« erhielt. Und der »Reiche Streifen« enttäuschte die Goldsucher nicht. Es war keine Seltenheit, dass sich in einer einzigen Waschschüssel Goldkörner für zweitausend Dollar befanden. Eine Gruppe von vier Prospektoren, die sich zusammengeschlossen hatten und ihre tägliche Ausbeute zu gleichen Teilen untereinander aufteilten, wusch an einem Tag Gold für mehr als fünfzigtausend Dollar.

Bei diesen Funden war es kein Wunder, dass der Strom der Auswanderer nach Kalifornien kein Ende nehmen wollte. Über Nacht schossen an den entlegensten Orten Städte aus dem Boden, die aber auch wieder über Nacht verlassen wurden, wenn die Goldfelder erschöpft waren oder aber ein anderer unglaublicher Goldfund bekannt wurde.

Nichts war von Dauer. Städte wechselten ihre Namen, als sei das das Selbstverständlichste der Welt. Als die Bewohner von Dry Diggins durch radikale Lynchjustiz für Ordnung sorgten, wurde die Stadt kurzerhand in »Hangtown« umbenannt und ging später als Placerville in die amerikanische Goldgräbergeschichte ein.

Eine unglaubliche Unrast erfüllte die Prospektoren. Es hielt sie nie lange an einem Ort. Stets befanden sie sich auf der Suche nach dem wirklich großen Fund, der Superbonanza. Die Goldgier trieb sie durch die Bergwelt Kaliforniens. Und zehntausende machten auch ihr Glück. Millionen über Millionen wurden in Goldstaub, Flocken und Nuggets aus dem Boden gekratzt und gewaschen.

Von den Tragödien jedoch sprach kaum jemand. Niemand wollte hören, dass fast jeder dritte Goldgräber Kaliforniens an Infektionskrankheiten starb. Cholera, Tuberkulsoe, Typhus und Lungenentzündungen rafften zehntausende dahin.

Diese Kehrseite des Goldrausches wollte keiner wahrhaben. Was kümmerte einen der Tod eines armseligen Prospektors, wenn einen schon morgen ein Spatenstich zum Millionär machen konnte! Nichts zählte außer Gold!

18

John Sutter hasste das Gold! Dieses verfluchte Metall hatte sein Lebenswerk zerstört und ihn an den Rand des Ruins gebracht. Die unvorstellbaren Menschenmassen, die den Sacramento heraufkamen, ignorierten Sutters Besitzrechte. Sie ließen sich auf seinem Grund und Boden nieder, als gehörte er ihnen. Das Fort wurde zum Zentrum der Goldwäscher. In einem Umkreis von fünf Meilen bedeckten unzählige Zelte und provisorische Hütten die Berghänge.

Und täglich kamen neue Abenteurer und Goldwäscher. Staatliche Autorität existierte nicht mehr. Es herrschte das Gesetz der Revolver. Soldaten, die in die Goldgräbercamps geschickt wurden, um für Ruhe und Ordnung zu sorgen, desertierten schon am Tag ihrer Ankunft. Sie verkauften ihre Pferde und griffen zur Waschschüssel. Mit den nachfolgenden Elitetruppen verhielt es sich nicht anders. Die staatlichen Instanzen waren machtlos.

Lynchjustiz war an der Tagesordnung. Geschäftsleute und ehrbare Goldwäscher schlossen sich zusammen und nahmen das Gesetz in die eigenen Hände. Sie griffen mit drakonischen Maßnahmen durch. Diebe und Räuber wurden mancherorts im Dutzend aufgehängt. Dass manchmal auch Unschuldige ihr Leben am Galgen ließen, regte niemanden sonderlich auf. Für zeitraubende Prozesse hatte niemand etwas übrig.

»Hier haben wir nichts mehr zu suchen, Tom«, stellte John Sutter verbittert fest, als 1849 das Land von Goldwäschern überschwemmt wurde. Er hielt es im Fort nicht länger aus, obwohl sich ihm gerade jetzt große Möglichkeiten boten, wieder viel Geld zu machen.

Trotz aller Schwierigkeiten war es ihm gelungen, doch noch einen beachtlichen Teil der Ernte einzubringen. Die Preise, die er für das Korn erzielte, halfen ihm, drückende Schulden zu bezahlen.

Tom Wedding erkannte die Chance, die sich ihnen bot. »Wir können ein Vermögen machen, wenn wir spekulieren!« Er versuchte mit allen Mitteln, Sutter dazu zu überreden, wieder aktiv ins Geschäft einzusteigen. »Die Leute brauchen Lebensmittel aller Art, John. Der Bedarf ist so ungeheuer groß, dass die Lieferanten gar nicht nachkommen. Und die Preise steigen. Wenn wir jetzt am Ball bleiben, können wir einen Teil unserer gewaltigen Verluste wettmachen.«

John Sutter jedoch ließ sich nicht umstimmen. Irgendetwas war in ihm zerbrochen. Das blamable Goldwaschunternehmen mit seinen hundert Eingeborenen saß ihm noch tief in den Knochen. Sein eiserner Wille schien gebrochen. Er wollte sich einfach nicht noch einmal in diesen Hexenkessel stürzen. Zudem konnte er den Anblick der Spekulanten und schmierigen Ganoven, die sich in seinem Fort wie Blutsauger festgesetzt hatten, nicht länger ertragen. Dieses Gesindel ekelte ihn an.

Als er den Rest seiner Kornvorräte verkauft hatte, zog sich John Sutter zusammen mit Tom Wedding und einigen getreuen Eingeborenen auf seine Hock-Farm am Feather River zurück.

Dieser ausgedehnte Grundbesitz stellte eine ruhige Oase in der von maßloser Goldgier und verbrecherischem Spekulantentum beherrschten Welt am Sacramento und seinen Nebenflüssen dar.

Ein parkähnlicher Garten mit Schatten spendenden Eichen und Akazien umgab das herrschaftliche Farmhaus. Plantagen und Weinberge machten diese Musterfarm zu einem kostbaren Besitz.

John Sutter hatte mit seinem Leben abgeschlossen. Tatenlos sah er zu, wie am Sacramento und am American River auf seinem Grund und Boden Siedlungen, Ranches und Farmen entstanden. Er unternahm auch nichts, als ein neues Grundbuch angelegt wurde und sich niemand um seine Besitztitel scherte. Er hatte fünfzehn Jahre für seinen kalifornischen Lebenstraum gekämpft. Nun wollte er einfach nicht mehr.

Nichts schien daran etwas ändern zu können, bis eines Tages ein berittener Bote eine Nachricht brachte, die Captain Sutter aus seiner Apathie riss.

»Annette kommt mit den Kindern!«, stieß Sutter hervor, als er den versiegelten Umschlag aufgebrochen und die Nachricht gelesen hatte.

Tom Wedding spürte, wie Sutter auflebte. »Wann?«, fragte er und schöpfte neue Hoffnung.

»In zehn oder zwölf Tagen. Sie kommen mit der *Provence*. Wir müssen sofort nach San Francisco aufbrechen, Tom. Mein Gott, sie kommen!« John Sutter vermochte seine Gefühlsaufwallung nicht zu unterdrücken. Der Brief der Reederei verschwamm vor seinen Augen. Fünfzehn Jahre hatte er seine Familie nicht mehr gesehen. Eine schrecklich lange Zeit im Rückblick, die jedoch rasend schnell vergangen war. Seine Söhne John und Viktor mussten jetzt achtzehn und sechzehn sein.

»Endlich einmal eine gute Nachricht. Jetzt wirst du hoffentlich mit dem Grübeln aufhören und den Leuten zeigen, dass sich ein Sutter so leicht nicht schlagen lässt. Das bist du deiner Familie schuldig. Denke an deine Erben.«

John Sutter lächelte kaum merklich. »Wir werden

sehen, Tom. Kümmere dich zuerst einmal um die Reise-
vorbereitungen. Wir dürfen keine Zeit vertrödeln!«

»Du hast schon lange keine Befehle mehr gegeben«,
sagte Tom Wedding mit freundschaftlichem Spott. »Ich
muss sagen, der alte Captain Sutter gefällt mir immer
noch am besten.« Freudestrahlend eilte er aus dem Zimmer. Er wusste, dass Sutter die schreckliche Krise überwunden hatte.

Am nächsten Morgen brachen sie mit den ersten
Strahlen der aufgehenden Sonne nach San Francisco
auf.

Für Millionen Menschen in aller Herren Länder war San
Francisco während der Jahre des Goldrausches die fas-
zinierendste und aufregendste Stadt der Welt. Im Durch-
schnitt wurden in dieser turbulenten Zeit täglich dreißig
neue Häuser errichtet, zwei Morde verübt und Feuersbrünste gehörten zum Alltag. Viele davon gingen auf
Brandstiftung zurück. Es gab Gruppen von Plünderern,
die in der Öffentlichkeit dreist den nächsten Großbrand
ankündigten. Nach jedem Großbrand, der hunderte von
Menschenleben kostete und manchmal Sachwerte bis zu
einer Höhe von fünfundzwanzig Millionen Dollar vernichtete, wuchsen aus der noch warmen Asche im Handumdrehen neue, schönere und größere Häuserblocks.
Die Stadt platzte förmlich aus den Nähten und dehnte
sich unaufhaltsam aus. Mehr als fünfhundert Bars und
fast tausend Spielcasinos lockten der überwiegend
männlichen Bevölkerung das Gold aus den Taschen, das
die Goldwäscher sackweise aus den Bergen nach San
Francisco brachten.

John Sutter war wie betäubt, als er in die Stadt kam.
Ein mörderischer Verkehr flutete durch die breiten

Straßen der Stadt. Aus einem verschlafenen Hafenstädtchen war innerhalb eines einzigen Jahres eine pulsierende Metropole geworden, ein Umschlagplatz für Waren aller Art und vor allem für Gold. Ein Paradies für clevere Geschäftsleute und Grundstücksspekulanten. Sam Brannan, Terence Jenkins und Cliff Bradley legten hier ihr Geld an. Sam Brannans Reingewinn aus diesen Investitionen in San Francisco betrug allein im Jahre 1849 über hundertsechzigtausend Dollar.

Sutter begab sich mit Tom Wedding zum Hafen, um im Kontor der betreffenden Reederei nach dem vermutlichen Ankunftstag der *Provence* zu fragen.

»Das Schiff müsste in zwei, drei Tagen hier anlegen«, lautete die Auskunft des Reeders, der ganz allein im Kontor über seinen Büchern saß. »Ich wünschte die *Provence* hätte in Panama kehrtgemacht und wäre nach New York zurückgesegelt.«

»Weshalb denn das?«, wollte Tom Wedding erstaunt wissen.

Der Reeder seufzte geplagt und erhob sich schwerfällig. Er trat ans Fenster. »Sehen Sie die Schiffe dort, Gentlemen?« Er deutete auf das Meer von Masten jenseits des Piers und der Schuppen.

Tom Wedding nickte. »Diese Schiffsarmada lässt sich schlecht übersehen.«

Der Reeder lachte bitter. »Sie sagen es, eine Armada von herrlichen Schiffen liegt dort in der Bucht und verrottet langsam. Niemand kümmert sich um sie, Plünderer und anderes Gesindel einmal ausgenommen.«

John Sutter begriff. »Man hat die Schiffe aufgegeben, nicht wahr?«

»Sowie ein Segler im Hafen von San Francisco anlegt, verlässt die Mannschaft beinahe geschlossen das Schiff«, berichtete der Reeder niedergeschlagen. »Meist geht sogar der Kapitän mit ihnen von Bord. Verträge und Treue zählen nicht mehr, Gentlemen. Viele der Schiffe stecken bis unter die Luken voller Waren, die keiner haben will. Und niemand hat die Zeit, sie zu entladen. Das verfluchte Gold ist schuld daran. Es lockt die Seeleute in die Berge.«

»Nicht nur die Seeleute«, murmelte John Sutter und dachte an seine Feldarbeiter, die fluchtartig nach Coloma hinaufgezogen waren.

»Ich kann den Seeleuten eine Tagesheuer von zehn, zwanzig Dollar bieten und bekomme trotzdem keine Mannschaft zusammen«, klagte der gramgebeugte Reeder ihnen sein Leid. »Deshalb bin ich nicht glücklich, dass die *Provence* in ein paar Tagen hier anlegt. Sie wird eines der bald fünfhundert Schiffe sein, die dort vor Anker liegen. Mein Gott, was ist das nur für eine Zeit!« Kopfschüttelnd schlurfte er zu seinem Pult zurück.

»Der Fluch des Goldes hat offensichtlich nicht nur mich getroffen«, sagte John Sutter, als er mit Tom Wedding das Kontor verließ. »Aber ich kann nicht behaupten, dass mich das irgendwie tröstet.«

»Der Goldrausch wird nicht ewig dauern«, erwiderte Tom Wedding vorausschauend. »Sind die Goldfelder erst einmal erschöpft, werden die Leute sich nach einer anderen Arbeit umsehen müssen. Und wo werden sie diese Arbeit finden? Auf John Sutters Farmen, Ranches und Plantagen?«

John Sutter lachte und es klang beinahe vergnügt. »Du sagst das so überzeugend, dass ich fast noch selbst daran glaube.«

»Warte es nur ab.«

Die beiden Männer quartierten sich im *Oriental Ho-*

tel ein. Captain Sutter musste für die Zimmer, die er für sich, seinen Freund und Verwalter und für seine Familie reservieren ließ, atemberaubende Preise bezahlen.

Am nächsten Morgen kaufte Sutter eine komfortable Kutsche. Tom Wedding versuchte vergeblich, ihn davon abzuhalten. »Das ist ja ein kleines Vermögen, was dieser Halsabschneider für die Kutsche verlangt«, raunte er Sutter beschwörend zu. »Was willst du mit dem Ding überhaupt anfangen, John? Auf der Farm haben wir keine Verwendung für eine herrschaftliche Kutsche.«

John Sutter lächelte kaum merklich. »Meine Frau hält mich vermutlich noch immer für den reichsten Mann Kaliforniens. Die Wahrheit wird enttäuschend und ernüchternd genug sein. Ich möchte nicht, dass sie schon am Tag ihrer Ankunft mit der bitteren Wirklichkeit konfrontiert wird. Ein bisschen Luxus bin ich meiner Familie einfach schuldig. Deshalb sind wir im *Oriental Hotel* abgestiegen und deshalb kaufe ich diese gottverdammte Kutsche von diesem dreimal verfluchten Halsabschneider.«

Tom Wedding schwieg und John Sutter zählte dem fettwanstigen Händler mit den rosigen Wangen die Dollarnoten in die Hand. Zwei weitere Tage vergingen. Dann endlich tauchte am Spätnachmittag die *Provence* am Goldenen Tor auf. Eine frische Maibrise blähte die Segel des stolzen Viermasters, der majestätisch in die Bucht einlief.

Am Pier hatten sich zahlreiche Neugierige eingefunden, darunter auch einige Gauner, die Geld damit verdienten, dass sie ahnungslosen Ankömmlingen einen viel versprechenden Claim verkauften. Dies war jedoch nur einer der schmutzigen Tricks, um schnell zu Geld zu kommen. Auch Kaufleute drängten sich zum Anlegesteg

212

durch. Sie hofften, dem Kapitän ein paar Kisten Wein oder andere Waren, die zu einem hohen Kurs in San Francisco gehandelt wurden, abkaufen zu können.

John Sutters Kutsche stand etwas abseits der Menge, die lauthals die Landemanöver des Seglers kommentierte. Auf dem Deck der *Provence* drängten sich die Passagiere, schwenkten bunte Tücher und tanzten ausgelassen. Über ein halbes Jahr hatte die Fahrt von New York nach San Francisco gedauert. Nun hatten sie das Goldland endlich erreicht! Ein unbeschreiblicher Jubelschrei erhob sich, als das Schiff anlegte und die Leinen flogen. Die überschäumende Begeisterung der überwiegend männlichen Passagiere kannte keine Grenzen. Kaum war die Gangway herabgelassen, als die Menschen schreiend zum Fallreep drängten. Einige der Seeleute, die nicht warten konnten, warfen ihren Seesack auf den Pier und seilten sich an einem Tau ab.

Angestrengt blickte John Sutter zum Schiff hinüber. Sein Puls raste. Würde er seine Frau und seine Kinder überhaupt wieder erkennen? Er hatte plötzlich Angst vor diesem Wiedersehen.

»Für meine Kinder werde ich ein Fremder sein«, murmelte er und sein Mund war vor Aufregung pulvertrocken.

»Zu Anfang vielleicht, aber du wirst genug Zeit haben, ihr Vertrauen und ihre Liebe zu gewinnen«, beruhigte Tom Wedding ihn.

»Du hast gut reden«, seufzte John Sutter, doch Tom Weddings Worte taten ihm gut.

Die Menschenmenge löste sich langsam auf. Alles eilte ins Zentrum der Stadt. Und da sah Sutter Annette mit den beiden Jungen. Es war wie ein Schock.

»Tom … da sind sie!«, stieß er hervor und deutete auf

die drei Gestalten, die neben der Gangway bei ihren Gepäckstücken standen und sich unschlüssig umblickten.

»Wir wollen sie nicht warten lassen, John. Und vergiss nicht, wer du bist«, sagte Tom Wedding aufmunternd. »Du bist und bleibst der Besitzer der Ländereien. Und eines Tages wirst du zu deinem Recht kommen. Vergiss das nicht. Und nun los!« Er schwang sich auf den Kutschbock und ließ die Peitsche knallen.

Annette Sutter hatte sich müde auf einen der schweren Koffer gesetzt. Nun sprang sie auf, als sie die Kutsche heranrollen sah.

»Ist er das?«, fragte der achtzehnjährige John, der seinem Vater wie aus dem Gesicht geschnitten war. Das weizenblonde Haar, die kräftige, hoch aufgeschossene Figur und der ernste Gesichtsausdruck – genauso hatte sein Vater vor über zwei Jahrzehnten ausgesehen.

Annette kam nicht mehr dazu, die Frage ihres Sohnes zu beantworten. Die Kutsche hielt, die Tür flog auf und John Sutter sprang heraus.

Einen Augenblick standen sie sich schweigend gegenüber. Während sich seine Frau in den vergangenen fünfzehn Jahren kaum verändert zu haben schien, erschrak Annette im ersten Moment innerlich, als sie ihren Mann vor sich stehen sah. Die harten Jahre des Kampfes und der Enttäuschung hatten Spuren in seinem Gesicht hinterlassen. Sein Haar war ergraut und stark gelichtet. Und ein dichter Schnurrbart gab seinem Gesicht einen traurigen, melancholischen Zug.

All dies registrierte sie jedoch mehr im Unterbewusstsein. Die Freude, endlich wieder bei ihm zu sein, überwog alles andere. Ein feuchter Glanz stand in ihren Augen, die mehr sagten als tausend Worte.

»Johann!«, rief sie und ihre Stimme zitterte.

»Annette!«

Und dann flogen sie sich in die Arme, während die beiden Söhne diese Szene mit gemischten Gefühlen beobachteten. Viktor grinste verlegen, während John, der seit der Abreise darauf bestanden hatte, mit John angesprochen zu werden, seinen Vater prüfend musterte. Verschwommene Kindheitserinnerungen wurden in ihm wach.

Tom Wedding saß oben auf dem Kutschbock und blickte in eine andere Richtung, während seine Finger geschickt eine Zigarette drehten. Er hörte, wie Sutter seine Söhne begrüßte, und versuchte, seiner zwiespältigen Gefühle Herr zu werden. Er hatte viel wieder gutzumachen und das würde neue Energien und Willensstärke in ihm freisetzen.

Tom Wedding steckte die Zigarette in Brand und lächelte in Gedanken. Der Kapitän Sutter kehrte an Bord des Schiffes, das er schon fast aufgegeben hatte, zurück und übernahm wieder das Steuer. Und ihn, Tom Wedding, sollte der Teufel holen, wenn es Old Cap nicht gelänge, den auf Grund gelaufenen Kahn wieder flottzumachen!

19

Vier Tage blieb John Sutter mit seiner Familie in San Francisco. Er nutzte diese Zeit intensiv, um die unsichtbare Mauer des einander Fremdseins, die zwischen ihm und seinen Söhnen lag, Stück für Stück niederzureißen.

Bei seinem ältesten Sohn John gelang es ihm am besten. Vermutlich trug die Tatsache, dass sich John immerhin noch schwach an die Zeit mit seinem Vater erinnern konnte, nicht unwesentlich dazu bei.

Annette Sutter hatte in weiser Voraussicht und gemäß dem brieflichen Rat ihres Mannes schon Monate vor der Abreise aus der Schweiz dafür gesorgt, dass sie alle drei intensiven Englischunterricht bekamen. Und während der monatelangen Reise an Bord der *Provence* hatte sie durch Studien der englischen Sprache und der amerikanischen Geschichte der deprimierenden Monotonie des Schiffsalltags entgegengewirkt. Dies kam ihnen nun allen zugute.

Viktor jedoch blieb weiterhin scheu und zurückhaltend, was seiner ganzen Wesensart entsprach. Aber auch er verlor bald das unangenehme Gefühl, mit einem völlig Fremden zu reden. Die faszinierende Atmosphäre von San Francisco tat ein Übriges, um die Stimmung fröhlicher zu machen.

John Sutter traf in der Stadt auf viele Menschen, die ihn kannten. Und zu seiner größten Genugtuung wurde er überall mit viel Respekt, ja sogar Bewunderung begrüßt. Jetzt, da Old Cap als Landlord offenbar für ewige Zeiten entmachtet war und somit keine Gefahr darstellte, erinnerten sich die meisten gern an seine beeindruckenden Pionierleistungen.

John Sutter nahm diese Huldigungen gern entgegen, denn er war nicht ohne Eitelkeit. Außerdem gefiel es ihm, dass seine Frau und seine Söhne ein möglichst positives Bild von ihm und seiner Stellung in Kalifornien bekamen.

Am fünften Tag ging die Fahrt mit der Kutsche zur Hock-Farm los. Tom Wedding bestand darauf, den Platz auf dem Bock einzunehmen.

»Du wirst ihnen eine Menge zu erzählen und zu erklären haben«, sagte er und ließ keinen Widerspruch zu.

Sutter freute sich über die Begeisterung seiner Familie, als sie dem Flusslauf des Sacramento folgten und die weiten, fruchtbaren Ebenen sich vor ihnen im Licht der warmen Junisonne bis zum Horizont erstreckten.

Sie gelangten zur Stadt Sacramento, die nicht weit vom Fort innerhalb von wenigen Monaten entstanden war.

»Im November vergangenen Jahres stand dort nicht ein einziges Haus«, erklärte John Sutter und bat Tom Wedding, einen Augenblick auf der Kuppe des Hügels zu halten. Von dieser Stelle aus konnten sie die junge Stadt am Zusammenfluss des Sacramento und des American River wunderbar überblicken. »Und jetzt zählt die Stadt schon zwölftausend Einwohner. Und noch mal die gleiche Anzahl Menschen wohnt in den Zelten am Rand von Sacramento.«

John Junior beobachtete einen Augenblick das hektische Treiben im Hafen von Sacramento. Zahlreiche Schaluppen und Schoner ankerten am Ufer. Dann wandte er sich zu seinem Vater.

»Gehört nicht dir das ganze Land hier am Sacramento?«, fragte er.

Captain Sutter nickte. »Ja, und noch viel mehr.«

»Dann gehört dir auch die Stadt Sacramento, Dad?«

Sutter tauschte einen kurzen Blick mit Tom Wedding. »Von Rechts wegen ja«, antwortete er dann langsam. »Das Land gehört mir, so weit das Auge reicht. Nur hat mich keiner gefragt, als die Siedlungen wie die Pilze nach einem Regenschauer aus dem Boden schossen.«

John Junior sah seinen Vater erstaunt an. »Aber ... das ist doch illegale Besitzergreifung! Warum hast du das zugelassen, Dad?«

Ein schmerzlicher Ausdruck trat in seine Augen. »Hast du schon einmal allein gegen zehntausend vom Goldrausch besessene Männer gekämpft?« John senkte den Blick. »Nein, entschuldige die dumme Frage«, murmelte er. »Aber irgendetwas musst du doch tun.«

»Zu dem Entschluss bin ich auch schon gekommen«, sagte Captain Sutter und die Verbitterung verschwand aus seinen Augen. »Doch das ist eine sehr langwierige Sache.« Er wechselte plötzlich scheinbar übergangslos das Thema. »Stimmt es, dass du dich für die Rechtswissenschaft interessierst?«

»Ja, ich möchte Rechtsanwalt werden! Ein paar Vorlesungen habe ich schon gehört. Und in New York habe ich mir eine Abhandlung über amerikanisches Recht besorgt.«

»Das ist ein Wink des Schicksals, ein gutes Omen«, sagte Captain Sutter zufrieden und sein nachdenklicher Blick ruhte auf seinem ältesten Sohn. »Du hast eine gute Wahl getroffen, John. Rechtsanwälte werden in Kalifornien bald dringender als alles andere gebraucht, nicht wahr, Tom?«

Tom Wedding lachte fröhlich. »Ich würde meinen letzten Nickel darauf verwetten, dass die Rechtsanwaltsbüros bald so zahlreich aus dem Boden schießen werden wie im Augenblick die Goldgräberlager.«

Captain Sutter nickte grimmig. »Wir werden ihnen schon einheizen, Tom«, sagte er entschlossen. Nur sein Freund wusste bisher, welchen gewaltigen Coup er plante. Sutter wandte sich an seinen Sohn. »Hättest du Lust, an der Ostküste zu studieren? Dort gibt es die besten Universitäten und du brauchst die beste Ausbildung, die es überhaupt in Amerika gibt.«

»Und ob ich dazu Lust habe«, sagte John mit gedämpfter Begeisterung, denn er verstand nicht, was das alles zu bedeuten hatte. »Aber weshalb ist das ein gutes Omen? Und wem wollt ihr einheizen, Dad?«

»Den Leuten da unten!«, stieß Captain Sutter hervor und deutete auf Sacramento hinunter, als wollte er es mit einer Handbewegung vernichten. »Kommt in die Kutsche. Ich werde euch die ganze verfluchte Geschichte erzählen. Ihr habt ein Recht darauf zu wissen, wofür ihr in Zukunft kämpft.« Und er begann mit dem Jahr 1839, als er zum ersten Mal kalifornischen Boden betreten hatte ...

20

Die bedrückenden Niederlagen und Demütigungen der letzten anderthalb Jahre schüttelte John Sutter ab wie eine lästige Last. Er sprühte vor Energie und Tatkraft. Jetzt hatte er wieder eine Aufgabe und ein Ziel, für das es sich einzusetzen lohnte.

Bevor John Junior sein Studium an der Ostküste begann, lernte er, was ein Farmer und Rancher wissen musste. Sein Vater bestand darauf, denn er sollte wissen, wofür er in Zukunft kämpfen musste.

Bei den praktischen Dingen begnügte sich John Junior mit einem Überblick. Die finanziellen und verwaltungstechnischen Dinge musste er in harter Lehre von Tom Wedding lernen.

John erwies sich im Gegensatz zu Viktor, der mehr Sinn für das Praktische zeigte, als hervorragender Verwaltungsmann mit einem Gefühl für Zahlen. Er bewies sein Talent, indem er vor seiner Abreise an die Ostküste noch durch geschickten Verkauf von Grundstücksparzellen die väterliche Kasse beträchtlich auffüllte und damit sein Studium sicherte.

Captain Sutters zweiter Aufstieg begann. Und wie schon früher schien ihm alles zu gelingen, was er in Angriff nahm. Seine Farm am Feather River erlebte einen ungeahnten wirtschaftlichen Aufschwung. Bald belieferte er alle Siedlungen und Dörfer im Umkreis mit Nahrungsmitteln.

Er warb sogar Chinesen an, die für ihre Genügsamkeit und ihren Fleiß bekannt waren. Der Wohlstand kehrte sichtbar bei John Sutter wieder ein. Alles schien in bester Ordnung zu sein.

Allein Tom Wedding wusste, dass der äußere Schein trog. Sutter stürzte sich zwar tief in die Arbeit, doch ihm fehlten die visionäre Kraft und die ansteckende Begeisterung der früheren Jahre. Seine Schufterei war von grimmiger Entschlossenheit geprägt, von dem Wunsch nach Rache durch das Gesetz, ja sogar von Hass. Sutter kümmerte sich nicht deshalb so intensiv um den Aufbau der Hock-Farm, weil es ihm ein Bedürfnis gewesen wäre, sondern um wieder zu Geld und Einfluss zu gelangen.

Machtstreben und ausgeprägte Eitelkeit veranlassten ihn, sich zum Delegierten des verfassunggebenden Kongresses wählen zu lassen, der im September 1849 in Monterey zu tagen begann.

Bereitwillig ließ er sich aber auch überreden, für den Posten des Gouverneurs von Kalifornien, das am 9. September 1850 als sklavenfreier 31. Staat in die Union aufgenommen wurde, zu kandidieren. Diese Wahl endete für ihn mit einer vernichtenden Niederlage. Nur 2201 Stimmen wurden für ihn abgegeben.

»Du hättest die Finger davonlassen sollen«, sagte Tom

Wedding ärgerlich, als sich Sutter nach der Blamage wieder auf die Hock-Farm zurückzog. »Damit hast du deiner Sache nur geschadet.«

»Es war nur ein Versuch, zu meinem Recht zu kommen. Als Gouverneur von Kalifornien hätte ich die Macht gehabt, meine Ansprüche besser geltend zu machen«, verteidigte sich Captain Sutter ohne viel Nachdruck. Seine Fehler und politischen Fehltritte waren einfach zu offensichtlich und ließen sich nicht beschönigen. Er verfluchte seine Eitelkeit.

»Es war ein völlig untauglicher Versuch!« Tom Wedding hatte diesmal keine Nachsicht. Er ging hart mit Sutter ins Gericht. Und er gab sich keine Mühe, seinen Ärger zu unterdrücken. »Du kannst deine Ansprüche nur auf dem Rechtsweg geltend machen, John. Du wirst einen Prozess anstrengen müssen.«

»Das ist mir klar«, brummte Sutter.

»Verdammt noch mal, wie hättest du als Gouverneur gegen den Staat von Kalifornien einen Prozess führen können?!«, brauste Tom Wedding auf. »Das wäre eine Sache des Unmöglichen gewesen. Man hätte dich sofort zum Rücktritt gezwungen und dir korruptes Verhalten unterstellt. Wie konntest du nur so blind sein und dich in eine derart wahnwitzige Idee verrennen. Gouverneur von Kalifornien!«

»Okay, okay, ich habe meine Lektion erhalten«, versuchte Sutter seinen Freund zu besänftigen.

»Es fragt sich aber, ob du daraus gelernt hast. Du musst dich endlich entscheiden. Entweder du verhältst dich ruhig und baust auf der Grundlage der Hock-Farm ein neues wirtschaftliches Unternehmen auf und ziehst unter die Vergangenheit einen Schlussstrich. Oder aber du beziehst klar Stellung gegen die illegalen Landbesitzer. Dann wirst du einen Prozess anstrengen und eine Menge Ärger in Kauf nehmen müssen. Ein solcher Prozess wird nicht eben dazu beitragen, deine Beliebtheit im Land zu steigern!«

Captain Sutter sah ihn mit einem schiefen Lächeln an. »Deutlicher geht es wohl nicht mehr, was?«

Tom Wedding verzog keine Miene. »Du sollst dir keine trügerischen Illusionen mehr machen, John. Wenn du dich für den Prozess entscheidest, sollst du auch wissen, was dich erwartet. Es wird hart auf hart gehen und zudem noch eine Menge Geld verschlingen.«

Captain Sutter schwieg einen Moment. Er starrte auf die vergilbte Tageszeitung, in der ein spöttischer Kommentar über seine beschämende Niederlage als Gouverneurskandidat stand. Jedes Wort war wie ein schmerzhafter Messerstich.

Tom Wedding setzte ihm hart zu und weckte damit wütenden Widerspruch. Doch Tom war der Einzige, der nicht nur in den guten Jahren zu ihm gehalten hatte. Auch in den von Demütigungen und Niederlagen gekennzeichneten Zeiten war er nicht von seiner Seite gewichen und hatte mehr als einmal sein Leben für ihn riskiert. Wenn also irgendjemand das Recht auf schonungslose Kritik besaß, dann war das Tom Wedding.

»Nimm dir Zeit und überlege es dir gut, John.«

Captain Sutter blickte auf. Seine Schultern strafften sich. »Ich habe mich entschieden, Tom. Wir werden den Prozess führen. Keine Macht der Welt wird mich daran hindern. Ich verlange mein Recht!«

Mit Kleinigkeiten hatte sich John Sutter noch nie abgegeben. »Alles im großen Stil!« Dieser Devise blieb er auch jetzt treu, als er einen Prozess mit wahrlich gigantischem Ausmaß gegen den jungen Staat Kalifornien anstrengte.

John Sutter verklagte zuerst einmal über achtzig große und kleine Gemeinden. Er beanspruchte das Land, auf dem sich die Gemeinden ausgebreitet hatten, allein für sich. Städte wie San Francisco, Sacramento, Venicia, Fairfield, Stockton und viele andere Ortschaften, die eine rasante Bevölkerungszunahme zu verzeichnen hatten, befanden sich unter diesen Gemeinden.

Damit gab sich John Sutter aber längst nicht zufrieden. Er verklagte auch gleich über siebzehntausend Einzelpersonen, die sich auf seinen Farmen und Plantagen widerrechtlich niedergelassen und seine Felder und Äcker an sich gerissen hatten.

Weiterhin verlangte er von der Regierung Kaliforniens eine gewaltige Summe Schadenersatz dafür, dass sie die von ihm errichteten und mit seinem Geld bezahlten Straßen, Brücken, Dämme, Kanalisationen, Mühlen, Hafenanlagen, Fähren und Lagerhallen in ihren Besitz genommen und der Öffentlichkeit zur Benutzung freigegeben hatte.

Auch an die Regierung in Washington stellte er eine Schadenersatzforderung in Millionenhöhe. Seiner Anklageschrift zufolge hatte sie sich unfähig gezeigt, für Ruhe und Ordnung zu sorgen und seinen Besitz zu schützen, als der Goldrausch ausgebrochen war. Er stellte alles in Rechnung, was er durch den Zustand der Gesetzlosigkeit und durch Plünderer verloren hatte.

Und das war nicht wenig. Alles in allem belief sich seine Forderung auf über zweihundert Millionen Dollar! Eine unvorstellbare Summe, die Sutter von seriösen Gutachtern und Kommissionen hatte errechnen lassen.

Mit diesen über zweihundert Millionen Dollar begnügte er sich aber immer noch nicht. Er erhob noch Anspruch auf einen Teil des bisher gewonnenen Goldes. Zudem verlangte er eine angemessene Beteiligung an dem Gold, das vom Tag des Prozessbeginns noch gewonnen wurde. Eine unabhängige Juristenkommission sollte seinen Anteil festlegen.

Ein Aufschrei der Entrüstung ging durch das Land, als diese Forderungen bekannt wurden. Die Existenz der Städte stand auf dem Spiel, ja sogar des gesamten Staates. Falls Sutter vom Obersten Gerichtshof Recht bekommen sollte, hätte das den Bankrott Kaliforniens zur Folge.

Tom Wedding hatte Sutter gewarnt. Doch der geballte Hass, der Sutter nun entgegenschlug, übertraf alle Erwartungen. Ganz Kalifornien geriet in Aufruhr. Jeder Goldgräber, Geschäftsmann und Siedler sah sich in seiner Existenz bedroht.

Die Gemeinden setzten sich zur Wehr, indem sie Hunderte von Juristen auf Lebenszeit einstellten, deren einzige Aufgabe es war, Sutters Forderungen abzulehnen oder den Prozess zumindest auf Jahre zu verschleppen.

Auch die Siedler schlossen sich zu Interessengemeinschaften zusammen und machten zusammen mit den Goldgräbern gegen Sutter Front. So genannte Verteidigungssyndikate entstanden, die die besten Anwälte aus dem Osten kommen ließen und sie fürstlich bezahlten.

Terence Jenkins und Cliff Bradley, führende Persönlichkeiten von San Francisco und noch immer Herren des Groldgräbersyndikates, unternahmen alles, um die Stimmung gegen John Sutter anzuheizen.

Eine Anti-Sutter-Liga wurde im Land gegründet und hatte ihren Sitz ausgerechnet in jener Stadt, die seinen Namen trug – Sutterville.

Die Empörung und der Hass auf diesen Mann, der Zehntausende in den Ruin zu stürzen drohte, waren so stark, dass eine aufgebrachte Menschenmenge zur Hock-Farm zog.

Captain Sutter hatte damit gerechnet. Als der Pöbel bis auf eine Meile heran war, zeigten sich seine bewaffneten Männer und gaben Warnschüsse ab.

Die Menge wich zurück.

»Bastarde!«, stieß Captain Sutter verächtlich hervor. »Jeder wird bezahlen müssen. Das Recht steht auf meiner Seite. Sollen sie mich nur verfluchen!«

Und das taten sie auch.

Besorgt beobachtete Tom Wedding die hasserfüllte Menge, die nur von zwei Dutzend Gewehrläufen davon abgehalten wurde, die Farm in Schutt und Asche zu legen. Drei Stunden lang sah es so aus, als würden die Männer doch noch einen Angriff wagen. Dann endlich löste sich die Menge auf.

Tom Wedding kehrte mit Captain Sutter und seinem Sohn Viktor zur Farm zurück.

»Ab jetzt müssen wir dreifach wachsam sein«, meinte Tom Wedding. »Die Leute sind unberechenbar, John. Du bist ihnen jetzt verhasst. Und ich würde mich nicht wundern, wenn ein paar feine Geschäftsleute in San Francisco oder Sacramento ein paar Killer anheuern, um das Problem Sutter aus der Welt zu schaffen. Und zwar mit einer Kugel aus einem 45er Revolver.«

»Wir werden Wachposten aufstellen«, erwiderte Captain Sutter und lachte über das ängstliche Gesicht seines Sohnes. »Mach nicht so ein Gesicht, Viktor. Die Reaktion der Leute zeigt doch, dass wir auf dem richtigen Weg sind. Sie fühlen sich schuldbewusst. Du wirst sehen, wir werden Recht bekommen.«

Viktor blieb skeptisch. »Aber um welchen Preis«, murmelte er düster. Der Tumult hatte ihn erschreckt und ihm gezeigt, dass sie ihres Lebens nicht mehr sicher waren. Die Mordlust der Männer hatte ihm den Atem genommen. Und er wusste, dass er nicht aus demselben Holz wie sein Vater geschnitzt war, der im Angesicht der Gefahr erst richtig auflebte und im direkten Kampf seine Bestätigung suchte – sei es im Kampf mit der Natur oder gegen seine Mitmenschen.

»Irgendeinen Preis zahlt man immer!«, wies John Sutter seinen Sohn zurecht. »Ich verlange nichts weiter als mein Recht. Dafür verzichte ich gern auf die falsche Freundlichkeit dieser Ganoven!« Damit wandte er sich jäh ab und verschwand im Haus.

Tom Wedding teilte Wachen ein und unternahm alles, um die Farm und das Leben ihrer Bewohner nach besten Kräften zu schützen.

Dass es einen sicheren Schutz nicht gab, zeigte sich vier Tage später. Gegen kurz nach zwei in der Nacht gelang es einem fanatischen Sutterhasser, die Postenkette unbemerkt zu passieren und einen Brand im Wohntrakt zu legen.

Das trockene Holz fing sofort Feuer. Fensterscheiben zersprangen mit lautem Klirren und Flammen schossen heraus.

»Feuer! Feuer!«, gellte es durch das Haus.

Sutter war von einer Sekunde auf die andere hellwach. Er sprang aus dem Bett und überzeugte sich, dass seine Frau und seine Söhne ins Freie liefen. Dann rannte er den Flur hinunter, ohne auf das Feuer zu achten, das ihn einzuschließen drohte. Er musste die Dokumente, die seinen Besitzanspruch untermauerten, vor den Flammen retten.

Es gelang ihm. Mit versengtem Haar und mehreren

Brandwunden taumelte er ins Freie, die von der mexikanischen Regierung ausgestellten Urkunden gegen seine Brust gepresst.

»Sie schaffen es nicht«, keuchte er nach Atem ringend und lachte höhnisch. »Diese Hunde werden es nicht schaffen, was auch immer sie versuchen werden.«

Viktor starrte in die Flammen und zitterte am ganzen Leib. Er verstand nicht, weshalb sein Vater sich auf einen derart aussichtslosen Kampf einließ. Die Farm war doch ein herrlicher Grundbesitz, der ihnen Wohlstand und ein angenehmes Leben garantierte. Weshalb all dies für eine Illusion aufs Spiel setzen?

»Der Prozess bringt uns eines Tages alle um!«, stieß Viktor hervor und sah seinen Vater beschwörend an. »Sie werden uns alles nehmen, Dad! Was hat dieser Prozess für einen Sinn? Er bringt nur Hass und Zerstörung! Zieh die Klageschrift zurück, Dad. Wir haben doch genug. Niemand wird dir Recht geben können, weil zweihundert Millionen Dollar den Bankrott des Staates bedeuten würden. Gib diesen Wahnsinn auf!«

»Schweig!«, schrie Sutter ihn unbeherrscht an. Sein Gesicht verzerrte sich. »Wage nicht noch einmal, so mit mir zu sprechen, Viktor. Ich habe dieses Land der Wildnis entrissen! Ich habe die Voraussetzungen für den Staat Kalifornien erst geschaffen! Was ich tue, ist kein Wahnsinn. Ich verlange nur mein Recht und ich habe Vertrauen in die Gerechtigkeit unseres Staates. Und ich werde mich von niemandem einschüchtern lassen!« Die Flammen warfen einen rot glühenden flackernden Schein auf sein Gesicht.

Das Feuer konnte erstaunlich schnell unter Kontrolle gebracht werden, weil man es frühzeitig bemerkt hatte. Der

Schaden war beträchtlich, berührte Sutter jedoch nicht weiter. Für ihn war nur wichtig, dass die Urkunden nicht Opfer der Flammen geworden waren.

Gut zwei Jahre nach dem Brandanschlag kehrte John Junior als frisch gebackener Anwalt aus dem Osten zurück. Er war über alle Aktionen, die sein Vater eingeleitet hatte, bestens informiert. Mit Begeisterung und Überzeugung stürzte er sich in die monströse Arbeit.

»Wir werden den Prozess gewinnen, Dad!«, versicherte er und zeigte die gleiche fanatische Überzeugung wie sein Vater. In San Francisco bezog er sogleich ein großes Büro. Er verpflichtete ein halbes Dutzend ausgezeichneter und erfahrener Anwälte von der Ostküste, denn allein vermochte er die anfallende Arbeit nicht zu bewältigen.

Die Juristen der verklagten Gemeinden und Siedler deckten die Anwälte, die in Sutters Auftrag arbeiteten, tonnenweise mit Schriftsätzen, Widersprüchen und immer neuen Gutachten ein. Tausende lebten von Sutters Prozess wie andere von dem Gold lebten, das sie auf Sutters Grund und Boden fanden.

Der Rechtsstreit verschlang Unsummen. Doch John Sutter ließ sich nicht entmutigen. Er schaffte das Geld heran, um den scheinbar unsinnigen Papierkrieg zu bezahlen. Er modernisierte seine Farm, machte große Gewinne mit Obstkonserven und baute sich ein neues wirtschaftliches Imperium auf.

Jahre vergingen. Der Prozess, der bald nur noch für Fachexperten verständlich war, verblasste im Bewusstsein der Bevölkerung. Die meisten Bewohner hielten Sutters Klage schon längst für abgewiesen. Und wer besser informiert war, betrachtete den Prozess nur noch als einen höchst kostspieligen Witz eines Gerechtigkeitsfanatikers.

Niemand glaubte noch daran, dass Sutter eine Chance hatte, den Rechtsstreit zu gewinnen, als gegen Ende des vierten Prozessjahres sein Anwaltsbüro in San Francisco in Flammen aufging. Alle wichtigen Unterlagen und Gerichtsakten verbrannten – auch die mexikanischen Schenkungsurkunden, auf die Sutter seinen Anspruch gestützt hatte.

Sutters Feinde triumphierten. Diesen Tiefschlag würde er nicht verkraften. Die Niederlage war ihm gewiss. Old Cap war geschlagen. Endgültig erledigt.

Sie irrten.

Das Unglaubliche geschah. Captain Sutter gab nicht auf, sondern verdoppelte seine Anstrengungen. Man konnte ihn vielleicht physisch vernichten, aber den Kampf aus freien Stücken würde er niemals aufgeben. Zu sehr hatte er sich in die Idee verrannt, sein Recht zu bekommen. Er machte keine großen Worte mehr über seinen Anspruch, sondern kämpfte schweigend und verbissen weiter.

Die Leute bekamen Mitleid mit ihm. Dieser Prozess wurde zu einer Farce, einem Unikum. Kaum jemand fühlte sich von Sutter noch bedroht. Die Geschichte schien ihn längst überrollt zu haben. Er war ungefährlich geworden.

Und plötzlich erinnerte man sich wieder daran, dass Kaliforniens Aufstieg untrennbar mit seiner Person verbunden war und seine Pionierleistungen eigentlich nach geschichtlicher Würdigung und Ehrung verlangten.

Captain Sutter wurde nach San Francisco eingeladen, um an Kundgebungen und Paraden teilzunehmen, die man ihm zu Ehren veranstaltete. Die ganze Stadt befand sich auf den Beinen. Ob Männer oder Frauen, ob Kinder oder Alte – sie alle drängten sich in den Straßen, um »ihren« Pionier John Sutter zu sehen. Die Honoratioren der Stadt behandelten ihn mit Respekt und einer Herzlichkeit, als hätte es nie Unstimmigkeiten und keinen Prozess gegeben. John Sutter sah sich plötzlich von freundlichen Leuten umgeben, die ihm nicht nur einmal den Tod geschworen hatten. Doch an diesem Tag war alles wie verwandelt.

Sutter genoss den Jubel – glaubte er doch selbst nicht mehr an einen Sieg vor Gericht, obwohl ihm dieses Eingeständnis nie über die Lippen gekommen wäre.

Sein Gesicht zeigte deutlich die Genugtuung, als man ihn feierlich zum Ehrengeneral ernannte und ihm die Urkunde überreichte.

Der Bürgermeister und hohe Persönlichkeiten der Union beglückwünschten ihn. Das Sternenbanner flatterte und die Nationalhymne erklang.

Stumm und ergriffen nahm General Sutter die Ehrung entgegen. Das abenteuerliche und streckenweise recht unerfreuliche »Kapitel Sutter« der Geschichte Kaliforniens schien damit zur Erleichterung vieler endgültig abgeschlossen zu sein.

21

Woran niemand recht geglaubt hatte, geschah. Der Oberste Gerichtshof von Kalifornien unter Vorsitz von Richter Thompson legte den 15. März 1855 als Tag der Urteilsverkündung im Sutterprozess fest.

»Das ist der Tag, auf den ich Jahre gewartet habe.« John Sutter vermochte kaum zu glauben, dass der monströse Papierkrieg ein Ende haben sollte.

»Wirst du nach San Francisco reisen?«, fragte Tom Wedding, als sie bei einem Glas Wein im Herrenzimmer saßen und auf die gute Nachricht anstießen. Denn wie auch immer das Urteil ausfiel, es würde einen endgültigen Schlussstrich ziehen und dem bangen Warten und Hoffen und dem unsinnigen Geldausgeben für Rechtsberater ein Ende bereiten.

»Ein General, der auch nur etwas auf sich hält, scheut nicht das Angesicht des Feindes, Tom. Ich werde der Urteilsverkündung persönlich beiwohnen. Wirst du mich begleiten?«

Tom Wedding überlegte kurz. »Ich täte es gern, aber die Arbeit auf der Farm erlaubt es nicht. Du weißt, dass schon übermorgen die neuen Maschinen geliefert werden. Viktor braucht noch meine Hilfe. Außerdem ist es besser, wenn sich nicht der gesamte Sutterclan in San Francisco zeigt. Es reicht, wenn du und dein ältester Sohn anwesend sind.«

»Ich wüsste nicht, was ohne dich aus mir geworden wäre«, sagte John Sutter.

Tom Wedding lächelte. »Jetzt ist nicht der richtige Zeitpunkt für einen Rückblick in die Vergangenheit, John. Der 15. März wird deine, meine und die Zukunft des ganzen Staates bestimmen. Richter Thompson ist als unbestechlich bekannt.«

»Ja, auf diesen Ruf gründe ich meine Hoffnung!«

Annette bestand darauf, ihren Mann nach San Francisco zu begleiten. So kam die Kutsche, die Sutter vor Jahren erstanden hatte, noch einmal zu Ehren.

Am Morgen des 15. März drängte sich schon eine gewaltige Menschenmenge vor dem Portal des Justizpalastes. Jeder wollte Zeuge dieser historischen Urteilsverkündung sein. Niemand zweifelte daran, dass Sutters

Klage abgewiesen wurde. Das bewiesen die fröhlichen, lachenden Gesichter und die scherzhaften Bemerkungen der elegant gekleideten Geschäftsleute, die auf den breiten Stufen des Palastes darauf warteten, eingelassen zu werden. Die Stimmung war wie auf einem Volksfest.

Auch Cliff Bradley und Terence Jenkins befanden sich unter der Schar der Neugierigen. Sie wurden respektvoll begrüßt, als sie sich unter die Menge mischten.

»Himmel und Hölle, ich hätte nicht geglaubt, dass der alte Bastard den Prozess bis zum Ende durchhalten würde«, sagte Cliff Bradley vergnügt und mit einer Spur Anerkennung in der Stimme. »Ein sturer Kerl ist er ja, das muss man ihm lassen.«

»Als Pionier macht er sich in der Geschichte bestimmt gut«, sagte Terence Jenkins wohlwollend und zog ungeduldig seine goldene Uhr hervor. »Die Vorstellung könnte allmählich beginnen.«

»Ein geschickter Schachzug, Sutter zum General zu ernennen«, sinnierte Cliff Bradley und lächelte spöttisch. »Dieser Ehrentitel kostet nicht viel und wird ihm die Niederlage ein wenig versüßen.«

»Eine Schande um das viele Geld, das er in all den Jahren zum Fenster hinausgeworfen hat«, bedauerte Terence Jenkins.

Während die Menschenmenge wenig später durch den Haupteingang in den Justizpalast strömte, betraten General Sutter, seine Frau Annette und sein Sohn John Junior das Gebäude durch den Hintereingang. Zwei Soldaten führten sie durch dunkle Gänge und geleiteten sie durch das leer stehende Beratungszimmer der Richter in den großen Gerichtssaal, der zum Bersten voll war. Auf den Galerien drängten sich die Goldgräber und Siedler, dass man Angst um das Geländer haben musste. Auch unten im Saal gab es keinen freien Platz mehr. Die hohen Flügeltüren des Saals standen weit offen, damit auch die Leute auf dem Korridor etwas von der Urteilsverkündung mitbekommen konnten.

Als General Sutter den Saal betrat, brandete spontaner Jubel auf.

Mit ausdruckslosem Gesicht nahm General Sutter den Jubel der Massen hin. Er erkannte ganz vorn in der ersten Reihe neben dem Bürgermeister Kewen Cliff Bradley und Terence Jenkins, die ihm zunickten.

»Dieses Pack wird sich noch wundern!«, raunte John seinem Vater zu, als er hinter der Barriere Platz nahm. Vermutlich war er der Einzige im Saal, der von Sutters Sieg überzeugt war.

»Sei still, Sohn!«

Der Jubel verebbte, als die Tür hinter dem Richtertisch aufging. Knisternde Spannung breitete sich schlagartig im Saal aus, als die Richter, bekleidet mit schwarzen Talaren und schwarzen Baretten, feierlich ihre Plätze vor dem Sternenbanner einnahmen.

Alle Augen richteten sich auf Richter Thompson, der als höchster Beamter Kaliforniens das Urteil zu verkünden hatte. Sein asketisches, hartes Gesicht zeigte keine persönlichen Gefühlsregungen, als er die lederne Mappe mit dem schriftlich fixierten Urteil aufschlug.

General Sutter wagte kaum zu atmen. Jetzt würde es sich entscheiden. Es war ein unwirklicher Augenblick. In Sekundenschnelle zogen die letzten sieben Jahre seit der Entdeckung des Goldes an ihm vorbei. Die Demütigungen und die Niederlagen, die unsäglichen Anstrengungen und die Mühen der letzten Jahre, um diesen gigantischen Mammutprozess führen zu können.

In atemloser Stille begann Richter Thompson das Urteil zu verlesen, dem eine umfangreiche Präambel vorangestellt war. Seine klare, fast unpersönliche Stimme drang bis in den Flur. Und dann kam er an die Stelle, die das Schicksal von zehntausenden bestimmen sollte.

»Im Namen Gottes hat der Oberste Gerichtshof von Kalifornien sein Urteil gefällt. Er bestätigt, dass die von Johann August Sutter eingebrachte Klage gegen die in der Präambel aufgeführten Städte, Gemeinden, Einzelbesitzer und Syndikate zu Recht besteht! Er erkennt die Rechtmäßigkeit seiner Forderungen sowie den rechtmäßigen Besitz und die Unantastbarkeit all seiner Ländereien an …«

Das Urteil traf die Anwesenden wie ein Schock und nahm ihnen für einen Augenblick den Atem. Doch dann brach ein unbeschreiblicher Tumult los.

Revolverschüsse krachten. Die Menge schrie den Richter Thompson nieder, der vergeblich zu erklären versuchte, dass das Urteil nur formale Bedeutung hatte und erst noch vom Obersten Gerichtshof in Washington bestätigt werden musste.

»Bringt die Richterbrut um!«

»An den Galgen mit Sutter und Thompson!«

»Schlagt sie tot!«

»Umbringen!«

In die Schreie der aufgebrachten Menge mischte sich das Krachen der Revolver. Mehrere Kugeln pfiffen haarscharf an General Sutters Kopf vorbei und bohrten sich hinter ihm in die Wandtäfelung. Wie gelähmt saß Sutter auf der Bank, unfähig zu begreifen, was da geschah.

Hinter seiner Stirn jagten sich die Gedanken. Er hatte Recht bekommen! Das Gesetz stand auf seiner Seite und hatte sich von der Volksmeinung nicht in die Knie zwingen lassen! Das Gericht erkannte seine gigantischen Forderungen an! Er war der reichste Mann der Welt!

Eine harte Faust riss Sutter hoch und brachte ihn in die Wirklichkeit zurück. Der General blickte in das verkniffene Gesicht seines Sohnes.

»Mein Gott, die bringen uns wirklich um, wenn wir nicht sofort verschwinden!«, stieß er hastig hervor.

Fluchtartig verließ die Sutter-Familie zusammen mit den von Panik erfassten Richtern den Gerichtssaal durch den Hinterausgang. Und nur den mutigen Soldaten verdankten sie ihr Leben. Wenn die Justizwachen der mordgierigen Menge den Weg nicht für einige Minuten versperrt hätten, wären Sutter und Thompson im Justizpalast gelyncht worden.

John Junior brachte seinen Vater und seine Mutter am Rande der Stadt bei einem befreundeten Rechtsanwalt unter, der das Risiko, als Sutter-Freund ebenfalls von der aufgebrachten Menge aufgeknüpft zu werden, mit den grimmigen Worten abtat: »Auch mit dem Strick können sie das Urteil nicht mehr aus der Welt schaffen.«

General Sutter erlitt einen leichten Herzanfall. Das Urteil, der Tumult im Gerichtssaal und die Flucht hatten ihn überfordert. Geschwächt sank er auf eine Couch.

»Du musst sofort zur Hock-Farm aufbrechen!«, beschwor er seinen Sohn und rang nach Luft. Die stählerne Klammer um seine Brust lockerte sich allmählich. »Tom und Viktor müssen gewarnt werden. Der Sieg vor Gericht wird das Land in Aufruhr versetzen. Sie müssen die Farm verlassen. Sie sind dort nicht mehr sicher.«

»Ich werde heute noch losreiten!«, versprach John Junior und triumphierte innerlich. Diesen Sieg hatte er errungen, und bevor er zur Farm aufbrach, wollte er sich das Urteil beschaffen. Er wollte es in den Händen halten und es Tom Wedding und seinem Bruder vorzeigen können.

General Sutter und Richter Thompson waren entkommen. Ihre gelungene Flucht versetzte die Menge in rasende Wut. Und schon kurz nach Ausbruch des Tumults im Gerichtssaal stand der Justizpalast in Flammen.

Die offene Rebellion brach aus. Zehntausende rotteten sich in den Straßen von San Francisco zusammen. Und Männer wie Cliff Bradley und Terence Jenkins taten alles, um den Hass der Menge und die Lust an Gewalt zu schüren. Sie ließen Alkohol in den Straßen ausgeben.

»Die Sutter-Brut muss ein für allemal ausgerottet werden!«, schrie Terence Jenkins. Und zehntausende nahmen seinen Ruf mit Begeisterung auf und trugen ihn weiter.

Die Behörden waren machtlos. Niemand wagte, sich den entfesselten Menschenmassen entgegenzustellen, als öffentliche Gebäude und Archive in Flammen aufgingen und das Gefängnis gestürmt wurde.

Das Urteil wirkte wie eine gigantische Ladung Dynamit. Feuersbrünste loderten in San Francisco auf, Plünderer räumten ungestört Läden und Magazine aus. Und überall floss der Alkohol in Strömen.

Das Chaos erfasste alle Viertel. Wer es wagte, in einer der hitzigen Debatten, die an allen Straßenecken rund um ein offenes Fass Brandy oder Wein stattfanden, auch nur ein halbwegs gutes Haar an Sutter oder Thompson zu lassen, riskierte sein Leben.

»Tod der Sutter-Brut! Auf zur Hock-Farm!«, schallte es schließlich durch die Straßen. Und schwer bewaffnet zog die mordlüsterne und hasserfüllte Menge los.

Ein gewaltiger Strom zum Morden entschlossener Bürger setzte sich in Bewegung. Johlend schlossen sich auch diejenigen an, die weder etwas zu gewinnen noch zu verlieren hatten.

Auf ihrem Marsch zur Hock-Farm verbreitete sich die Nachricht vom Urteil in alle Himmelsrichtungen und die Menge erhielt in jeder Ortschaft und in jeder Siedlung weiteren Zulauf.

Als John Junior die Hock-Farm erreichte, ahnte er nicht, dass sein Vorsprung nur wenige Stunden betrug. Die Freude über den Sieg überwog seine Beunruhigung über den Aufruhr bei weitem.

»Wir haben gewonnen! Wir haben gewonnen!«, schrie er, als er durch das Tor der Farm galoppierte und sein Pferd in einer Staubwolke vor dem Haus zum Stehen brachte. Er sprang aus dem Sattel.

Tom Wedding und Viktor bestürmten ihn mit Fragen. Die Nachricht war so sensationell, dass sogar ein kühler Denker wie Tom Wedding Begeisterung zeigte.

Als sie schließlich die Gefahr erkannten, die ihnen drohte, war es schon zu spät. Die Vorhut der Bande, die die Stärke einer Armee hatte, war schon ins Tal eingedrungen und hatte den Männern von der Farm jegliche Fluchtwege abgeschnitten. Alles, was sich ihnen in den Weg stellte, wurde getötet. Feldarbeiter und Tiere.

Tom Wedding verspürte zum ersten Mal in seinem Leben nackte Todesangst, als er die gewaltige Menge erblickte, die auf die Farm von mehreren Seiten zuströmte. Im Licht der Nachmittagssonne blitzten in den Händen der Männer Waffen verschiedenster Art: Revolver, Gewehre, Messer, Spaten und Eisenstangen.

Ganz sicher war allen der Tod gewiss. Tom Wedding wusste das. Doch er wollte nichts unversucht lassen.

»Wir müssen etwas unternehmen!«, stieß er mit rauer Stimme hervor, als die Massen immer näher rückten.

»Das … das ist das Ende!«, keuchte John Junior mit tonloser Stimme. Todesangst verzerrte sein Gesicht. Auf dem Papier vermochte er tapfer wie ein Löwe zu kämpfen, doch vor Gewalt hatte er Angst.

»Reiß dich zusammen!«, fuhr Tom Wedding ihn an. »Geht ins Haus und bewaffnet euch. Bringt alles in den südlichen Seitentrakt. Munition, Gewehre und Revolver. Falls es zum Kampf kommt, wollen wir unser Leben so teuer wie möglich verkaufen!«

Viktor zitterte am ganzen Leib. Sein Gesicht wurde plötzlich zu einer hasserfüllten Maske. »Ich habe es gewusst!«, schrie er. »Ich habe gewusst, dass Dad uns mit seinem fanatischen Gerechtigkeitssinn den Tod bringen wird. Wo ist er jetzt? Verflucht …«

Tom Wedding gab ihm eine schallende Ohrfeige. »Feigling!«, zischte er.

Benommen taumelte Viktor die Stufen zur Veranda hoch und folgte seinem Bruder ins Haus. Sie räumten den Gewehrschrank im Zimmer ihres Vaters leer und schleppten die Waffen und mehrere Patronenkisten in den Südtrakt, der zum größten Teil aus Steinen und Lehmziegeln errichtet war und deshalb einem Feuer wenig Nahrung bot.

Mit Entsetzen beobachteten die Brüder, wie Tom Wedding der aufgebrachten Menge entgegenging. Er wollte mit den Wortführern sprechen, mit ihnen verhandeln.

Der Mob jedoch wollte Blut sehen.

»Hängt ihn auf!«, gellte es aus tausend Kehlen und mehr.

Ein Schuss krachte und Tom Wedding schrie getroffen

auf. Die Kugel hatte ihn in der Hüfte erwischt. Er wollte zurück ins Haus fliehen, aber er kam nicht weit.

Die Männer in der vordersten Reihe stürmten ihm nach und rissen ihn zu Boden. Fäuste rammten sich in Tom Weddings Magen. Der Blutrausch erfasste sie.

»An den Galgen mit ihm!«

Tom Wedding wurde hochgerissen. Man schleifte ihn zu einer Eiche, die zwanzig Meter vor dem Haus stand. Ein Strick wurde über einen kräftigen Ast geworfen.

Tom Wedding kämpfte um sein Leben. Er schlug wild um sich. Er schrie seine Todesangst hinaus, als sie ihm die raue Schlinge um den Hals legten.

»Hoch mit ihm!«, brüllte die Menge.

Einen Augenblick später war Tom Wedding tot.

Entsetzt schrie Viktor auf, ließ das Gewehr fallen und stürmte kopflos aus dem Zimmer. Tom Weddings grauenvoller Tod brachte ihn fast um den Verstand. »Ich will nicht sterben! Ich will nicht sterben!«, hämmerte es ununterbrochen in seinem Schädel. Und fieberhaft suchte er nach einem Fluchtweg. Gehetzt rannte er in die Stallung und versteckte sich dort.

John feuerte inzwischen in wilder Verzweiflung und Ausweglosigkeit in die Menge. Tränen der Wut und der Angst liefen ihm über das Gesicht.

Sofort erwiderten die wild gewordenen Männer das Feuer. Ein mörderischer Kugelhagel zwang John augenblicklich in Deckung. Ununterbrochen beschossen die Männer das Fenster und nagelten ihn damit im Zimmer fest. Die Geschosse fetzten den Boden auf und rissen lange Splitter aus dem Fensterrahmen. Querschläger sirrten durch den Raum.

Zitternd presste sich John in die tote Ecke des Zimmers. Widerstand war zwecklos. Als er laute Stimmen im Haus hörte, wusste er, dass sein Ende nur noch eine Sache von wenigen Minuten war. Doch er wollte nicht so sterben wie Tom Wedding.

John nahm einen Revolver, spannte den Schlaghammer und steckte sich den Lauf in den Mund. Seine Lippen umschlossen das kalte Metall. Er unterdrückte einen Brechreiz und krümmte den Finger um den Abzug.

Tot kippte er zur Seite weg.

Viktor gelang die Flucht aus den Stallungen, als die Plünderer über den Besitz herfielen und alle Zimmer des Hauses nach Wertgegenständen durchwühlten. Was nicht mitgenommen werden konnte, wurde zertrümmert und in Brand gesteckt.

Viktor kam jedoch nicht weit. Am Feather River erkannte man ihn. Als er sich über den Fluss zu retten versuchte, traf ihn eine Kugel und er ertrank.

Eine gewaltige Feuerwoge raste über Sutters Land hinweg. Alles wurde in Schutt und Asche gelegt, auch die Farmen und Ranches derjenigen, die als Sutter-Freunde bekannt waren oder nur als solche verdächtigt wurden.

Die Rinderherden wurden sinnlos niedergemacht, die Weinberge verwüstet und die Felder niedergebrannt. Die Vernichtungswut kannte keine Grenzen. Ein fürchterlicher Blutrausch erfasste die Menschen. Arbeiter, die in Sutters Diensten standen und den Lynchern in die Hände fielen, wurden erbarmungslos aufgehängt.

Sutters Werk war restlos vernichtet.

Nichts blieb ihm. Nur ein paar Seiten Papier. Das Urteil.

22

General Sutter war ein geschlagener Mann. Der Tod seiner Söhne und seines besten Freundes trieb ihn an den Rand des Wahnsinns. Er kapselte sich völlig von der Außenwelt ab und verlor jeden Bezug zur Wirklichkeit. Eine Zeit lang lebte er nur in seinen Erinnerungen und düsteren Alpträumen. Der Sieg vor dem Obersten Gerichtshof am 15. März 1855 war in Wirklichkeit zu seiner letzten, endgültigen Niederlage geworden.

Es hatte den Anschein, als würde General Sutter an diesem vernichtenden Schlag zu Grunde gehen. Sein Lebenswille fiel immer mehr in sich zusammen. Wofür sollte er jetzt noch kämpfen?

Es gab nichts, was einer neuerlichen Willensanstrengung wert gewesen wäre. Doch je mehr er sich zurückzog, desto stärker formte sich eine Idee in seinem Kopf. Eine Idee, die ihn schließlich aus seiner Isolation herausführte.

Das Recht!

»Ich werde mich nicht der gesetzlosen Gewalt beugen! Das Recht ist stärker als zehntausend Mordbrenner. Das Recht wird letztlich siegen, es muss siegen!«

An dieser Illusion richtete sich General Sutter wieder auf. Er sprach bei Richter Thompson vor und forderte Recht. Es ging ihm nicht mehr darum, Rache zu üben und irgendwelche Siedler von seinem Land zu vertreiben. Er verlangte auch keine Sanktionen gegen die Syndikate und die Gemeinden. Für diese Art des Kampfes hatte er keine Kraft mehr. Er wollte nur bestätigt wissen, dass all seine Ansprüche zu Recht bestanden hatten. Mit ein paar Millionen Dollar wollte er sich schon begnügen.

Aus den Millionen wurde nichts. Zweihundertfünfzig Dollar monatlich bis an sein Lebensende, das war alles, was die Regierung von Kalifornien ihm zugestand. Diese Summe wurde als Generalspension deklariert. Ein lächerlich geringer Betrag für einen Mann von Sutters Format.

»Das ist eine Beleidigung!«, tobte John Sutter außer sich vor Wut, als ihm die Nachricht davon überbracht wurde. »Diese Verbrecher wollen mich wie einen Bettler mit einem Gnadenbrot abspeisen!«

Seine Frau versuchte ihn zu besänftigen. »Sei nicht ungerecht. Wir können das Geld gut gebrauchen, John. Greif nicht wieder nach den Sternen.«

»Ich greife nicht nach den Sternen, ich verlange mein Recht!«, erwiderte er mit funkelnden Augen. Das Recht war zu einer fixen Idee geworden, die sein ganzes Denken in Anspruch nahm. Tag und Nacht. »In Kalifornien werde ich mein Recht niemals bekommen. Die Leute sind viel zu befangen. Die Regierung fürchtet sich vor einer weiteren Rebellion. Sie beugt das Recht. Deshalb werden wir von hier wegziehen!«

»Wegziehen? Aber wohin denn?«, fragte seine Frau verwirrt.

»Nach Washington!« Sutters Stimme klang so energisch und entschlossen wie in besseren Zeiten, als sein Wort noch etwas galt. »Ich werde dem Obersten Gerichtshof in Washington meinen Fall persönlich vortragen. Wir werden bestimmt nicht lange bleiben, das versichere ich dir. In Washington habe ich einige Gönner, die sich meiner Sache annehmen werden.«

Annette Sutter glaubte nicht daran, schwieg jedoch.

General Sutter machte seinen Entschluss wahr. Im Jahre 1865 zog er mit seiner Frau zur Ostküste. Sie quartierten sich in einem billigen Hotel ein.

Aus dem geplanten Kurzaufenthalt wurden jedoch Jahre. Seine Gönner erwiesen sich als sehr zweifelhafte Freunde und Interessenvertreter. Zumindest überschlugen sie sich nicht darin, ihn im Verwaltungsdschungel von Washington zu helfen.

General Sutter verlangte 1866 vor dem Kongress eine Million Dollar in bar und die Wiederherstellung seiner Farm. Noch war er überzeugt, eine schnelle Entscheidung herbeiführen zu können. Doch er musste bald erkennen, dass die Mühlen in der Hauptstadt noch langsamer und komplizierter mahlten als in Kalifornien.

Um billiger zu leben, siedelte General Sutter mit seiner Frau nach Pennsylvania über und ließ sich in dem kleinen Städtchen Lititz nieder. In der Gemeinschaft einer religiösen Sekte fand er die Anerkennung und Bewunderung, die ihm in Washington versagt geblieben war.

Einen ruhigen, friedlichen Lebensabend konnte der inzwischen siebzigjährige John Sutter jedoch nicht haben. Obwohl seine ursprünglichen Millionenforderungen von Jahr zu Jahr geringer wurden, wich er im Kernpunkt seiner Ansprüche nicht einen Millimeter zurück. Noch immer forderte er die Bestätigung des Urteils, das Richter Thompson vor über zwanzig Jahren am 15. März 1855 in San Francisco verkündet hatte.

In den Büros der Senatoren und Abgeordneten kannte man den alten General und für viele gehörte er bald schon zum lebenden Inventar. Überall versicherte man ihm, sich um seinen Fall zu kümmern. Hinter seinem Rücken lächelte man jedoch mitleidig.

»Dieser alte Narr«, hieß es oft. »Wie lange will er noch gegen die Windmühle anrennen.«

»Es ist eine Tragödie«, sagten diejenigen, die Mitge-

fühl für den alten Mann in der verschlissenen Generals-
uniform aufbrachten.

In den Straßen von Washington war der »verrückte
General«, wie er von Zeitungsjungen und arbeitslosen
Herumtreibern genannt wurde, überall bekannt. Er
gehörte zu der Stadt wie das Capitol und der riesige fast
hundertsiebzig Meter hohe Obelisk aus Marylandmar-
mor, der zu Ehren des ersten Präsidenten der Vereinigten Staaten aufgestellt worden war.

Die Gassenjungen ließen sich gern von ihm phantasti-
sche Geschichten über seine Jahre in Kalifornien erzählen. Glauben schenkte ihm jedoch keiner. Er erntete
höchstens Spott und verächtliches Gelächter. All das
nahm er in Kauf. Er war einfach besessen von der Idee,
eines Tages Recht zu bekommen.

Und wirklich, im Jahre 1880 schien der Erfolg endlich
zum Greifen nahe. Einflussreiche Senatoren und Abge-
ordnete bemühten sich den Fall Sutter ausführlich zu
debattieren und zum Abschluss zu bringen.

Als General Sutter davon erfuhr, brach er sofort nach
Washington auf. Eine unerträgliche Unruhe und Unge-
wissheit erfüllte ihn während der Fahrt von Lititz in die
Hauptstadt. War es nur ein Gerücht oder sollte ihm doch
noch Gerechtigkeit widerfahren? Eine fiebrige Erregung
packte ihn.

General Sutter konnte gar nicht schnell genug zum Capitol kommen. Er rannte förmlich durch die Straßen. Es
war der 16. Juni 1880. Ein klarer, wolkenloser Himmel
spannte sich über der Hauptstadt der Vereinigten Staaten. Die Sonne strahlte ihre wärmenden Strahlen zur
Erde hinunter. Der Duft der Blumen und Bäume erfüllte
die Luft, als er mit wehenden Rockschößen durch den
Park eilte.

Schließlich lag das Capitol vor ihm. Mit der herrlichen Kuppel, den Flügeltrakten aus weißem Marmor und dem Mittelbau aus weiß getünchtem Sandstein erschien ihm dieses Gebäude als Verheißung und Symbol seines Sieges. Und sein Blick richtete sich dankbar auf die sechs Meter hohe Freiheitsstatue, die die gerippte Kuppel krönte.

Kaum hatte General Sutter die Stufen erreicht, die hoch zum Portal führten, als ein ihm wohlgesonnener Senator aus dem Gebäude trat und ihn erkannte.

»Sie haben gewonnen!«, rief der Senator und freute sich, dem siebenundsiebzigjährigen General endlich einmal eine gute Nachricht überbringen zu können. »Der Kongress erachtet Ihre Ansprüche als billig und gerecht.«

»Ist das wahr?«, stieß Sutter atemlos hervor.

»So wahr ich hier vor Ihnen stehe!«, versicherte der Senator. »Ich muss es doch wissen, denn …«

General Sutter hörte nicht mehr, was der Senator noch sagte. Die Freude war zu viel für ihn. Die Erkenntnis, gesiegt zu haben, traf ihn wie ein gewaltiger Schock.

Er spürte einen stechenden Schmerz in der Herzgegend und vermochte sich nicht mehr auf den Beinen zu halten. Er sackte kraftlos auf die Stufen und blinzelte in die Sonne.

»Ich … wusste … es«, keuchte er und röchelte nach Luft. »Die Gerechtigkeit siegt.« Dann blieb sein Herz endgültig stehen.

General John Sutters Prozess wurde auch nach seinem Tod nicht entschieden. Die Akten verstaubten unerledigt im Archiv des Obersten Gerichtshofes …

Nachwort

Die Geschichte der Vereinigten Staaten von Amerika ist derart reich an abenteuerlichen Ereignissen, bewundernswerten Pioniertaten und schillernden Persönlichkeiten, dass die relativ kurze Episode des kalifornischen Goldrausches in diesem bunten, geschichtlichen Kaleidoskop leicht unterzugehen und nur eine untergeordnete Rolle einzunehmen droht. Die Bedeutung des Goldrausches und seine Auswirkungen, die spürbar bis in unsere Zeit reichen, werden meist nicht erkannt oder aber ihrem wahren Wert nicht entsprechend gewürdigt.

Ein knappes Jahrzehnt währte der Goldrausch. Schon um 1858 lohnte sich der Abbau nur noch für kapitalstarke Minengesellschaften. Und dennoch reichte dieses Jahrzehnt aus, um ganz Amerika und die halbe Welt auf den Kopf zu stellen. Das Goldfieber der ersten Jahre (allein zwischen 1848 und 1855 wurde Gold für 350 Millionen Dollar gewonnen) lockte hunderttausende aus aller Herren Länder nach Kalifornien. Damals stand die ehemalige mexikanische Provinz in dem üblen Ruf, eine Zuflucht für Revolutionäre, gescheiterte Existenzen, Spinner und Desperados zu sein. Und über Nacht wurde Kalifornien zum Gelobten Land! Die Auswanderer aus allen Teilen der Welt setzten die Goldfelder mit uneingeschränkter Freiheit gleich. Und die Armen sahen zum ersten Mal eine reelle Chance, zu Wohlstand und Reichtum zu kommen, ohne dass ihre Herkunft und ihre Vergangenheit irgendjemanden interessierten.

Der maßlose Freiheitsdrang der Auswanderer stand ihrer maßlosen Gier nach Gold in keiner Hinsicht nach. Die Menschen waren sich der unbegrenzten Gewinnmöglichkeiten bewusst – und der unbegrenzten Gefahren.

Während der gesetzlosen Jahre auf den Goldfeldern hatten die Menschen gelernt, selbst für Recht und Ordnung zu sorgen – notfalls mit der Waffe in der Faust oder mit dem Strick. Diese Selbstständigkeit erklärt das Misstrauen der bunt zusammengewürfelten, selbstbewussten Bevölkerung gegenüber staatlicher Autorität.

Auch heute noch kennzeichnet die Menschen an der Westküste eine besonders liberale Haltung gegenüber Andersdenkenden. Dass die großen Filmgesellschaften ihre Traumfabriken im sonnigen Kalifornien angesiedelt haben, dass die Hippiebewegung von San Francisco aus die Welt eroberte, dass die verrücktesten Arten von Sekten unbehelligt existieren können, dass ein Großteil bedeutender Künstler an der Westküste lebt, der immer wieder dorthin kommt, und dass Kalifornien auch heute noch hinsichtlich Mode, Musik und Lebensqualität der Trendmacher der USA und somit der ganzen westlichen Welt ist, all das ist auch eine Folge des Goldrausches.

Die wirtschaftlichen Auswirkungen des Goldrausches sind nicht weniger bedeutsam. Die ungeheuren Gewinnchancen, die sich urplötzlich in Kalifornien boten, spornten den Erfinder- und Experimentiergeist an und führten zu ungeahnten technischen Fortschritten, die den Grundstein zur Weltmacht USA legten. Ein Beispiel ist der Bau der Transkontinentalen Eisenbahn, die die industriereiche Ostregion mit der Westküste verband. Ein gigantisches Projekt und nicht weniger abenteuerlich als der Goldrausch selbst. Scheinbar unüberbrückbare Entfernungen schrumpften zusammen. Diese Verbindung der Küsten hatte einen wirtschaftlichen Boom zur Folge. Über Kalifornien wurden die Märkte am Pazifischen Ozean und in Asien erschlossen.

Wie der Bau der Eisenbahn sorgten auch die unzähligen Trecks, die von Osten aus nach Kalifornien aufbrachen, dafür, dass der Mittlere Westen erkundet wurde. Die Treckführer fertigten Karten an, erforschten das Land und seine Möglichkeiten. Ohne dass die amerikanische Regierung einen Cent für Expeditionen auszugeben brauchte, verschwanden nach und nach die »weißen« Gegenden auf der amerikanischen Landkarte und füllten sich mit wertvollen, detaillierten Informationen.

»Ho for California!«, so lautete während des Goldrausches der Ruf der Auswanderer. Dieser Ruf ist bis in die heutige Zeit nicht verstummt. Der Zug zur Westküste ist sogar stärker denn je. Vier von fünf Amerikanern möchten am liebsten in Kalifornien leben, das ergab eine Umfrage. Der *Sunshine State* erfreut sich größter Beliebtheit – auch bei den Europäern, was die Zahlen der Touristikunternehmen beweisen. Und der Trend verstärkt sich noch.

Heute lockt jedoch nicht das Gold, sondern die einzigartige Atmosphäre Kaliforniens. Viele beschreiben den besonderen, anziehenden Reiz der Westküste als ein erhöhtes Lebensgefühl, ein Nebeneinander verschiedenster Menschengruppen ohne Gleichmacherei. Meiner Meinung nach trifft das, was Will Keller einmal über San Francisco geschrieben hat, auf ganz Kalifornien zu: »Golden Gate, man spürt es, braucht keine Freiheitsstatue. Es hütet die bezwingendste, verlockendste Freiheit in sich selbst.«

Steinenbrück, 1. Januar 1979   *Rainer M. Schröder*

Erläuterungen
der Fachausdrücke

CLAIM: (engl. fordern, beanspruchen, ein Recht geltend machen) Ein Claim ist ein Stück Land, das jemand für sich allein beansprucht – zum Beispiel, um Gold zu waschen. Vielfach wird die Bezeichnung Claim auch für Staatsland gebraucht, das ein Siedler mit der Absicht späteren Kaufes bewirtschaftet.

BONANZA: (engl.) Bonanza ist die geologische Bezeichnung für eine besonders reiche Erzader und wird vor allem auf sehr einträgliche Edelmetallvorkommen wie Gold angewendet. Im Sprachgebrauch der Goldsucher ist Bonanza gleichzusetzen mit einer Goldgrube im wahrsten Sinne des Wortes.

PROSPEKTOR: (engl.) Ein Prospektor ist ein Schürfer, ein Goldsucher, der goldhaltiges Gestein, Goldstaub und Goldkörner, die sich an der

Erdoberfläche befinden, mit einfachsten Methoden gewinnt – zum Beispiel mit der primitiven Waschpfanne. (Siehe Infokasten »Goldgewinnung«)

ADOBE: (arabische Herkunft) Unter Adobe versteht man an der Sonne getrocknete Ziegel aus Lehm, denen man ein besonderes Pflanzenmaterial beigemischt hat. Die Puebloindianer im Südwesten der Vereinigten Staaten verwendeten diesen Baustoff. Adobehäuser haben mindestens 50 cm starke Mauern, die tagsüber die Hitze abhalten, nachts aber die während der Sonnenstunden in den Wänden gespeicherte Wärme nach innen abgeben und auf diese Weise für einen idealen Temperaturausgleich sorgen. Noch heute wird in den heißen Regionen der USA und Mexikos Adobematerial zum Hausbau verwendet – in der gleichen Zusammensetzung wie schon vor tausend Jahren.

»Methoden der Oberflächen-Goldgewinnung«

a. Die Waschpfanne (engl. Wash Pan)
Man füllte den Boden der Schüssel mit Sand, stellte sich in langsam fließendes Wasser und versetzte die zur Hälfte eingetauchte Schüssel in kreisende Bewegungen. Das Wasser spülte die leichten Teilchen über den Rand. Schließlich blieben nur noch die schweren Teile zurück – wie Goldnuggets.

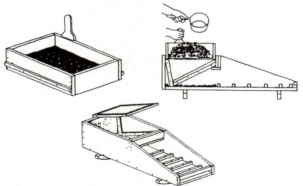

b. Der »Schüttler« (engl. Cradle)
Der Schüttler mechanisierte den Waschvorgang und ermöglichte eine sorgfältige Trennung von Erdreich und Oberflächenvorkommen wie Goldkörner.

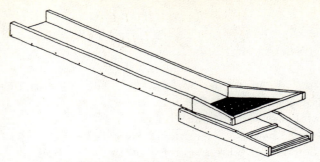

c. Der »lange Tom« (engl. Long Tom)
Der »lange Tom« bestand aus zwei Teilen, der Schüttelkiste mit einem Sieb, wo die schweren Teile sofort durchfielen, und einer länglichen Kiste mit zahlreichen Querleiten, vor denen sich die anderen schweren Teile ansammelten.

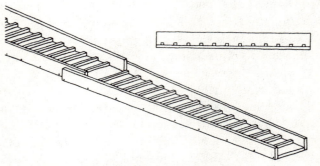

d. Eine Variante des »langen Tom«
Bei diesem Gerät, das aus zusammengesetzten Kisten mit Querleisten bestand, konnte das Wasser ununterbrochen fließen. Eine Schleuse fing die Schwerteile auf.

Liebe Leserinnen, liebe Leser,

es gibt ein arabisches Sprichwort, das lautet: »Ein Buch ist wie ein Garten, den man in der Tasche trägt.« Ich hoffe, dass euch (Ihnen) der Roman, der in den Gärten meiner Phantasie entsprungen ist, gefallen hat.

Seit vielen Jahren schreibe ich nun für mein Publikum und die Arbeit, die Beruf und Berufung zugleich ist, bereitet mir viel Freude. Doch warum tauschen wir zur Abwechslung nicht mal die Rollen? Ich würde mich nämlich über ein paar Zeilen freuen, denn es interessiert mich sehr, was die Leserinnen und Leser von meinem Buch halten.

Also: Wer Lust hat, möge mir seinen Eindruck von meinem Roman schreiben. Und wer möchte, dass ich ihm eine signierte Autogrammkarte zusende – sie enthält auf der Rückseite meinen Lebenslauf sowie Angaben zu und Abbildungen von weiteren Romanen von mir –, der soll bitte nicht vergessen das Rückporto für einen Brief in Form einer Briefmarke beizulegen. (Nur die Briefmarke beilegen! Manche kleben sie auf einen Rückumschlag, auf den sie schon ihre Adresse geschrieben haben. Diese kann ich nicht verwenden!) Wichtig: Namen und Adresse in DRUCKBUCHSTABEN angeben! Gelegentlich kann ich auf Zuschriften nicht antworten, weil die Adresse fehlt oder die Schrift beim besten Willen nicht zu entziffern ist – was übrigens auch bei Erwachsenen vorkommt! Und schickt mir bitte keine eigenen schriftstellerischen Arbeiten zu, die ich beurteilen soll. Leider habe ich dafür keine Zeit, denn sonst käme ich gar nicht mehr zum Schreiben.

Da ich viel durch die Welt reise und Informationen für neue Romane sammle, kann es Wochen, manchmal sogar Monate dauern, bis ich die Post *erhalte* – und dann vergehen meist noch einmal Wochen, bis ich Zeit finde zu antworten. Ich bitte daher um Geduld, doch meine Antwort mit der Autogrammkarte kommt ganz bestimmt.

Meine Adresse:
Rainer M. Schröder • Postfach 1505 • 51679 Wipperfürth

Wer jedoch dringend biographische Daten, etwa für ein Referat, braucht, wende sich bitte direkt an den Verlag, der gern Informationsmaterial zuschickt (C. Bertelsmann Jugendbuch Verlag, Neumarkter Straße 18, 81673 München); oder aber er lädt sich meine ausführliche Biographie, die Umschlagbilder und Inhaltsangaben von meinen Büchern sowie Presseberichte, Rezensionen und Zitate von meiner *Homepage* auf seinen Computer herunter. Dort erfährt er auch, an welchem Roman ich zur Zeit arbeite und ob ich mich gerade im Ausland auf Recherchenreise befinde. Meine Homepage ist im *Internet* unter folgender Adresse zu finden:

http://www.rainermschroeder.com

(Ihr)
euer

Jugendbücher ab 12

Die Falken-Saga
von Rainer M. Schröder

Europa um 1830. Es ist die Zeit der Restauration und der Geheimbünde, von aufregenden Erfindungen und abenteuerlichen Entdeckungsreisen. Tobias Heller, Sohn eines Ägypten-Forschers, besitzt einen Ebenholzstock mit einen Silberknauf, der ein Geheimnis birgt. Dieser Knauf ist der Auslöser turbulenter Ereignisse, die mit einer nächtlichen Flucht im Ballon von Gut Falkenhof ihren Anfang nehmen. Die Jagd nach dem Schatz der Pharaonen beginnt - sie führt Tobias, den arabischen Diener Sadik und die Landfahrerin Jana durch ganz Europa und schließlich in das geheimnisumwitterte Tal des Falken inmitten der Wüste Nubiens.

Band 1
Im Zeichen des Falken

Band 2
Auf der Spur des Falken

Band 3
Im Banne des Falken

Band 4
Im Tal des Falken

Erschienen bei C. Bertelsmann

Als Taschenbuch bei OMNIBUS

Der Taschenbuchverlag für Kinder und Jugendliche
von C. Bertelsmann